現地市場における
国際総合小売企業の発展プロセス研究

――成都イトーヨーカ堂の事例を中心にして――

A Study on Developing Process of
International General Merchandise Retailers in Local Markets
:Focusing on the Case of Chengdu Ito-Yokado

秦 小紅 著

五絃舎

はしがき

1980年代以降，情報・輸送技術の発達や規制緩和，社会経済の国際化などを背景に，小売国際化が本格的に展開されるようになった。そのなか，海外における店舗数と売上高が本国を上回る小売企業も現れた。しかし，小売国際化が積極的に推し進められたと同時に，進出先における消費者行動の変化への対応遅れ，地元小売企業の成長に伴う競争の激化，人材育成に関するノウハウの不足，現地調達体制の未整備などによって，撤退を余儀なくされた小売企業も後を絶たない。これは，現地市場で事業を拡大していくことの難しさを物語っている。

本研究は，小売業のうち，比較的に国際化が難しいといわれている総合小売企業を対象に，これまでほとんど明らかにされていなかった，現地市場での発展プロセスの解明を目的とする。本書の構成は次のようになっている。

まず，序章では本研究の問題意識，研究目的および構成を説明している。

第1章から第3章は，先行研究のレビューである。そこでは，小売国際化に関する3つの研究テーマである，海外出店（第1章），国際知識移転（第2章），国際調達（第3章）について詳細な検討を行っている。

第4章では，3つの研究テーマを統合したうえで，小売国際化研究の課題を析出するとともに，本研究の研究課題，分析視点および分析手法を述べている。

第5章と第6章は，中国成都における株式会社イトーヨーカ堂の現地法人である成都伊藤洋華堂有限公司（以降は，成都イトーヨーカ堂）の現地市場における発展プロセスを検討する探索的ケース・スタディである。第5章では，現地市場における成都イトーヨーカ堂の発展プロセスを同社の市場志向構築プ

ロセスに焦点を当てて検討している。第6章では，成都イトーヨーカ堂と現地供給業者との企業間市場志向構築プロセスに注目して議論を展開している。

第7章では，成都イトーヨーカ堂のケース・スタディをもとに，現地市場における国際総合小売企業の発展プロセスを考察し，本研究の新規性と貢献を述べている。

終章は本研究の結論と意義をまとめ，今後の研究課題を提示している。

本研究の特徴は，これまでほとんど明らかにされていなかった，現地市場における国際総合小売企業の発展プロセスを，丹念な先行研究調査と成都イトーヨーカ堂の詳細なケース・スタディによって解明しているところである。

先行研究調査においては，これまではほとんど個別で研究されてきた海外出店，国際知識移転，国際調達を丹念にレビューしたうえで，それぞれの研究テーマを整理，統合し，小売国際化研究の課題に対して新たな知見を導出している。

詳細なケース・スタディにおいては，専門小売企業と比較すると国際化が難しい総合小売企業に注目し，長期間にわたった継続的な現地調査によって，現地子会社に対して14人20回，現地供給業者に対して9社11人13回のインタビューや現地店舗観察，取引先説明会への参加など貴重な1次資料を収集・分析している。とりわけ，ほとんどの既存研究は，小売企業側の言説のみで研究が構成されているのに対して，本研究は，国際総合小売企業（成都イトーヨーカ堂）側のみではなく，現地供給業者にもアクセスすることによって，市場志向のみならず企業間市場志向の構築プロセスも明らかにしている。この点は既存研究と比較して本研究の優位な特徴ともいえる。

本書は，2017年度明治大学大学院経営学研究科の博士学位論文に加筆修正したものである。本書を上梓するにあたり，多くの方々からのご指導とご協力をいただいた。この場を借りて，改めてお礼申し上げたい。

まずは，筆者の恩師である中西晶先生（明治大学経営学部）に深く感謝申し上げたい。博士後期課程に進学して以来，実に様々なご指導とご支援をいただいた。中西先生の博識から様々なアイディアをいただき，これらを発展させたことで本書があるのである。また，定期的な研究会の主催や学生指導を通して，

中西先生が研究者そして教育者としてのあるべき姿も教示してくださった。

　博士論文の審査において，大石芳裕先生（明治大学経営学部）と菊池一夫先生（明治大学商学部）から貴重なコメントをいただいた。大石先生はグローバル・マーケティング研究の第一人者であり，博士論文にとどまらず，国際化・グローバル化の研究を進めるうえでの注意点と今後の研究課題についても多くのことを教えてくださった。また，本書の研究対象である成都イトーヨーカ堂に最初につなげてくださったのも大石先生であった。菊池先生は商業経営論の専門家であり，本書の構成を練る段階より小売経営の視点から鋭いご指摘と多くのご助言をいただいた。また，菊池先生から共同研究の機会も与えてくださって，大変勉強させていただいた。二人の先生にも心より御礼申し上げたい。

　また，共同研究の機会をくださった小林一先生（明治大学商学部），臼井哲也先生（日本大学），成田景堯先生（松山大学）にも深く感謝の気持ちを伝えたい。異なる切口から同じ事例を分析する際の面白さや，先生方々とざっくばらんで研究について議論できることで，研究の楽しさを教えてくださった。特に，成田先生とすべての現地調査を共同で行い，成田先生のご協力がなければ，貴重な1次資料を入手することもできないであろう。

　そして，経営史を専門とする鈴木恒夫先生（学習院大学名誉教授）と佐々木聡先生（明治大学経営学部）からは歴史の重要性をご教示いただいた。現在を正しく理解するには過去を踏まえなければならないことは，二人の先生の教えであり，本研究を行う際にも気を付けさせていただいた。また，商業論，流通論，マーケティング論を専門とする小西一彦先生（兵庫県立大学名誉教授）が主催した勉強会で，流通・商業・マーケティングの古典について解説してくださったのみならず，研究者そして教育者としての心構えや社会的責任も教えてくださった。これらの先生方々にも心より感謝の意を表したい。

　また，学会報告のコメンテーターなどで筆者の研究を院生時代からご支援くださった松井温文先生（岡山商科大学），今光俊介先生（鈴鹿大学），金度渕先生（大阪商業大学），岡山武史先生（近畿大学），柳偉達先生（近畿大学），中嶋嘉孝先生（拓殖大学），伊部泰弘先生（新潟経営大学），水野清文先生（九州共立大学），町田一

兵先生（明治大学商学部），佐々木保幸先生（関西大学），鳥羽達郎先生（富山大学），白貞壬先生（流通科学大学），新宅純二郎先生（東京大学），藤沢武史先生（関西学院大学），馬場一先生（関西大学），西田安慶先生（東海学園大学名誉教授），田雪梅先生（西南交通大学）にも深く感謝申し上げたい。

それに加えて，ご多忙にもかかわらず，何度もの調査にご協力いただいた，イトーヨーカ堂現社長であり，成都イトーヨーカ堂元会長の三枝富博様をはじめ，成都イトーヨーカ堂の従業員および現地供給業者の方々にも心より御礼申し上げたい。また，複数回の現地調査に同行していただき，小売経営の現場から理論と実践の結合について多く教示してくださった東急ストア元取締役の山本和孝様にも深く感謝申し上げたい。

本研究の実施にあたって，「明治大学大学院海外研究プログラム」（2014年度，2016年度，2017年度），2015年度では，「新興国市場戦略の一般理論開発に関する実証研究」（課題番号15K03685，日本学術振興会，研究代表者：臼井哲也（日本大学））の助成をいただいた。本書の刊行にあたって，東海学園大学の出版助成をいただいた。

また，刊行にあたって，格別のご配慮とお手数を煩わせた五絃舎の長谷雅春様にも心より御礼申し上げたい。

最後に育ててくれて，好きなことをやらせてくれた両親にも心より感謝したい。

様々な方々のご指導とご支援がなければ，本書を世に送り出すことができない。これまで応援してくださった方々に恩返しできるよう，今後も研究・教育活動に精進していきたい。

2019年9月

秦小紅

目　　次

序章　研究目的と構成 ——————————————————— 3
　第1節　問題意識と研究目的 —————————————— 3
　　1　小売国際化の概念 --- 5
　　2　問題意識と研究目的 --- 8
　第2節　本書の構成 —————————————————— 9

第1章　海外出店 ————————————————————15
　第1節　海外出店の歴史と現状 ————————————16
　　1　国別国際化 --17
　　2　企業別国際化 --18
　第2節　参入動機，参入様式および参入市場 ————————23
　　1　参入動機 ---23
　　2　参入様式および参入市場 --25
　第3節　標準化–適応化問題 —————————————30
　第4節　進出先からの撤退 ——————————————39
　　1　撤退の実態 --39
　　2　撤退形態，規定要因およびプロセス --------------------------------43
　第5節　小売国際化プロセス ——————————————47

第2章　国際知識移転 ——————————————————53
　第1節　小売知識の概念 ———————————————53
　　1　小売機能と小売知識 --54
　　2　小売知識の分類 --57
　第2節　小売知識の国際移転可能性 ——————————— 59
　　1　小売知識国際移転の規定要因 --60

viii

　2　知識属性と小売知識の国際移転 --71

第3節　小売知識の国際移転方法 ————————————77

　1　国際移転方法 --77

　2　国際移転方法の規定要因 ------------------------------------82

　3　小売知識の国際移転方向 ------------------------------------83

第4節　小売知識の国際移転モデル ————————————86

第3章　国際調達 ——————————————————93

第1節　国際調達の歴史 ————————————————94

　1　ヨーロッパにおける国際調達の歴史 ----------------------------94

　2　日本における国際調達の歴史 --------------------------------97

第2節　国際調達の方法と段階 ——————————————104

　1　国際調達の方法 --104

　2　国際調達の段階 --109

第3節　国際調達戦略 ————————————————110

第4節　国際調達先の変更 ————————————————118

第5節　国際調達にともなう企業の社会的責任 ————————121

第4章　課題析出と分析視点および分析手法 ————————125

第1節　課題析出 ——————————————————125

　1　現地市場での発展プロセスの解明 ----------------------------125

　2　現地社員の人的資源管理の解明 ------------------------------127

　3　国際総合小売企業の現地調達の解明 --------------------------128

　4　本研究の研究課題：現地市場における

　　　国際総合小売企業の発展プロセス解明 ------------------------132

第2節　分析視点 ——————————————————133

　1　市場志向 --134

　2　小売企業の市場志向 --------------------------------------138

　3　小売国際化と市場志向および企業間市場志向 ------------------146

第3節　分析手法 ——————————————————147

目 次 *ix*

　　1　ケース・スタディ--147

　　2　データ収集--148

第5章　現地市場における成都イトーヨーカ堂の発展プロセス（1）── 155
　　　　―成都イトーヨーカ堂の市場志向構築プロセスを中心にして―

　第1節　成都と成都の小売市場─────────────155

　　1　成都の概況--155

　　2　成都の小売市場--158

　第2節　イトーヨーカ堂の国際展開と成都イトーヨーカ堂の概況──165

　　1　イトーヨーカ堂とその国際展開----------------------------------165

　　2　成都イトーヨーカ堂の概況--------------------------------------167

　第3節　創業期の苦境とその打開────────────172

　　1　創業期の苦境 ---172

　　2　苦境の打開 ---174

　　3　創業期の人材育成 ---178

　第4節　段階的発展────────────────180

　　1　成長期（2004 ～ 2009 年）--------------------------------------180

　　2　調整期（2010 ～ 2013 年)--------------------------------------187

　　3　変革期（2014 ～ 2017 年 8 月現在)------------------------------194

　　4　経営者の影響力--204

　第5節　成都イトーヨーカ堂の市場志向構築プロセス─────207

第6章　現地市場における成都イトーヨーカ堂の発展プロセス（2）── 221
　　　　―現地供給業者との企業間市場志向構築プロセスを中心にして―

　第1節　日中流通構造の相違──────────────221

　第2節　創業期における現地供給業者開拓の難航とその打開──225

　　1　創業期における埃地供給業者開拓の難航 -----------------------225

　　2　難航の打開 ---227

　第3節　現地供給業者との協調の段階的深化────────230

　　1　成長期における協調--230

2　調整期における協調------------------------------------237

　　3　変革期における協調------------------------------------240

　　4　成都イトーヨーカ堂に継続的に協調した要因------------244

　第4節　現地供給業者との企業間市場志向構築プロセス————254

第7章　現地市場における国際総合小売企業の

　　　　発展プロセスについての考察————————————265

　第1節　市場志向と企業間市場志向に基づいた

　　　　　発展プロセスの仮説構築————————————266

　　1　国際総合小売企業の現地子会社の

　　　　市場志向構築プロセスに関する仮説------------------266

　　2　現地供給業者との企業間市場志向構築プロセスに関する仮説------269

　　3　市場志向および企業間市場志向の前提条件と現地市場での発展---275

　第2節　海外出店，国際知識移転，国際調達の個別テーマへの示唆—287

　　1　海外出店研究への示唆------------------------------287

　　2　国際知識移転研究への示唆--------------------------291

　　3　国際調達研究への示唆------------------------------293

　第3節　海外出店，国際知識移転，国際調達の関係性への示唆—295

終章　結論と今後の課題————————————————299

　第1節　本研究の結論と意義————————————————299

　第2節　今後の課題————————————————————302

参考文献————————————————————————305

　英語文献（abc順）————————————————————305

　日本語文献（アイウエオ順）————————————————316

　中国語文献（abc順）————————————————————320

　統計資料と新聞記事————————————————————320

初出一覧————————————————————————324

索　　引————————————————————————325

現地市場における
国際総合小売企業の発展プロセス研究

――成都イトーヨーカ堂の事例を中心にして――

A Study on Developing Process of
International General Merchandise Retailers in Local Markets
:Focusing on the Case of Chengdu Ito-Yokado

序章　研究目的と構成

第1節　問題意識と研究目的

　小売業は国際化しにくいドメスティック産業だと思われてきた[1]。それは小売業が商品流通の末端部分に位置し，最終消費者（以降，消費者）に直接商品を販売することと関係する。一般に，消費者の単位は世帯であり，その世帯は全国に散在し，必要に応じて少量な購買を頻繁に行う傾向がある。また，商品に対する嗜好は世帯あるいは個人によって千差万別である。消費者の日常的な行動範囲はこのような消費者に固有の小規模性・分散性・個別性によって制約される。したがって，このような消費者を対象とする小売業もその市場範囲が空間的に限定せざるを得ない[2]。

　すなわち，製造業は広範囲な市場を対象にしていることと対照的に，小売業はその市場範囲が消費者の日常的な行動可能範囲にほぼ一致し，極めて狭いという特徴を持つ[3]。その意味では，小売業は地域に密着した地域産業あるいは立地産業，さらに生活文化産業としてのドメスティック産業と特徴付けられてきた[4]。

---

1)　例えば Porter は小売業を国際化しにくいマルチドメスティック産業の典型として取り上げている（Porter 1986, pp.17-18）。
2)　岩永（2014），51-52頁。
3)　製造業は各地に営業拠点を設置し，その販売活動が原則としてセールスマンによる訪問販売で推進されるため，市場範囲が広い。一方の小売業は店舗を拠点とし，消費者を店舗に誘引して販売活動を行うのはほとんどである（清水 1978, 20-22頁）。小売業に訪問販売や通信販売のような無店舗小売業もあり，特に近年ではインターネットによる通信販売が急成長している。無店舗販売は有店舗小売業のように消費者の日常的な行動可能範囲によって市場範囲が制限されることはない。本研究では小売業を有店舗小売業に限定する。
4)　岩永（2009），2頁。

4

文化的社会的な地域特性に強く制約されることに加え，小売業を営む企業が資本力や経営資源が乏しいことも国際化しにくいと思われる一要因であった[5]。国際的な活動を行うには多くの資金や経営資源が必要なため，零細企業が圧倒的に多い小売業は国際化しにくいということである。

このような地域・立地産業としての小売業は，情報・輸送技術の発達や規制緩和，社会経済の国際化，経営上の管理的限界の克服およびチェーンストア経営にともなう大規模化を背景に，海外からの商品調達を始め，海外への出店などの国際的な活動を活発化させ，特に 1980 年代に入ると本格的な展開を見せている[6]。

小売業の国際的な動きが活発化するにともなって，学術界における小売国際化への関心も高まってきた。まず，1960 年代の後半からアメリカでは Yoshino (1966)，Hollander (1968)，Hollander (1970) といった研究が発表された。初期におけるこれらの研究はだれが，いつ，どのような様式でどの市場に参入したのか，なぜ海外出店するのか，進出先の流通システムや消費行動にどのような影響をもたらすのかという小売国際化に関する幅広い現象に言及しながらも，実態の観察に主眼を置いているのが特徴的である[7]。

1980 年代後半から 1990 年代前半まででは，Kacker (1985, 1988)，Treadgold (1988)，Treadgold and Davies (1988)，Salmon and Tordjiman (1989)，Alexander (1990a, 1995)，Williams (1992a, 1992b)，Burt (1991, 1993) などが代表するように，初期の実態の観察に基づきながら，小売知識の国際移転，国際化戦略，地理的参入動向，参入動機，参入様式などの個別テーマに分析の焦点を置くような研究が数多く現れた[8]。

そして，1990 年代後半になると，Sternquist (1997) の戦略的国際小売拡張モデルや，Vida and Fairhurst (1998) の小売国際化プロセスモデル，Alexander and Myers (2000) の市場国際化モデルや業務国際化モデルといっ

---

5) 鈴木 (1968)，115 頁。
6) Treadgold (1990), p.7；川端 (2000)，262-266 頁；矢作 (2007)，2-3 頁；岩永 (2009)，2 頁。
7) Alexander and Myers (2000), p.335.
8) *Ibid.*, pp.335-337.

た分析モデルの構築にさらに研究の焦点が移転した[9]。

　この時期において，ヨーロッパでは McGoldrick and Davis (1995)，Akehurst and Alexander (1996)，Alexander (1997)，アメリカでは Sternquist (1998)，アジアでは向山 (1996)，川端 (2000)，デービス＆矢作 (2001) といった小売国際化に関する論文集や入門書および学術書も刊行された。

　ジャーナルでは *European Journal of Marketing* が 1992 年の第 26 巻第 9 号，*International Marketing Review* が 2000 年の第 17 巻第 4・5 号，*International Journal of Retail & Distribution Management* が 2002 年の第 30 巻第 2・3 号および 2005 年の第 33 巻第 1 号，そして *Journal of Economic Geography* が 2007 年の第 7 巻第 4 号に小売国際化の特集号を組み入れている。

　これらの研究成果から示唆されるように，1980 年代以降，小売国際化が重要な研究領域として確立されている。本節ではまずこれまでの小売国際化研究に基づいて，小売国際化の用語および概念の意味を確認する。次に問題意識を説明したうえで，本研究の研究目的を明示する。

1　小売国際化の概念

　小売業の国際的な動きを表す用語として「国際化」と「グローバル化」がある。国際化は国境の存在または意義を意識した行動や現象であり，国境を越えるごとに経営のやり方や販売商品を変えて対応することを意味する[10]。グローバル化は国境の意義を乗り越えたボーダレスな行動，いわば地球単位で営まれる行動であり，国境を越えても経営のやり方や販売商品を変えず，標準化が進んだ商品や経営手法で世界進出することを意味する[11]。これまでの研究では国際化とグローバル化を明確に区別して使用されてきたわけではない。一般にアメリカではもっぱらグローバル化という用語を使用する傾向がある。　方，

---

9)　*Ibid.*, pp.337-338.
10)　川端 (2000)，10 頁。
11)　同上。

ヨーロッパでは国際化という用語を使用し，店舗のデザイン・内装，販売商品，ブランドなど国際的に統一するという意味で，標準化と強く結びついた概念として限定的にグローバル化という用語を使用する傾向がある[12]。

既存研究や後述する本研究の事例研究から示唆するように小売業にとって，国境がその経営手法に大きな影響を及ぼす[13]。そのため，本研究ではヨーロッパの慣用法にしたがい，国際化という用語を使用し，グローバル化という用語を標準化と結びついた概念として限定的に用いる。

矢作（2007）によれば，小売国際化の分析視点は組織と市場の2つに大別することができる[14]。組織次元は小売企業の行動を対象にしており，主に個別企業と特定業態[15]の2つの分析次元に整理することができる。市場次元は小売企業の行動に影響を与える市場環境の特性や変化，また小売企業の行動によって変化する生活様式や商業構造，流通制度・取引慣行など市場レベルの変化を含む。すなわち，前者は小売企業のマーケティング活動に焦点を当てるミクロ的視点であり，後者は小売企業のマーケティング活動によって変化し，またはそれに影響を与える流通システムなどの市場環境に焦点を当てるマクロ的視点である[16]。岩永（2009）は組織次元での小売国際化を小売企業の国際化と呼び，市場次元での小売国際化を小売市場の国際化と呼び，両者が相互作用

---

12) 向山（1997），384頁。

13) 例えば，川端（2000），Qin and Narita（2015），Qin and Kobayashi（2016）。

14) 矢作（2007），23–25頁。

15) 業態とは，店舗の立地，品揃え，店舗規模，価格政策，販売方法，付帯サービス，店舗施設などの小売ミックスの一定のパターンに基づく分類のことである（和田・日本マーケティング協会2005，70頁；鈴木2010，161–161頁）。業態はフォーマットとも呼ばれており，フォーマットと類似している概念は，フォーミュラである。この両者は，必ずしも明確に区別して使われるのではない。向山（2009）によれば，フォーマットは一般的に共通してイメージできる抽象的存在としての業態である。例えば，百貨店・スーパーマーケット・コンビニエンスストアなどの用語でイメージされるある共通した業態がフォーマットに該当する。それに対して，フォーミュラは具体的に観察可能な企業特定的概念である。例えば，同じハイパーマーケットであるとしても，ウォルマート（Walmart）とカルフール（Carrefour）は，それぞれの経営資源・経営能力に依存して，独自のハイパーマーケットを開発している。小売国際化研究では，フォーミュラをさらに企業特定的かつ本国特定的フォーミュラと，企業特定的かつ進出先特定的フォーミュラという2つの次元に分類することができる（向山2009，19–24頁）。本研究では，直接引用を除き，業態に統一する。ただし，特定の企業について業態を述べる際にフォーミュラを意味する。

16) 岩永（2009），2–3頁。

的に影響を及ぼしあう関係にあると指摘している[17]。

　本研究は小売国際化のミクロ的視点である組織次元あるいは行動次元に焦点を当てる。とはいえ，市場次元と行動次元が互いに影響しあうため，マクロ的視点である本国および進出先における競争状況や消費者嗜好，政府政策などの市場次元も言及する。小売国際化の行動次元について，数多くの論者によって検討されてきた。

　鈴木（1976）は，小売企業の国際的な行動を商品，小売経営技術，労働力，資本という4つの側面から取り上げている[18]。第1は小売業の取り扱う商品に関する国際化であり，第2は小売業の経営技術の国際的伝播である。第3は小売業の技術・経験をもった労働力の国際的移動であり，第4は小売業に関連する資本の国際的直接投資である。そのうち，小売企業は他国において資本を投下して単独あるいは現地資本との合弁で小売企業を設立すること，いわゆる海外出店が中心である。

　Dawson（1993）は，小売企業の主要な国際的な行動を製品とサービスの国際調達，一カ国以上での店舗運営，海外への経営専門知識の移転に大別している[19]。また，McGoldrick（1995）は，小売ノウハウ・アイディアの国際的な流れ，海外市場に参入する国際的拡張，海外小売企業が本国市場に参入する海外競争，国際的企業間提携，商品の国際調達という5つの側面から小売企業の国際的な行動を捉えている[20]。

　これらの論者に見られる共通点から，小売国際化の行動次元を見ると，海外出店，国際知識移転，国際調達という3つの側面に集約することができる。

　また，小売企業の国際的な行動には「外への国際化」と「内なる国際化」の2つの方向が見られる[21]。特定国（本国）に焦点を当てて捉えると，「外への

---

17) 同上。
18) 鈴木（1976），223–225頁。
19) Dawson（1993），pp.15-17. 3つの主要な側面の他に，小売企業が一部所有権を持つ金融機関による国際投資や越境買い物活動，またはマネージャーや経営者の国際移動も小売企業の国際的な行動に含まれる。
20) McGoldrick（1995），pp.1-3.
21) 向山（1996），64頁。

国際化」とは，特定国に本拠を持つ小売企業が海外における流通活動に関与することを意味し，「内なる国際化」とは，海外国に本拠を持つ小売企業が特定国における流通活動に関与することを意味する[22]。

青木（2000）は，海外出店，国際知識移転および国際商品調達という行動次元と，「外への国際化」および「内なる国際化」という国際的な行動の方向を考慮し，小売国際化の国際的な活動を海外市場参入，国内市場参入，知識移転，知識受入，商品輸出，商品輸入の6つに類型化した[23]。

以上の小売国際化に関する用語および概念を踏まえ，本研究は小売国際化の行動次元，すなわち，海外出店，国際知識移転および国際調達に注目する。第2項では本研究の問題意識および研究目的を説明する。

2　問題意識と研究目的

小売国際化は1つのプロセスである。このプロセスにおいては，海外出店，国際知識移転および国際調達が全て関連している。海外に出店する前に，国際化するかどうか，もし国際化する場合，どこの市場にどのような様式で参入するのか，という意思決定を行う（海外出店）。実際に海外に出店した後に，現地子会社への知識移転（国際知識移転）や，マーケティング戦略の展開（海外出店），また商品調達などの実施（国際調達）を通じて，現地市場で事業を拡大していく。そして，現地市場での業績不振などによって，海外事業を縮小し，時には現地市場から完全なる撤退（海外出店）を考える必要もある。

また，海外に出店した小売企業にとって，最も重要なテーマは，現地市場でどのようにして発展し，事業を拡大していくかということである。したがって，小売国際化研究にとって，現地市場における現地子会社の発展プロセスは最も重要な研究テーマともいえる。

小売国際化が以上のような特徴を持っているにもかかわらず，既存の小売国際化研究のほとんどは，海外出店，国際知識移転，国際調達のテーマ別で研究

---

22) 青木（2000），67頁。
23) 同上，68頁。

序章　研究目的と構成　9

されてきた。それに加え，小売国際化プロセスのうち，特に現地市場での発展
プロセスがほとんど解明されていない。

　本研究の問題意識は小売国際化の特徴と小売国際化研究のギャップを埋めた
いところにある。すなわち，国際小売企業の現地子会社は海外出店，国際知識
移転，国際調達の相互作用のなかで，どのように現地市場で発展していくのか
を解明したいのである。

　小売企業は専門小売企業と総合小売企業に大別することができる。専門小売
企業の現地子会社は，販売および商品調達において，本国で確立した業態，ま
たは本社が構築した供給業者のネットワークを活用しやすい。それに対して，
総合小売企業の現地子会社は，ほとんどゼロから現地供給業者のネットワーク
を構築しなければならないことに加え，品揃えの構成や販売方法においても，
大きな修正を必要とする場合が多い。そのため，専門小売企業と比較して，総
合小売企業は国際化することが難しいと言われている。したがって，総合小売
企業を対象とする国際化研究の必要性と重要性は高いといえる。

　以上を踏まえ，本研究は現地市場における国際総合小売企業の発展プロセス
の解明を研究目的とする。

第2節　本書の構成

　現地市場における国際総合小売企業の発展プロセスを解明するために本書は
図表0–1のような構成で展開する。

　序章はこれまで述べてきたように，小売国際化に関わる基礎概念を確認した
うえで，本研究の問題意識，研究目的および構成を説明した。

　第1章から第3章までは小売国際化に関する先行研究のレビューである。
第1章は海外出店を検討する。海外出店の実態をはじめ，参入動機，参入様式，
参入市場の選択，標準化−適応化問題，進出先からの撤退，そして，小売国際
化プロセスに関する包括的な分析枠組みの構築といった，海外出店に関する主
要テーマの代表的な研究を考察する。これに基づいて，小売国際化研究は現地

10

市場における国際小売企業の発展プロセスの解明が必要なことを指摘し，第4章における課題析出のための準備を行う。

第2章は国際知識移転を考察する。小売知識の概念を確認したうえで，小売知識の国際移転可能性の規定要因をはじめ，小売知識国際移転の方法と方向，各種の規定要因を組入れた国際移転モデルといった，代表的な先行研究を精査する。この精査によって，小売国際化研究は現地子会社の人的資源管理を解明する必要があることについて明示し，第4章における課題析出のための準備を行う。

第3章は国際調達を検討する。前述したように小売企業の国際的な行動には「外への国際化」と「内なる国際化」の2つの方向がある。海外出店と国際知識移転に関しては，「外への国際化」と「内なる国際化」のいずれも研究されてきたが，国際調達に関してはもっぱら「内なる国際化」，すなわち海外からの商品輸入が注目されている。第3章は国際調達の「内なる国際化」研究を考察する。国際調達の歴史を確認したうえで，国際調達の方法と段階，国際調達戦略，国際調達先の変更および国際調達にともなう企業の社会的責任という順で，国際調達研究で最も関心を集めてきたテーマを検討する。これによって，本社に基軸を置き，海外から本国への商品輸入に注目してきた国際調達研究は，現地調達に大きく依存する総合小売企業の国際展開に対する貢献が限定的であることを指摘する。したがって，小売国際化研究は総合小売企業の現地子会社の商品調達を解明する必要があると主張し，第4章の課題析出のための準備を行う。

第4章は第1章から第3章までの先行研究レビューを踏まえ，小売国際化研究の課題を析出したうえで，本研究の研究課題，分析視角および分析手法を説明する。具体的には，まず，今後の小売国際化研究は，①現地市場での発展プロセスの解明，②現地社員の人的資源管理の解明，③国際総合小売企業の現地調達の解明，という3つの課題に取り組む必要があると指摘する。次に，現地市場における国際総合小売企業の発展プロセスの解明を研究課題にすると明示し，なぜこの研究課題を選択したのかについて説明する。さらに，現地市

場における国際総合小売企業の発展プロセスを捉えるための視角として，市場志向と企業間市場志向を取り上げる。そして，なぜ市場志向と企業間市場志向を選択したのかの理由を示すとともに，2つの概念の意味合いを説明する。加えて，現地市場における国際総合小売企業の発展プロセスは現地子会社の市場志向構築プロセスと，現地子会社と現地供給業者との企業間市場志向構築プロセスの解明を通じて，解明できることも説明する。最後に，本研究の研究課題を明らかにするための方法論であるケース・スタディを検討し，ケース・スタディを選択した理由，本研究の分析単位およびデータ収集の方法について説明する。

　第5章と第6章は中国成都における株式会社イトーヨーカ堂の現地法人である成都伊藤洋華堂有限公司（以降は，成都イトーヨーカ堂）の発展プロセスに関する探索的事例研究を行う。第5章は現地市場における成都イトーヨーカ堂の市場志向構築プロセスを考察し，成都イトーヨーカ堂の発展プロセスの解明に取り組む。成都イトーヨーカ堂が顧客ニーズの変化とともに，市場知識の生成ルートを拡大し，市場知識の共有を衣食住という部門内の共有から部門間の共有へと転換させ，さらには市場知識への対応を部門内での対応から部門横断での対応へと展開してきたことを明らかにする。それに加え，失敗経験と成功経験からの学習，現地社員の人材育成，継続的な組織変革，および経営者の市場志向重視が成都イトーヨーカ堂の市場志向の構築を促進したことも示唆する。最後に，成都イトーヨーカ堂のような市場志向は現地小売企業の間では当たり前のことではないことを示したうえで，成都イトーヨーカ堂は市場志向の構築によって顧客ニーズの変化に継続的に対応することができたのみではなく，他の小売企業より優れて顧客ニーズの変化に対応することも可能となり，発展してきたと主張する。

　第6章は成都イトーヨーカ堂と現地供給業者との企業間市場志向構築プロセスに注目し，成都イトーヨーカ堂の発展に不可欠なもう1つの側面を考察する。成都イトーヨーカ堂と現地供給業者との企業間市場志向が当初ほとんどなかった状態から徐々に形成されるようになり，その後，市場知識の企業間普

及が一方向から双方向へと発展し，さらに市場知識の共同対応は現地供給業者が単に協調することから自らの提案を実行するように展開したことを明らかにする。また，成都イトーヨーカ堂と現地供給業者との企業間市場志向は市場知識の企業間普及と共同対応を中心に展開され，市場知識の共同生成では明確な分業が行われてきたという特徴を指摘する。さらには，現地供給業者との企業間市場志向を促進する前提条件とその結果についての示唆も示す。最後に，成都イトーヨーカ堂と現地供給業者との企業間市場志向は他の小売企業では一般的ではないことを示したうえで，成都イトーヨーカ堂は現地供給業者との企業間市場志向の構築によって顧客ニーズの変化に継続的に対応することができたのみではなく，他の小売企業より優れて顧客ニーズの変化に対応することも可能となり，発展してきたと主張する。

第7章は本研究の新規性，あるいは小売国際化研究に対する理論的貢献を考察する。本研究の主な理論的貢献は3つある。第1は，現地市場における国際総合小売企業の発展プロセスに関する26の仮説を導いたことである。第2は，海外出店，国際知識移転，国際調達というテーマ別の研究に対してそれぞれ示唆を与えたことである。第3は，これまでほとんど個別で研究されてきた海外出店，国際知識移転，国際調達の関係性についての示唆を明示したことである。

終章は本研究の結論と意義，および今後の研究課題を明示する。これまでの論考を踏まえ，現地市場における国際総合小売企業の発展プロセスは，現地子会社が自社の市場志向および，現地供給業者との企業間市場志向を構築するプロセスであると結論付ける。また，第7章で考察した小売国際化研究に対する理論的貢献を簡潔に整理したうえで，国際小売企業に対する実務的貢献も述べる。最後に，残された主な研究課題を説明する。

序章　研究目的と構成　13

図表 0-1　本書の構成

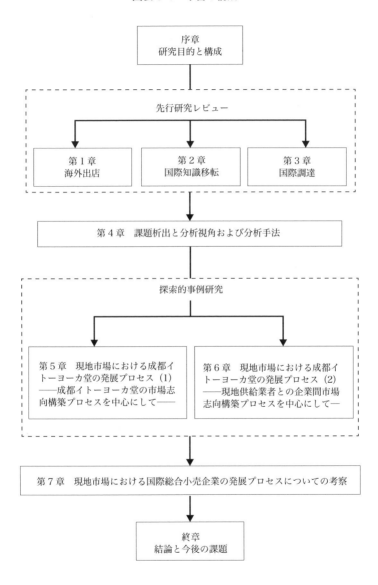

出典：筆者作成。

第1章　海外出店

　小売国際化研究において，海外出店は最も注目された分野である。それは小売国際化研究が，小売企業による海外出店の活発化にともなって，盛んに行われた歴史的経緯と関係する。また，小売企業は空間的・地域的に存在している消費者を対象として商品の売買活動を固有の業務としているため，海外出店による店舗経営が小売企業にとって最も重要な業務と考えられてきたからである。

　海外出店に関する研究は，海外市場に参入する前の研究と参入した後の研究に大別することができる。前者は，なぜ海外に参入するのか，どの市場にどのような様式で参入するのか，それらの意思決定にどのような規定要因があるのかを中心とした研究である。いわゆる参入動機，参入市場および参入様式に関する研究である。

　後者の参入後に関する研究において，最も注目されてきたのは，参入してから標準化戦略を採用するのか，適応化戦略を採用するのか，あるいは両者のバランスをどのように構築するのか，いわゆる標準化−適応化問題である。また，海外市場からの撤退が目立つようになるにつれて，なぜ撤退するのか，どのような方式で撤退するのか，という進出先からの撤退も注目を集めるようになった。その他，これまでの海外出店に関する研究を踏まえながら，小売国際化プロセスに関する包括的な分析枠組みの構築も活発に行われた。

　本章では海外出店の実態を確認したうえで，上記のような海外出店に関する代表的な研究をレビューする。それによって，海外出店で解明された点，あるいは解明されていない点を明らかにし，第4章における課題析出のための準備を行う。

第1節　海外出店の歴史と現状

　小売業は，地域特性に強く制約されることや，資本力または経営資源が乏しいことによって，国際化しにくいと思われるが[1]，小売企業による海外出店は 20 世紀初頭に観察されている。例えば，アメリカでは，バラエティーストア・チェーンのウールワース（Woolworth）は，1907 年にカナダ，1909 年にイギリス，1926 年にドイツに進出した。スーパーマーケットのセーフウェイ（Safeway）は，1927 年に創業してまもない 1929 年にカナダに進出した[2]。またヨーロッパでは，オランダで創業したアパレル専門店の C&A が，第一次世界大戦前にドイツに海外 1 号店を開き，その後もヨーロッパ全域で積極的な店舗展開を試みた[3]。アジアでは，日本の三越が，1906 年に韓国京城，1907 年に中国大連にそれぞれ出張員詰所を設置し，いずれも 1929 年に支店へと改組した。高島屋は，1938 年に中国の南京店，1940 年に北京店と済南店を開設し，大丸は，1940 年に天津店を設立した[4]。また，日本市場への国際小売企業の進出は，1969 年の第 2 次資本自由化で単独専門小売企業，1970 年の第 3 次資本自由化で単独総合小売企業，1971 年の第 4 次資本自由化で 11 店舗以下のチェーンストア，そして 1973 年の第 5 次資本自由化で完全な自由化が認められた[5]。

　小売企業による海外出店が古い歴史を持っているとはいえ，1980 年代に入ってはじめて本格化するようになった[6]。オックスフォード大学テンプルトン・

---

1)　岩永（2009），2 頁；鈴木（1968），115 頁。
2)　鈴木（1968），123-124 頁。
3)　矢作（2000），93 頁。
4)　向山（1996），73 頁の注釈 4。ただし，この時期における海外出店は，基本的に現地在留日本人への商品供給を目的とし，戦時には軍需対応の任務を負う存在であるため，終戦とともに接収された。
5)　鈴木（1993），3 頁。
6)　その背景には，情報・輸送技術の発達や規制緩和，社会経済の国際化，経営上の管理的限界の克服およびチェーンストア経営にともなう小売企業の大規模化などがある（Treadgold 1990, p.7；川端 2000，262-266 頁；矢作 2007，2-3 頁；岩永 2009，2 頁）。

カレッジ小売経営研究所 (OXIRM) のデータベースによれば，1997 年時点，ヨーロッパの主要小売企業（一部ヨーロッパに進出しているアメリカ，日本，香港などの小売企業を含む）のヨーロッパ市場（中ヨーロッパ，東ヨーロッパ，北ヨーロッパを含む）への参入件数は，1,700 件以上にのぼっている。その参入時期を見ると，1970 年代およびそれ以前は全体の 11% に過ぎなかったが，1980 年代には 34%，1990 年代には 55% に増加した[7]。

　小売業態を見ると，先行したのは，ベネトン (Benetton)，イケア (IKEA)，ザ・ボディショップ (The Body Shop) などの専門小売企業であった[8]。日本小売企業の海外出店も 1980 年代後半以降に入ると本格化したが，先行したのは，高島屋，東急百貨店（白木屋），西武百貨店などの総合小売企業であった[9]。いずれにしても，今日においては，業態を問わず，小売企業による海外出店は普遍化している。本節で国別および企業別の国際化の実態を概観する。

1　国別国際化

　図表 1-1 は 2005 年度および 2014 年度における売上高ランキングで世界トップ 250 社について，国別に国際化の程度をまとめたものである。まず世界トップ 250 社における国別企業比率を見ると，アメリカ企業が最も高い比率を占めている。日本企業も全体の 10% 以上を占めており，大規模小売企業の数においては，アメリカに次ぐ世界第 2 位である。次に世界トップ 250 社に入った企業の，全体の売上高における比率を見ると，アメリカ企業が全体の 4 割以上も占めており，他を圧倒している。一方の日本企業は，企業比率の半分程度にとどまっており，企業規模においては，アメリカおよびヨーロッパの主要各国に劣っていることが明らかである。

　2005 年度と 2014 年度のデータを比較すると，企業比率および売上高比率

---

7)　矢作 (2001)，20-21 頁。原出典は，OXIRM (1997) *Shopping for New Markets-Retailers' Expansion across Europe's Borders*, Oxford Institute of Retail Management, Templeton College, Oxford であるが，入手することができなかったため，矢作 (2001) から引用した。

8)　同上，21-22 頁。

9)　川端 (2000)，69-72 頁。

18

図表 1-1　世界トップ 250 社の国際化（2005 年度，2014 年度[※1]）

	アメリカ	イギリス	ドイツ	フランス	日本	他の欧州	その他
世界トップ 250 社に入る	36.0	9.0	8.0	5.0	14.0	14.0	14.0
企業比率（%）	31.6	6.4	6.4	6.0	11.2	18.4	20.0
世界トップ 250 社に入る企業	45.6	8.1	11.4	9.4	7.2	10.3	7.7
の売上高比率（%）	42.5	6.4	10.4	9.6	6.4	12.5	12.1
世界トップ 250 社に入る企業	3.7	7.6	12.7	11.8	2.6	3.6	4.6
の国別平均海外進出国・地域数	8.9	17.8	15.2	30.0	4.3	12.7	6.4
世界トップ 250 社に入る企業	6.2	14.6	36.0	34.8	1.2	27.0	9.85
の国別平均海外売上比率（%）	14.6	20.6	43.8	45.1	10.3	37.0	20.6

※ 1：数値の上段は 2005 年度，下段は 2014 年度である。
出典：Deloitte (2007, 2016) Global Powers of Retailing より筆者作成。

に占める主要先進諸国の割合は低下する傾向にあり，東ヨーロッパやアジアなど，発展途上国出身の大規模小売企業の成長が推測できる。

　次に，小売企業の国際化の程度を表す指標を検討する。企業比率および売上高比率と対照的に，世界トップ 250 社に入る企業の平均海外進出国・地域数および平均海外売上高比率においては，フランス，ドイツ，イギリスといったヨーロッパ企業が，上位を占めている。一方，数多くの大規模小売企業を持つアメリカ企業は，2005 年度にはわずか 3.7 カ国，日本企業は，同じくわずか 2.6 カ国にしか進出していない。また，2005 年度における平均海外売上高では，アメリカ企業が 6.2% であり，日本企業はわずかの 1.2% に過ぎない。国際化の程度においては，ヨーロッパ企業がリードしていることが明らかである。

　ただし，2005 年度における世界トップ 250 社に入る企業の平均海外進出国・地域数および平均海外売上高比率について，2014 年度のそれを比較すると，ヨーロッパのみではなく，アメリカおよび日本の大規模小売企業も，国際化を推進していることも明白である。

2　企業別国際化

(1) 欧米小売企業

　次に，企業別国際化の程度を考察する。図表 1-2 は，売上高ランキングで世界トップ 10 社の国際化の程度を示したものである。アメリカのド

図表 1-2　世界トップ 10 社の国際化（売上高単位：100 万ドル）

	2005 年度				2014 年度		
順位	企業名	進出国・地域数[※1]	売上高	順位	企業名	進出国・地域数	売上高
1	ウォルマート	10	312,427	1	ウォルマート	27	485,651
2	カルフール	31	92,778	2	コストコ	9	112,640
3	ホームデポ	4	81,511	3	クローガー	0	108,465
4	メトロ	29	69,134	4	シュワルツ	25	102,694
5	テスコ	12	68,866	5	テスコ	12	99,713
6	クローガー	0	60,553	6	カルフール	33	98,497
7	ターゲット	0	52,620	7	アルディ	16	86,470
8	コストコ	8	51,862	8	メトロ	31	85,570
9	シアーズ	4	49,124	9	ホームデポ	3	83,176
10	シュワルツ	21	45,891	10	ウォルグリーン	1	76,392

※1：進出国・地域数は，出身国を含まない。

出典：Deloitte (2007, 2016) Global Powers of Retailing より筆者作成。

図表 1-3　欧米総合小売企業の国際化

企業名[※1]	項目	2000	2005	2010	2015
ウォルマート	進出国・地域数	9	10	14	27
	海外店舗数[※2]	612	1,431	4,557	6,299
	海外売上比率	16.7%	20.1%	26.1%	25.8%
カルフール	進出国・地域数	21	29	32[※3]	34
	海外店舗数	3,697	8,197	10,443	6,646
	海外売上比率	47.5%	52.2%	61.3[※4]	52.9%
テスコ	進出国・地域数	n.a.[※5]	12	12	8[※6]
	海外店舗数	215	813	2,665	3,308
	海外売上比率	12.7%	24.3%	32.7%	21.1%

※1：ウォルマートは 1 月決算，カルフールは 12 月決算，テスコは 2 月決算である。

※2：小売事業のみではなく，卸売事業およびレストランなどの事業も含む。

※3：Deloitte (2012) による。

※4：フランスにおけるハードディスカウントストアの売上高を含む。

※5：n.a. はデータを入手することができないため，不明を意味する。

※6：2015 年度ではアイルランドでの事業を国内事業に合算しているが，ここでは海外事
業として取り扱う。

出典：各社のアニュアル・レポート（各年版）より筆者作成。

ラッグストア・チェーンであるウォルグリーン（Walgreen）を除き，世界トップ 10 位の大規模小売企業は，主にハイパーマーケット，スーパーセンター，スーパーストア，ディスカウントストアなどの総合業態を展開している。そのなか，

20

図表 1-4　欧米アパレル専門小売企業の国際化

企業名[1]	項目	2005	2010	2015
インディテックス	進出国・地域数	55[2]	76	87
	海外店舗数	923	3,119	5,187
	海外売上比率	54.5%	72%	82%
ヘネス&マウリッツ	進出国・地域数	21	37	60
	海外店舗数	1,069	2,038	3,748
	海外売上比率	91.4%	93.4%	95.5%
ギャップ	進出国・地域数	n.a.[3]	n.a.	n.a
	海外店舗数	247[4]	353	606
	海外売上比率	9.1%[5]	29%	23%

※1：インディテックスは1月決算，ヘネス&マウリッツは11月決算，ギャッ
　　　プは1月決算である。
※2：インディテックスの2005年度のデータを入手することができなかった
　　　ため，2004年度のデータを使用した。
※3：n.a.は，データを入手することができないため，不明を意味する。
※4：ギャップの店舗数は，北米，ヨーロッパ，アジアのように集計されたため，
　　　ここでの海外店舗数は，ヨーロッパとアジアにおける店舗のみである。
　　　なお，海外店舗数にフランチャイズを除く。
※5：ギャップの2005年度における海外売上比率に，カナダでの売上を含む。
出典：各社のアニュアル・レポート（各年版）より筆者作成。

ウォルマート，カルフール，テスコ（Tesco）を代表として，欧米総合小売企
業の国際化の変遷および現状を検討する。

　図表1-3は15年間にわたって，ウォルマート，カルフール，テスコの国際
化を表したものである。同じ総合小売企業ではあるが，それぞれ異なる国際化
の展開を示している。ウォルマートは，進出先を急速に拡大し，特に2010年
以降は，アフリカおよび中米諸国への進出が顕著である。カルフールは，進出
先の数を安定させているが，海外店舗数を著しく増加，減少させた後，現在で
は10年前と同じ程度の海外売上比率を維持している。一方のテスコは，比較
的少ない海外市場に集中しているのが特徴である。

　欧米の小売業では，総合小売企業に先行して，国際化を推進したのは専門小
売企業である[10]。次に，欧米の代表的なアパレル専門小売企業の国際化を概

10）矢作（2001），21-22頁。

観する。図表 1-4 で示しているように，2005 ～ 2015 年の間，スペインのイ
ンディテックス（Inditex）は海外店舗数を 2005 年の 4 倍以上，スウェーデン
のヘネス＆マウリッツ（H&M）は 2 倍以上，そしてアメリカのギャップ（GAP）
は約 1 倍程度拡大させた。2015 年度におけるインディテックスとヘネス＆マ
ウリッツの海外売上比率は，それぞれ 8 割および 9 割を超過している。大規
模な国内市場を有するアメリカの専門小売企業と比較して，ヨーロッパの専門
小売企業のほうが国際化に意欲を示していることは明らかである。

(2) 日本小売企業

　国別国際化で明らかになったように，日本は，先進諸国のなかでは比較的国
際化に意欲を抱いていない。次に，日本の代表的な総合小売企業および専門小
売企業の国際化の変遷と現状を概観し，その特徴を検討する。
　図表 1-5 で示しているように欧米の総合小売企業と比べて，日本の総合小
売企業の国際化は遅れている。イトーヨーカ堂は，1997 年に中国で最初の海
外店舗を開店して以来，約 20 年間進出先を拡大していない。2015 年は北京
に 4 店舗，成都に 6 店舗の構成であったが，2017 年現在，北京に 2 店舗，成
都に 6 店舗および成都に近い眉山に 1 店舗の構成であり，成都を軸に中国事
業を再編している。イトーヨーカ堂と比較して，イオンのほうが国際化に積極
的である。イオンは 1985 年にマレーシアに進出し，2015 年には，中国 49 店舗，
マレーシア 30 店舗，ベトナム 3 店舗，インドネシア 1 店舗を運営している。
単独出店のみではなく，海外のイオンモールに核店舗として入居するように，
グループ会社とともに拡大していることが特徴である。イオンは，中国とアセ
アンを軸に国際事業に力を入れているが，現段階では海外売上比率が相変わら
ず低い。総合スーパー（General Merchandise Store，以降は GMS）のみのデー
タを入手することはできなかったが，他の国際事業も含むと，2015 年度にお
ける海外売上比率は，わずか 5.3% に過ぎない [11]。似たような業態で展開す
るとしても，欧米小売企業と日本小売企業を取り巻く環境の相違，または，経

---

11) *Aeon Review 2015 Financial Information*, p.2.

22

図表 1-5 日本小売企業の国際化

企業名（業態）[※1]		2005	2010	2015
イオン （GMS）	進出国（地域）数	3	2	5
	海外店舗数	37[※2]	53	84
	海外売上比率	n.a.[※3]	n.a.	n.a.
イトーヨーカ堂 （GMS）	進出国（地域）数	1	1	1
	海外店舗数	7	12	10
	海外売上比率	2.4%	5.5%	7.6%[※4]
良品計画 （アパレル・雑貨専門店）[12]）	進出国（地域）数	12	20	25
	海外店舗数	51	134	344
	海外売上比率	10.9%	14.4%	35.5%
ファーストリテイリング （アパレル専門店）	進出国（地域）数	2	8	15
	海外店舗数	14	136	798
	海外売上比率	n.a.	8.9%	35.9%

※1：イオンは2月決算，イトーヨーカ堂は日本では2月決算，進出先の中国では
12月決算である。良品計画は2月決算，ファーストリテイリングは8月決算
である。

※2：イオンの2005年度における海外でのGMSを入手することができなかったた
め，2007年12月16日までの数値を使用した。2010年度は2011年1月1
日までの数値であり，2015年度は2015年12月10日までの数値である。

※3：n.a. は，データを入手することができないため，不明を意味する。

※4：1店舗の食品スーパーマーケットの海外売上を含む。

出典：各種資料より筆者作成[13]）。

12）良品計画の主要事業である無印良品は，業態で分類するとバラエティーストアに相当するが，す
べての商品を単一のブランドで提供していることから，専門店として分類することができる（鳥羽
2015, 235頁）。

13）イオンについては，AEON News release「12/16(日)『ジャスコ海岸城店』開店のご案内」
2007年12月13日,「1/1(土)『ジャスコ東莞第一国際店』グランドオープン」2010年12月28日，
「イオンのカンボジア1号店『イオンモールプノンペン』6月30日(月)グランドオープンセレモニー
を開催」2014年4月26日，「イオンのインドネシア1号店『イオンモール BSD CITY』5月30
日(土)10:00グランドオープン」2015年5月30日，「イオンモール武漢経開 12/10(木)10:00
グランドオープン」2015年12月3日,「マレーシア最大級のイオンモール旗艦店！3月22日(火)『イ
オンモール シャーアラム』オープン」2016年3月22日および「ベトナム4号店『イオンモール
Binh Tan』7月1日(金)10:00グランドオープン」2016年5月24日を参考に作成した。イトーヨー
カ堂については，『Seven & i Holdings Corporate Outline』2006・2011・2016を参考に作成した。
良品計画について，『DATA BOOK』2006・2011・2016および鳥羽（2015）の表8-2を参考に
作成した。ファーストリテイリングについては，『アニュアル・レポート』2005・2010・2015を
参考に作成した。

営方針や所有する経営資源などの相違によって，出店スピードが大きく異なるといえるだろう。

　一方，専門小売企業は，ヨーロッパの専門小売企業と比較して国際化が遅れているとはいえ，急速な成長を見せている。2005〜2015年の間，良品計画は海外店舗数を2005年の6倍近く，ファーストリテイリングは実に56倍も増加させた。海外売上比率も急増し，2015年には両社とも3割を超過している。専門小売企業は，世界中の同質的な市場細分を標的に，本国で確立した業態を標準化して進出先で活用することができる。そのため，急速な店舗拡大が可能だと言われている[14]。今後，日本の専門小売企業はさらなる国際化を見せるだろう。

第2節　参入動機，参入様式および参入市場

1　参入動機

　海外出店の活発化にともなって，まず，注目されたのは，小売企業がなぜ海外市場に進出するのか，いわゆる参入動機の解明である。参入動機に関する研究は，基本的に環境決定論的に行われる。すなわち，狭隘な本国市場や成長する海外市場などの環境要因は，小売企業の海外進出についての意思決定を左右する[15]。これらの環境要因は，一般に，プッシュ要因とプル要因に大別することができる[16]。前者は，本国市場の魅力を低減させる要因であり，後者は，海外市場への進出を魅力的に思わせる要因である[17]。環境要因の他に，経営者の性格やその国際化への態度を始め，バイイングパワーの強化，複数市場へのリスク分散，企業差別的優位性の活用，先発優位の追求，情報収集などの組織要因も，小売企業の海外進出意思決定に影響を与える[18]。

---

14) 例えば，Salmon and Tordjman (1989)。
15) 向山 (1996)，13頁；矢作 (2002)，27頁。
16) 例えば，Kacker (1985), Treadgold (1988), Treadgold and Davies (1988), Alexander (1990a, 1990b, 1995, 1997), Williams (1992a, 1992b), Dawson (1993, 1994) などが挙げられる。
17) Treadgold and Davies (1988), p.10.
18) Williams (1992b), pp.9-11；Dawson (1993), pp.29-30；二神 (2000), 32-33頁。既存研究では，

24

　参入動機に関する初期の研究では，プッシュ要因の影響を強調する傾向がある[19]。Treadgold and Davies (1988) は，プッシュ要因として，①国内市場の成熟，②強い競争圧力の存在，③制限的な取引環境（店舗の新設，営業時間および労働条件など），④国内経済の停滞，⑤人口増加の停滞を，プル要因として，①未発展の市場の存在，②グローバル企業になろうとする企業哲学，③海外におけるニッチ市場の存在，④将来の拡大のための足掛かりの確立，⑤既存の企業技術および強みのより十分な活用を，取り上げる。そして，ヨーロッパの個別小売企業による海外市場への進出を見る限り，プッシュ要因のほうが主要な影響要因であると指摘する[20]。

　初期の研究と対照的に，1990 年代以降，小売企業の上級マネージャーや経営者を対象に実施されたインタビュー調査やアンケート調査に基づいた研究では，プル要因の影響が強調されている。Alexander (1990a) は，イギリスの小売企業上位 200 社に対してアンケート調査を実施し，そのうち海外に進出している 26 社のデータをもとに，海外進出の動機を整理している。その結果，大きな影響を与えている動機は上位から，①進出先国におけるニッチ市場機会の存在，②進出先国の市場規模，③進出先国における経済的繁栄の水準，④自社の業態，⑤自社の取り扱う商品ライン，⑥進出先国における小売業発達度，であった。それに対して，あまり大きな動機にならなかったのは，①有利な為替レート，②法的規制や税制面などの有利な操業環境，③国内市場の飽和，④進出先国における不動産投資の可能性，⑤進出先国における有利な労働条件，⑥進出先国で買収する相手企業の株価，であった[21]。

　同じく Williams (1992a) は，海外に進出している 42 社のイギリス小売企業を対象にインタビュー調査を実施し，進出動機を調査した。Williams (1992a)

　環境要因と組織要因を明確に分けてプッシュ要因とプル要因を論じているわけではない。例えば，後述する Treadgold and Davies (1988) のプル要因において，未発展の市場の存在や海外におけるニッチ市場の存在といった環境要因もあれば，企業哲学や既存の企業技術および強みのより十分な活用といった組織要因も含まれる。

19) 例えば，Kacker (1985)，Treadgold (1988)，Treadgold and Davies (1988)。
20) Treadgold and Davies (1988), pp.11-18.
21) Alexander (1990a), pp.80-81.

第1章　海外出店　25

は主成分分析によって34の動機要因から，①国際成長機会を求める小売企業
の能動的な成長志向，②国内市場の飽和，③進出先国で通用する小売訴求力・
革新性，④誘致や競争相手への追随などの受動的な反応，という4つの因子
を抽出した。そして，参入動機として，「進出先国で通用する小売訴求力・革
新性」と「能動的な成長志向」は，「受動的な反応」と「国内市場の飽和」を
上回って，より重要である結果が得られた[22]。

　Alexander (1990a) やWilliams (1992a) などの研究は，初期の研究が強調す
る，国内における市場飽和や規制強化などのプッシュ要因よりも，進出先国に
おける市場機会の存在や自らの強みの活用というプル要因のほうが，小売企業
の海外進出により大きな影響を与えていることを実証した。とはいえ，これら
の研究は，プッシュ要因による小売企業の海外進出への影響を否定しているの
ではない[23]。むしろ，参入動機をプッシュ要因とプル要因の二者択一で捉え
るのではなく，それらの要因が相互関連した形で，小売企業の海外進出に関す
る意思決定に影響を与えるという立場である。

　Alexander (1997) は，「本国市場の飽和度」と「国際市場における小売事業
展開の可能性」という2つの軸で，参入動機を「土着型」，「受動型」，「拡張型」
および「能動型」に分類し，プッシュ要因とプル要因を二者択一で捉えていな
い（図表1-6）。また，同じくAlexander (1997) は，1990年代初頭までの研
究を踏まえ，政治，経済，社会，文化，小売構造という5つの側面から，プッ
シュ要因とプル要因に分類し，図表1-7のように参入動機を包括的に整理し
ている[24]。

2　参入様式および参入市場

　海外進出を決定した小売企業は，次に，どのような様式で，どの市場に参入
するのかを考えなければならない。いわゆる参入様式と参入市場の研究である。

---

22) Williams (1992a), pp.274-277.
23) Alexander (1997), p.133.
24) Alexander (1997) は，Kacker (1985), Treadgold (1988, 1990/1991) およびAlexander (1990a, 1990b) などの既存研究をもとに，参入動機を包括的に整理している。

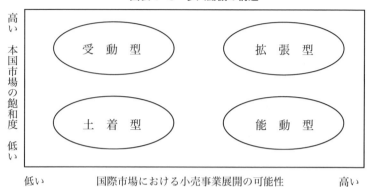

図表1-6 参入動機の構造

出典：Alexander(1997), p.133.

図表1-7 参入動機

	プッシュ要因	プル要因
政治的要因	・不安定な政治構造 ・厳しい規制環境 ・反商業振興的な政治風土の支配 ・消費者金融の制限	・安定した政治構造 ・ゆるやかな規制環境 ・商業振興的な政治風土の支配 ・ゆるやかな消費者金融の規制
経済的要因	・悪い経済状況 ・低い成長可能性 ・高い運営コスト ・成熟した市場 ・小規模の国内市場	・良好な経済状況 ・高い成長可能性 ・低い運営コスト ・発展する市場 ・資産投資の可能性 ・大規模な市場 ・好ましい為替レート ・安い株価
社会的要因	・ネガティブな社会環境 ・ネガティブな人口統計上の傾向 ・人口の停滞または減少	・ポジティブな社会環境 ・ポジティブな人口統計上の傾向 ・人口の増加
文化的要因	・なじまない文化風土 ・異質な文化環境	・なじみのある文化参照点 ・魅力的な文化構造 ・革新的なビジネス・小売文化 ・企業エートス ・同質な文化環境
小売構造要因	・厳しい競争環境 ・高い市場集中度 ・業態の飽和 ・好ましくない経営環境	・ニッチ機会の存在 ・自社所有設備の存在 ・追随的拡張 ・好ましい経営環境

出典：Alexander(1997), p.129.

これらの研究の多くは，参入様式および参入市場に関する意思決定への規定要因を解明しようとしている。

　小売企業の参入様式については，製造企業における海外進出の議論と基本的に変わらない[25]。それは，現地子会社の設立や合併・買収のような現地経営に対して，高コントロール・高コストから，合弁，フランチャイジングのような中コントロール・中コスト，あるいは低コントロール・低コストまで様々である[26]。

　Treadgold and Davies (1988) は，海外に進出した小売企業の個別事例をもとに，経験的に下記のようないくつかの命題を提示している。

①社会文化的距離を最小にする慣れ親しんだ環境に向けて，慎重に国際化しようとする。

②国際的な活動経験の蓄積とともに，社会文化的距離の最小化への重視が消失する。

③高コントロール型の参入様式が最も選好される。とりわけ，海外経験が限定的な小売企業に当てはまる。

④国際化の初期の段階では，高いコントロールの参入様式としての子会社設立による参入が見られる。

⑤海外経験が豊富な小売企業，あるいは本国市場における苦境への対応ではなく，企業文化の一部分として海外で活動している企業は，低コントロール・低コストの参入様式を選好する。

⑥国際化に最も成功している小売企業は，ユニークな製品，あるいは業態を持つ小売企業である。

　これらの命題から，小売企業の参入様式および参入市場の選択は，社会文化的距離という環境要因[27]，国際化経験，企業文化あるいは小売企業特性という組織要因によって規定されることを導き出すことができる。

---

25) 向山 (1996)，17頁。

26) Treadgold and Davies (1988), pp.35-38；各参入様式の目的，長所，短所および機会について，Dawson (1994), p.274 および Dawson (2001), p.260 を参照されたい。

27) Treadgold and Davies は，小売企業が本国と地理的距離の近い市場に参入する傾向があると指摘しながらも，イギリスの小売企業がヨーロッパではなく北米に先に進出する事例を通じて，地理的距離よりも社会文化的距離の重要性を強調する (Treadgold and Davies 1988, pp.36-37)。

28

Treadgold and Davies (1988) の個別事例に基づいた経験的命題に対して，Burt (1993) は，1960 ～ 1990 年までの 30 年間で，海外投資経験のあるイギリス小売企業の 726 件の個別事例をデータに，「いつ・どこで・誰が・どんな投資をしたか」を分析した。その結果，Treadgold and Davies (1988) が抽出した規定要因に加え，素早く多国間にわたって事業を展開したい，あるいは少数国に集中して事業を展開したいという市場カバレッジ志向や，地理的距離という新たな規定要因を抽出している[28]。

　参入様式および参入市場への規定要因研究は，初期の小売国際化研究にとどまらず，今日においても注目されているテーマである。Alexander et al. (2007) は，西ヨーロッパ小売企業を対象に，Alexander et al. (2011) は，東ヨーロッパ小売企業を対象に，複数のデータベースを利用し，小売企業の参入市場選択および国際化活動への規定要因を解明しようとしている。その結果，西ヨーロッパの小売企業は，消費者の購買力が低い市場に参入する傾向がある。そのうち，GDP 規模が大きく，小売企業同士の競争が緩やかな市場が選好される[29]。一方の東ヨーロッパ小売企業は，消費者の購買力が高い市場に参入する傾向があることは明らかになった[30]。換言すれば，進出先における消費者の購買力，経済規模および競争状況は，小売企業の参入市場選択に影響を与えるということである。

　初期の研究では，小売業態や参入様式を問わない傾向があるのに対して，近年では，特定の種類の小売企業や特定の参入様式に焦点を当てた研究も展開されている。Park and Sternquist (2008) は，Dunning の折衷理論[31] を応用し，

---

28) Burt (1993), pp.401-408.
29) Alexander et al. (2007), p.429.
30) Alexander et al.(2011), p.192.
31) 折衷理論(Eclectic paradigm)は1970年代にDunningによって提唱されたものである(Dunning 1988a)。企業が国際化する際に，海外直接投資で進出するのか，輸出，技術供与あるいは企業提携などで進出するのかという意思決定をしなければならない。その際に，①所有，②内部化，③立地という3種類の優位性を考える必要がある。所有優位 (Ownership-specific advantages) は，他国企業に対して競争優位の源泉となる無形資産などの所有による優位性である。内部化優位 (Internalization-incentive advantages) は，市場の失敗を回避し，活動を内部化することによる優位性である。立地優位 (Location-specific variables) は，天然資源や作り出された資源の賦存などの，本国あるいは受入国を有利にするものによる優位性である。所有優位，内部化優位お

第1章　海外出店　29

図表1-8　参入市場および参入様式への規定要因

環境要因	経済 　進出先の競争状況 　進出先の経済規模 　進出先における消費者の購買力 　進出先における市場の複雑性 　進出先におけるパートナーの積極性 　　および利用可能性 　国内市場の競争圧力に対応するため 　　の経営資源の国内集中	組織要因	小売事業特性 　小売業態，小売コンセプト，ブランド・ 　コンセプト
			経営資源 　ブランド，資金，設備，経営管理上 　の知識，情報，顧客，競合相手お 　よび供給業者との関係
	政治・法律 　進出先の制度整備		企業文化
			企業戦略
			国際化経験，成長経験
	社会・文化 　社会文化的距離，地理的距離		マネージャーおよび経営者の影響

出典：筆者作成。

専門型業態を中心とするグローバル小売企業が，完全所有の形で参入するのか，フランチャイジングで参入するのかに関する12の命題を提示している。これらの命題から，ユニークな小売コンセプト，ユニークなブランド・コンセプト，ユニークな能力，契約的リスク，急速拡大の必要性，資源の入手可能性および成長経験という規定要因を抽出することができる。ここでいう資源は，資金などの財的資源，設備などの物的資源，経営管理上の知識などのマネジリアル資源，顧客，競合相手などに関する情報資源，そして，競合相手，供給業者および顧客などとの関係的資源，という企業が所有する資源もあれば，トレードマークやライセンスを保護する法律の整備，という進出先における制度環境に基づいた資源も含まれる[32]。

　Doherty (2007) は，フランチャイジングを利用し，海外市場に進出したイギリスの大手ファッション関係小売企業6社を対象に，参入様式としてフランチャイジングを選択する動機を検討している。その結果，①国際小売経験，②資金への入手可能性，③ブランド力，④企業の戦略的再編，⑤主要なマネー

　よび立地優位という3つの要素が同時に備えた場合，企業は海外直接投資で国際化する（Dunning 1988b, pp.25-29）。

32) 財的資源，情報資源およびマネジリアル資源をより多く入手することができればできるほど，完全所有の形で参入する可能性が高くなる。一方，法的資源と関係的資源をより多く入手することができればできるほど，フランチャイジングで参入する可能性が高くなる（Park and Sternquist 2008, pp.292-294）。

ジャーの影響という組織要因とともに，①現地パートナーからの打診，②現地
市場の複雑性，③国内市場の競争圧力に対応するための経営資源の国内集中，
④現地パートナーの入手可能性という環境要因も抽出した。

　以上の主張を整理すると，参入動機と同じように，参入様式および参入市場
への規定要因も環境要因と組織要因に分類することができる（図表1-8）。

　参入動機研究や参入様式および参入市場の研究は，小売企業が，様々な環境
要因と組織要因が複雑に相互関連したなかで，海外市場に進出するかどうか，進
出を決めれば，どのような様式でどのよう市場に進出するのかを意思決定し，そ
して，国際化の成功経験や失敗経験から学習し，次なる国際化の展開に活用する
ことを示している。しかし，これらの研究は，国際化経験を持つ小売企業を分析
対象としながら，海外に進出する以前における当該小売企業の意思決定を中心と
しており，小売国際化の前段階の研究にとどまっていると言わざるをえない[33]。
海外市場に進出した後の小売企業の行動に注目する研究が必要である。

第3節　標準化-適応化問題

　小売企業が海外市場に進出した後，どのような戦略を取っているのかは，最
も注目を浴びてきたテーマといえる。すなわち，進出先においては，標準化さ
れた小売コンセプトやマーケティング手法で展開するのか，あるいは現地市場
の特性に適応した形で展開するのか，または両者を融合した形で展開するの
か，という標準化-適応化問題をめぐる議論である。標準化戦略によって，規
模の経済性や範囲の経済性を享受し，効率性を獲得することができる。一方の
適応化戦略は，異なる消費者嗜好に対応し，現地市場における有効性を獲得す
るために不可欠である。この標準化-適応化問題は，国際マーケティング論で長
年にわたって議論されてきたテーマである[34]。しかし，国際マーケティング論は，
主に製造企業の国際化を対象としている。

---

33) 向山（1996），22頁。
34) 詳細は，Levitt（1983），Douglas and Wind（1987），角松（1992），大石（1993）を参照されたい。

国際マーケティング論の研究蓄積を小売企業の国際化に応用した，初期におけ
る代表的研究として，Salmon and Tordjman (1989) の研究を取り挙げることが
できる。そこでは，海外に進出した小売企業の国際戦略として，グローバル戦略
とマルチナショナル戦略を抽出している（図表1–9）。グローバル戦略とは，本
国で成功したフォーミュラを変えることなく，海外で複製する戦略であるのに対
して，マルチナショナル戦略とは，現地条件に適応する戦略である。マーケティ
ングに関しては，前者が標準化したマーケティング・ミックスを実施し，後者は
マーケティング・ミックスのなかでも，品揃えと広告を適応する必要がある。

　グローバル戦略を展開しているのは，ベネトン，ローラアシュレイ（Laura
Ashley），イケア，マークス＆スペンサー（Marks & Spencer）という専門小売企
業が典型である。これらの小売企業は，生産から販売までの垂直統合，本社に
よる中央集権的管理という特徴を持っている。一方，マルチナショナル戦略を
展開する小売企業は，ハイパーマーケット，百貨店，バラエティーストアのよ
うな総合型小売業態が典型であり，分権的管理を採用するのが特徴である[35]。

　すなわち，Salmon and Tordjman (1989)は，適応化–標準化の対象をマーケティ
ングとし，グローバル戦略とマルチナショナル戦略に相応しい業態，組織およ
び経営管理上の特徴を提示した。適応化–標準化の対象であるマーケティングは，
標的市場を始め，ポジション，コンセプトとその内容，およびマーケティング・
ミックス，あるいは小売ミックスを含む。

　Treadgold (1990/91) は，国際小売企業にとって重要な課題が，標準化に基づ
いたグローバル戦略がもたらす効率性と，異なる現地の消費者嗜好や小売環境
に適応していくマルチナショナル戦略がもたらす有効性を同時に実現すること
であると指摘する[36]。適応化による有効性と，標準化による効率性，あるいは
統合の利益を同時に実現する可能な戦略として，トランスナショナル戦略を提
起している。トランスナショナル戦略においては，各国で生まれた情報，技術，
経験をグループ内に共有し，学習することが重要である。それによって，小売

---

35) Salmon and Tordjman (1989), pp.6-11.
36) Treadgold (1990/91), p.23.

図表1-9　小売企業の国際戦略

	グローバル	マルチナショナル
定義	同一フォーミュラの世界的複製	フォーミュラの現地状況への適応
業態	専門店	ハイパーマーケット，百貨店，バラエティーストア
マーケティング	グローバル・セグメントとグローバル・ポジショニング　マーケティング・ミックスの標準化　統一した品揃え，価格，店舗設計，サービス，広告	コンセプトの複製および内容の現地適応　マーケティング・ミックスの適応化　世界中で類似した店舗装飾，価格戦略，サービス戦略　品揃え戦略と広告戦略の調整
組織的示唆	設計，生産，販売の垂直統合	マルチ・ドメスティックなアプローチ
経営管理上の示唆	中央集権的管理　優れた情報システム　急速な成長能力　大きな規模の経済性　皆無に近いノウハウの移転	分権的管理　本部との頻繁なコミュニケーション　普通の成長能力　規模の経済性なし　ノウハウの移転の重要性

出典：Salmon and Tordjman (1989), p.12.

企業は現地の消費者嗜好に適応したオファリングを提供しながらも，適応化を支えるノウハウを共通して，活用することができる[37]。Treadgold (1990/91) は，適応化を表す「現地適応度」と，標準化を表す「統合の利益」という2つの指標に基づいて，小売企業の国際化戦略をマルチナショナル戦略，トランスナショナル戦略およびグローバル戦略に類型化している（図表1-10）。

　Helfferich et al. (1997) は，これまでの研究が，参入様式・事業戦略や地理的展開度[38]，マーケティング戦略などの指標をもとに，国際小売企業の戦略を類型化してきたと評価しながらも，これらの指標のみでは，国際小売企業の戦略を十分に分類しきれないという限界も指摘している。その限界に対応するために，地理的範囲，文化的拡張，文化的志向，マーケティング，経営スタイ

---

37) *Ibid.*, pp. 24-26.
38) Treadgold (1988) は，現地事業への資源投入水準および統制水準を基準とした参入様式・事業戦略と，地理的展開度の2軸をもとにしたマトリックス上に，43社の国際小売企業のポジションを描き出した。そのポジションに基づいて，①国際化の経験が乏しく，限定的な地域に高コスト・高コントロール戦略で参入する「慎重な国際派」，②国際化の経験が長く，社会的・文化的距離が遠い国に高コスト・高コントロール戦略で参入する「大胆な国際派」，③国際化に強い意欲を持ち，各国共通のニッチ市場を狙い，高コスト・高コントロール戦略で参入する「攻撃的な国際派」，および④社会的・文化的相違を超越し，標準化した店舗や商品を提供し，低コスト・低コントロール戦略で世界中に展開する「世界的な国際派」，という4つの戦略類型を抽出した。

図表1-10 小売企業の国際戦略

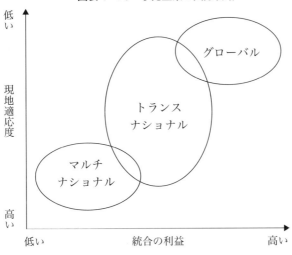

出典：Treadgold (1990/91), p.25.

ルという5つの指標を用いて，国際小売企業の戦略を「インターナショナル」，「グローバル」，「トランスナショナル」，「マルチナショナル」の4つの類型に大別した（図表1-11）[39]。

　地理的範囲とは，小売企業の地理的拡張を指す。地理的に拡張するには，法律，言語，ロジスティクスなどにおける様々な障害を乗り越える必要がある。文化的拡張とは，文化的類似性を持つ複数の国々によって構成される文化ゾーンのなか，進出した文化ゾーンの数を指す。文化は，ある集団に共有された規範，価値および慣習であり，文化の相違によって，消費者の嗜好や購買行動が異なる。文化的類似性を持つ国々では，消費者の嗜好や購買行動が類似しているため，本国で確立した小売業態が国境を超えても，変更することなく利用することが可能である。

　文化的志向は，小売企業の企業文化が本国志向であるのか，現地志向であるのか，あるいは，それらの融合を重視し，または問わないのかを表す指標である。

---

[39] Bartlett and Ghoshal (1989) は，製造業の多国籍企業を「マルチナショナル」，「グローバル」，「インターナショナル」，「トランスナショナル」の4種類に分類したうえで，それぞれの組織特徴を検討している（Bartlett and Ghoshal 1989, pp.64-66）。ここでは，Helfferich らは製造業での研究蓄積を小売国際化に適用している。

そして，経営スタイルは，本国における「本部主導型」をはじめ，管理中枢の所在地を問わない「中央集権型」，上級マネージャーの交流などによって，各国事業から学習した知識とスキルが共有される「統合ネットワーク型」，そして，現地事業が独立した事業として運営される「現地独立型」という4つの種類がある。

マーケティングに関して，本国と同質な市場を標的にしているかどうか，本国業態を移転する際に，業態の中核部分が変更されるかどうかをもとにした指標である。グローバル戦略は，本国と同質な市場を標的に，本国業態を複製し，業態の周辺部分について最小限の適応化しか行わない。それに対して，マルチナショナル戦略は，本国と異質な市場を標的に，本国業態を移転しない，あるいは，移転するとしても，小売コンセプトなど業態の中核部分が変更される。トランスナショナル戦略は，本国と異質な市場を標的に，本国業態を現地文化に適応させると同時に，中核な品揃えや店舗の名前および看板を採用し，標準化と適応化の同時実現を追求する。

Salmon and Tordjman (1989) と同じように，Helfferich et al. (1997) も，標準化−適応化の対象をマーケティングとし，より広範な指標でそれらのマーケティングの実現に相応しい国際小売企業の特徴を提示した。ここでいうマーケティングは，標的市場および小売業態を指している。

標準化−適応化問題は，日本でも積極的に取り組まれている。まず，先駆的な研究として，向山（1996）の研究が挙げられる。向山（1996）は，品揃えに焦点を当て，一見してトレード・オフ関係にある標準化と適応化を同時に実現させるための論理を開発した。異質性の高い現地市場に適応しなければならない宿命を持つ多製品型グローバル企業では，進出先国の所得水準が上昇することによって，各国間で品揃えの重複が発生するとともに（所得水準上昇の第1効果），中心品揃えのウェートが拡大し，周辺品揃えのウェートが低下する（所得水準上昇の第2効果）[40]。所得水準上昇にともなう品揃えの重複と中心−周辺品揃えの

---

40) 中心品揃えとは，他国の市場との間で共通化できる品揃え部分であり，店作りや商品構成上においては，外すことのできない基本的商品群でもある。一方の周辺品揃えとは，他国市場との間で共通化できない品揃え部分であり，それぞれ独自性を持った現地市場向け商品である。前者は，標準化が可能な品揃え部分であり，後者は，適応化を必要とする品揃え部分である（向山 1996，194頁）。

第 1 章　海外出店　35

図表 1-11　国際小売企業の戦略類型

	インターナショナル	グローバル	トランスナショナル	マルチナショナル
地理的範囲	1 つの大陸	2 つ以上の大陸	1 つ以上の大陸	1 つ以上の大陸
文化的拡張	1 つの文化ゾーン	2 つ以上の文化ゾーン	2 つ以上の文化ゾーン	2 つ以上の文化ゾーン
文化的志向	本国志向	混合志向	世界志向	現地志向
マーケティング	本国業態の拡張 国際的連携	最小限の適応化 同質市場	中程度の適応化 異質市場	主要の適応 適合型業態の使用 異質市場
経営スタイル	本部主導型	中央集権型	統合ネットワーク型	現地独立型
企業事例	ヒュンクモラール ハルフォーズ	ベネトン トイザらす	マークス＆スペンサー カルフール	アホールド テンゲルマン

出典：Helfferich et al. (1997), p.303 の表 2，表 3 より筆者作成。

変化から発生する，標準化すべき品揃え部分と適応化すべき品揃え部分が，それぞれ独立して処理可能な問題であり，標準化–適応化の同時実現が可能となる。

　従来の研究と異なり，ここでいう標準化–適応化の対象が品揃えに限定され，品揃えにおける標準化–適応化のジレンマを克服するための論理も提示されている[41]。

　川端（2000）は，「フィルター構造」という独自の視角を提起し，標準化–適応化問題に示唆を与えている。フィルター構造とは，各市場に備わる特性を意味する。小売企業は，母国市場の特性に応じたある種の合理的な経営システム特性（利益を上げるシステム特性）を備えている。小売企業は，進出先での市場戦略を検討する際に，まず，母国市場のフィルター構造と自己のシステム特性との関係を解明する必要がある。その上で，母国市場と進出先市場のフィルター構造を比較し，両者の共通性と相違性を比較しなければならない。仮に，多くの部分で構造的な共通性が認められれば，母国市場でのシステム特性を活用し，進出先市場に参入することが可能である。すなわち，標準化戦略である。

---

41) 向山（1996）は，品揃えにおける標準化–適応化のジレンマを克服する論理を提示し，小売企業のグローバル化の可能性を示した点や，グローバル化を実現させる鍵が小売企業の「もの作り」にあることと結論付けた点などが評価されながらも，その見解に対して批判も寄せられている。例えば，川端（2000）は，①所得の効果が本当に存在するのか，②標準化された「中心品揃え」領域と適応化された「周辺品揃え」領域のバランスをどこで見極めるのか，という疑問を提起している（川端 2000，52 頁）。また矢作（2007）は，①所得水準の向上による各国市場の同質化を強調している点，②「中心品揃え」と「周辺品揃え」に関する具体的な示唆はほとんど示されていない点，③「–周辺品揃え」の概念化の前提条件として設定されている考え方に，若干の違和感があるという点，を指摘している（矢作 2007，46–47 頁）。

もし，ほとんど共通性が認められなければ，自らのシステム特性を変更して参入しなくてはならない。すなわち，適応化戦略である[42]。このような母国市場のフィルター構造との相対的関係のなかで，川端は，「飛び地戦略」，「優位性戦略」，「特定市場適応化戦略」，「複数市場適応化戦略」および「グローバル戦略」という5つの市場戦略類型を提起した[43]。

　ここでいう標準化−適応化の対象は，母国市場の特性のもとで形成された合理的経営システム特性である。この合理的経営システム特性の具体的な内容について，明確に示されていない。ただし，経営システムの適応事例として，PB開発も含む仕入システムの構築や，新たな店舗フォーマットの開発，企業間提携や調達物流システムの構築，借入金を抑えつつ成長する経営手法の構築を取り上げられている[44]。これらの事例をもとに，従来の研究と比較すると，川端が捉えている標準化−適応化の対象は，小売企業自身の小売業態や小売ミックスにとどまらず，供給業者や物流業者との連携のもとで構築された商品調達と商品供給システムも含む，より広い内容である。

　同様に矢作（2007）は，標準化−適応化の対象を母国市場で構築した小売事業モデルと広く捉えている。小売事業モデルは，小売業態戦略を中心とした小売業務システムと，それを後方で支援する商品調達，商品供給システムによって構成される[45]。この3つのサブシステムには相互依存関係および相互補完関係が作用し，そこから競争の持続的な優位性が生まれる[46]。矢作は，小売国際化プロセスにおいて，最も重要である現地化段階における標準化−適応化問題の分析に注目し[47]，現地化段階における小売事業モデルの標準化−適応化戦略を，①「完全なる標準化」志向，②「標準化のなかの部分適応」志向，③

42）川端（2000），54–59頁。
43）同上，237–239頁。
44）同上，244–245頁。
45）矢作（2007），33頁。
46）同上，35頁。
47）矢作は，小売国際化プロセスをDouglas and Craig（1995）にしたがい，①初期参入，②現地化，③グローバル統合の3段階に分けている。そのうち，現地化段階は，現地市場への適応とそこでの成長を主たる意思決定事項として，国際化の成否を大きく左右するため，最も重要な段階である（矢作2007，36–37頁）。

第 1 章　海外出店　37

図表 1-12　小売企業の国際戦略

提起者	戦略	標準化-適応化の対象
Salmon and Tordjman (1989)	グローバル マルチナショナル	マーケティング戦略 （標的市場，ポジション，コンセプトとその内容，小売ミックス）
Treadgold　(1990/91)	グローバル トランスナショナル マルチナショナル	提供物，ノウハウ
向山（1996）	グローバル	品揃え
Helfferich et al.(1997)	インターナショナル グローバル トランスナショナル マルチナショナル	マーケティング戦略 （標的市場，小売業態）
川端（2000）	飛び地戦略 優位性戦略 特定市場適応化戦略 複数市場適応化戦略 グローバル戦略	母国市場の特性のもとで形成された合理的経営システム特性
矢作（2007）	完全なる標準化志向 標準化のなかの部分適応志向 創造的な連続適応 新規業態開発志向	小売事業モデル （小売業務システム，商品調達システム，商品供給システム）

出典：筆者作成。

「創造的な連続適応」志向，④「新規業態開発」志向に類型した[48]。

　このように，海外市場に進出した小売企業の国際戦略に関する数多くの研究が蓄積され，各論者はそれぞれの基準をもとに，いくつかの戦略類型を抽出している（図表 1-12）[49]。

48）3つのサブシステムは同時並行的に現地化するのではなく，まず小売業務システムの現地化が先行する。なぜならば，一般に，現地化の初期段階では本国市場における堅固な顧客基盤や大量販売力を有しておらず，競争の焦点は個別店舗の規模や立地条件の善し悪し，現地市場に適合した品揃えの形成といった店頭の小売業務の優劣に絞り込まれるためである。この段階では，一定規模以上の販売・仕入活動が実現されないため，小売業務，商品調達，商品供給という3つのサブシステム間の相互依存・補完関係が十分に機能することができない（矢作 2007，36-40頁）。

49）多くの研究は小売国際化の戦略類型化に注目しているのに対して，白（2003）は日本におけるトイザらス（Toys"R"Us）とカルフールの現地適応化プロセスを通じて，標準化-適応化問題を考察し，段階別戦略行動という新たな概念を提出している。すなわち，海外に進出した小売企業の標準化-適応化に関する戦略行動が参入時と参入後で段階別に修正されることである。白は小売企業が国内市場においても，海外市場においてもチェーン化原理に基づく「規模の経済性」を追求することを行動原理としているため，海外市場に進出した場合も絶えず標準化のメカニズムが働いていると強調する（白 2003，35頁）。ここで重要なのは，標準化が参入時の標準化と，最後の段階の多店舗展開における標準化の2つの段階があることである（白 2003，46-47頁）。

しかし，何をどの程度修正すれば，標準化あるいは適応化，または両者の融合の形といえるのかについては，共通の認識が形成されていない。

標準化–適応化の対象を品揃えに限定した見解もあれば，マーケティング戦略やノウハウ，取引先を含む商品調達，商品供給システムを射程に入れた見解もある。また論者によって，標準化–適応化の対象をめぐる概念それ自体が曖昧である。コンセプトは，小売業態のコンセプトなのか，商品コンセプトなのか。小売業態は，小売業態のコンセプトに限定しているのか，小売ミックスまで包含しているのか。また，小売業態の中核–周辺部分や品揃えの中核–周辺部分は，どのような基準で範囲を決定しているのか。それらについては，必ずしも明確ではない。

標準化–適応化の対象や戦略類型に対する共通の認識が形成されていないが，標準化と適応化の二者択一ではなく，両者を同時に実現すべきという認識が共通しているといえる。小売企業は本国で確立した業態を持ち，海外市場に進出する際に，何らかのかたちでそれを複製し，移転する意図を持っている。換言すれば，ほとんどの小売企業は，標準化を通じて，効率性を獲得しようとする。それと同時に，小売業は地域・立地産業であり，消費者嗜好をはじめ，競争条件や経済・社会・文化・政治環境など現地における市場特性に強く制約される。そのため，小売企業は本国で確立した業態を現地に適応させなければならない。すなわち，適応化を通じて，有効性を獲得しなければならない。

一般に，専門小売企業は，標準化戦略を採用しやすいと思われる。しかし，ここでいう標準化戦略は，適応化に基づいた有効性を否定しているものではない。専門小売企業は，世界中の共通した市場細分を標的市場としているため，標準化は同時に適応化も意味している。一方の総合小売企業は，適応化戦略を採用しなければならないと思われる。しかし，数多くの研究が示したように，総合小売企業は適応化のみではなく，現地市場にも通用できる小売業態や標準的なオペレーションを活用している[50]。このように業態に関係なく，多くの

---

50) 例えば，今井 (2003) では，西友との提携で日本市場に参入したウォルマートは，競争優位であるEDLP (Everyday Low Price) の実現に必要な要素を，移転しやすいものから取り入れ，優位性を持たない要素について，現地方式を採用し，標準化と適応化を同時に実現していると指摘された。また，白石・鳥羽 (2003) は，ウォルマートの海外展開を海外立地選択，海外参入様式選択，海外流通戦略

小売企業は，標準化と適応化に同時に取り組んでいる。

第4節　進出先からの撤退

　撤退は，海外市場におけるプレゼンスを低減させる企業活動と定義することができる[51]。これまでの参入動機，参入様式，参入市場および標準化–適応化問題と比較して，進出先からの撤退についてはあまり分析されてこなかった。その最大理由は，撤退データの不足である[52]。しかし，1990年後半における撤退の顕著化にともなって，次第に注目されるようになった。

1　撤退の実態

　撤退に関するほとんどの研究は，個別事例に基づいているが[53]，一部の研究は，データベースに基づいて，その実態と一般的な特徴を把握しようとしている。Burt et al. (2004) は，複数のデータ・ソースを使用し，参入地域，進出

という3つの側面から検討し，総合小売企業でも標準化する部分と適応化する部分が併存していると結論付けた。最近では，Wood et al. (2016) は，テスコが小売業態やオペレーションなどにおいては，他の国・地域へ移転可能なベスト・プラクティスを確立する一方，消費文化，都市計画や不動産システム，ロジスティクスおよびサプライチェーン・オペレーションなどにおいては，各国・地域の特性に応じて，少なからぬ適応を行っていることを明らかにしている。また，Siebers (2016) は，ウォルマート，カルフール，メトロ (Metro) およびテスコという代表的な総合小売企業を事例に，適応化と標準化を同時に行うハイブリダイゼーション戦略を検討している。

51) Alexander et al. (2005), p.8. また，撤退を記述する用語は様々である。例えば，「脱国際化 (deinternationalization)」，「投資撤収 (divestment)」，「失敗 (failure)」，「退出 (exit)」，「脱退 (withdrawal)」，「閉店 (closure)」，「清算 (liquidation)」，「組織再編 (organizational restructuring)」，「売却 (sell-offs)」，「部分売却 (partial sales)」，「完全売却 (total sales)」などがある (Hollander 1970 ; Alexander and Quinn 2002 ; Burt et al. 2003)。本研究では撤退という用語に統一しながら，撤退は多様な形態を持つと考える。

52) 川端 (2000), 111頁。Burtらは，小売国際化における撤退あるいは失敗があまり注目されない理由として，小売企業が失敗を記録から消し去ろうとしていることや，失敗にともなって行われた人事異動によって，失敗に関する資料を入手しにくいことに加え，今日の小売構造は，成功した国際活動によってもたらされたものであり，成功よりも失敗の結果が目に見えにくいことを指摘している (Burt et al. 2002, p.193)。

53) 個別事例研究は，Wrigley and Currah (2003) と Palmer and Quinn (2007) によるロイヤル・アホールド (Royal Ahold) の研究，Alexander and Quinn (2002) によるマークス＆スペンサーとアルカディア (Arcadia) の研究，Palmer (2004) によるテスコの研究，今井 (2014) によるカルフールの研究，そして，Xie et al. (2016) によるベスト・バイ (Best Buy) とホーム・デポ (Home Depot) の研究などがある。

先での操業年数，参入様式，参入業態という側面から，1970 ～ 2004 年にお
けるヨーロッパの食料品小売企業による撤退を考察し，いくつかの特徴を見出
している。まず，撤退は 1980 年代の末に活発化し，1990 年代に入ると，最
も頻繁に観察されるようになった。次に，進出先からの完全なる撤退が最も採
用された撤退形態であり，全体の 6 割以上を占めた。そして，地域によって
撤退の発生率が異なり，北アメリカと南ヨーロッパは最も高い撤退率[54] を示
した（図表 1–13）。また，多くの小売企業が参入してから 5 年以内に，完全な
る撤退に至る傾向も発見した。さらには，参入様式と撤退との関連性も考察さ
れ，フランチャイジングや提携という形で参入した場合，完全なる撤退が最も
多く，買収や合弁で参入した場合も高い撤退率が観察された。それに対して，
子会社を設立したオーガニック成長の場合，撤退率が最も低いことが明らかに
なった。最後の参入業態を見ると，スーパーマーケットおよびハイパーマーケッ
トの業態で参入した場合，数多くの撤退が観察された。

　Alexander et al. (2005) も，複数のデータ・ソースをもとに，1987 ～ 2003
年の間における小売企業による撤退を，①撤退形態，②撤退を行った小売企業
の出身国，③撤退を行った小売企業の業種・業態，④撤退が発生した市場，⑤
撤退が発生した市場での店舗数および操業年数，という視点から，その実態
および特徴を検討している[55]。対象期間においては，合計 167 件の撤退が観
察され，特に 1990 年代後半以降に急増した。1991 ～ 1995 年の間では，38
社の小売企業が撤退を行ったのに対して，1996 ～ 2000 年の間では，その数
値が 2 倍以上の 78 社であった。イギリスのローラアシュレイ，ウィックス
(Wickes)，ブーツ（Boots），ヴァージン（Virgin），ネクスト（Next）およびマー
クス＆スペンサーや，フランスのカルフール，プロモデス（Promodes），オーシャ
ン（Auchan）および セフォラ（Sephora）といった国際小売企業は，いずれも
複数の撤退を実施した[56]。

────────────────────────

54) 撤退率は参入活動を，撤退活動で割って，算出した値である。
55) データ自体は 1987 ～ 2003 年までであるが，分析は 1991 ～ 1995 年と 1996 ～ 2000 年の 2
　つの期間に焦点を当てている。
56) Alexander et al. (2005), p.10.

第1章　海外出店　41

図表 1-13　参入地域別の撤退率

地域	参入活動	撤退活動	撤退率 (%)
北ヨーロッパ	69	26	37.7
南ヨーロッパ	86	49	57.0
中央ヨーロッパ	87	30	34.5
東ヨーロッパ	11	3	27.3
西ヨーロッパ	27	14	51.9
アジア	38	15	39.5
南アメリカ	22	9	40.9
北アメリカ	22	15	68.2
その他	36	16	44.4
合計	398	177	44.5

出典：Burt et al. (2004), p.488.

　どの市場から撤退するのかに注目すると，アメリカ市場からの撤退が対象期間にわたって数多く観察されたが，1995～2000年の間では，ヨーロッパ市場とアジア市場からの撤退が顕著であった。これらの撤退が衣料品，食品，百貨およびバラエティなど広範にわたる小売部門で行われた。また，イギリス市場では，衣料品小売企業による撤退が顕著であったのに対して，アジア市場では，食品小売企業による撤退が多く観察された。そして，イギリス小売企業は，衣料品部門および非食品部門からの撤退が多いのに対して，他のヨーロッパ小売企業は，食品部門，そして，アジア小売企業は，百貨店およびバラエティストアからの撤退が顕著であった。現地事業の規模が小さいほど早期の撤退が行われ，操業年数が短いほど撤退が活発になるという特徴も発見された[57]。

　日本における国際小売企業の撤退を見ると，2000年に，アメリカのオフィスマックス (Office Max)，2001年に，イギリスのブーツ，フランスのセフォラ，2005年に，フランスのカルフール，2009年に，アメリカのオフィス・デポ (Office Depot) が完全に撤退し，2011年に，テスコが撤退を発表した[58]。また，

---

57) Ibid., pp. 11-13.
58)「テスコ日本進出から丸8年英最大手が撤退した本当の訳」, http://diamond.jp/articles/-/14477, 2017年1月19日アクセス。

図表1-14 日本小売企業の国際撤退（閉店数）（1999年12月末まで）

時期 国・地域		1985～1989		1990～1994		1995～1999		合計	
		百貨店	スーパー	百貨店	スーパー	百貨店	スーパー	百貨店	スーパー
アジア	中国・大陸				2	2	43	2	45
	中国・香港			1	1	7	9	8	10
	台湾			6	21		24	6	45
	シンガポール	1	2	5	2	2	6	8	10
	タイ			2		2	8	4	8
	マレーシア		5		4	2	8	2	17
	インドネシア						2	0	2
	その他アジア						3	0	3
	アジア計	1	7	14	30	15	103	30	140
ヨーロッパ	イギリス					2	1	2	1
	フランス	1		1		3		5	0
	イタリア				1			1	0
	ドイツ			1				1	0
	スペイン			2		1		3	0
	ヨーロッパ計	1		4		7	1	12	1
アメリカ			1	1		2	14	3	15
合計		2	8	19	30	24	118	45	156

出典：川端（2000），74頁の表3-4と75頁の表3-5より筆者作成。

2016年に，アメリカのGAPは，グループのオールドネイビー（Old Navy）の日本撤退を発表した[59]。

　欧米小売企業のみではなく，日本小売企業も進出先からの撤退を行ってきた。図表1-14は，日本百貨店およびスーパーマーケットの閉店数の変遷を表したものである。1985年から1999年の間に，海外で閉鎖された店舗は，百貨店で45店，スーパーマーケットでは156店に達する。同時期にオープンした店舗は，百貨店が90店，スーパーマーケットが253店のことを考えると，百貨店はそのうちの5割，スーパーマーケットは実に6割以上を閉店したことが明らかである[60]。また，欧米小売企業と同じように日本小売企業の撤退も1990年代に入ると急増し，出店が多かったアジアからの撤退が顕著であった。

59）「米『オールドネイビー』日本撤退，低迷国でリストラ，中国・メキシコに軸足」『日経流通新聞』，2016年5月23日，7頁。

60）1985年から1999年の間にオープンした百貨店とスーパーマーケットの数は，川端（2000）の70-71頁を参照されたい。

2　撤退形態，規定要因およびプロセス

　小売企業による撤退の顕著化にともなって，撤退に関する研究も展開されるようになった。図表1-15で示しているように，撤退には多様な形態が存在し，海外市場からの完全なる撤退はその一形態に過ぎない。

　撤退は，一般に，海外市場における失敗の結果として捉えられる[61]。失敗をもたらす要因は，環境要因と組織要因に大別することができる[62]。Burt et al. (2003) は，製造業者を対象とするBenito (1997) の国際撤退研究に基づいて，小売企業による撤退への規定要因を整理した。そこで，環境要因をさらに，市場失敗と競争失敗に，組織要因をさらに操業失敗と事業失敗に類型化した。市場失敗には，①環境の安定性（カントリーリスク），②経済，政治，規制および社会状況の変化，③市場構造の変化が含まれ，競争失敗には，①計画を下回る操業業績，②一定期間に及んだ，期待を下回る経済，競争，財務業績，③競争対応または競争進行に対する過小評価が含まれる。一方の操業失敗には，①戦略上の適合性，②本国のスキル，コンセプトおよびフォーミュラの移転失敗，③経営管理文化における対立があり，事業失敗には，①ガバナンスと経営管理能力，②本国事業志向（経営管理および資源），③ステークホルダーの圧力と認識が挙げられる[63]。

図表1-15　撤退形態

完全なる撤退
特定業態からの撤退
一部チェーンの売却または閉店
一部店舗の売却または閉店
合弁やフランチャイジングなどのビジネス契約の解消
現地事業を子会社からフランチャイジングやライセンシング，販売契約への転換

出典：Alexander et al. (2005) およびBurt et al. (2004) より筆者作成。

---

61) 例えばBurt et al. (2003)。
62) 具体的には，市場の安定性や，需要と競争の状況，技術革新，政府規制などの環境要因と，成功経験による束縛，市場変化への認識不足，経営管理の失敗，変化できない組織体制などの組織要因がある（Mellahi et al. 2002, pp.22-25）。
63) Burt et al. (2003), p.365.

44

　環境要因を強調する論者もいれば，組織要因を強調する論者もいる。Wrigley and Currah (2003) は，ラテンアメリカにおけるアホールドの苦戦および撤退が，本国で構築した競争優位が，貨幣価値および経済状況が不安定で，金融市場が発達していない，すなわち，本国と制度環境が全く異なるラテンアメリカでは通用しないことに由来すると指摘した。また，Wrigley (1999) とWrigley (2001) は，食品小売業における投資と競争に対するアメリカ政府の政策が，小売企業の撤退に大きく影響したとして，環境要因による撤退への影響を強調している。

　それに対して，Burt et al. (2002) は，マークス＆スペンサーを事例に，その過去30年にわたる国際化戦略と関連しながら，1990年代後半における大規模な撤退活動を検討し，撤退をもたらした最も重要な要因は，組織要因にあると結論付けた[64]。同じく Cairns et al. (2010) は，経営者のリーダーシップが撤退および国内外事業再編において，重要な役割を果たすと主張している[65]。

　海外市場からの撤退に対しては，海外市場における業績不振による，止むを得ない選択だと捉えがちであるが，必ずしもそうではない。限られた資源しか持たない小売企業は，より良い市場機会を獲得するために，戦略的に撤退を行う場合もある。例えば，アホールドは，アメリカ市場で生き残るために，競争が激化している州から一部の店舗を撤退し，そこから捻出した資金を他の州で新たな店舗の買収資金に割り当てることを積極的に実施した[66]。また，ブーツやDSGインターナショナル (DSG International)，キングフィッシャー (Kingfisher)，テスコが行った撤退は，能動的な再編のもとで行われた撤退であった。そして，早期の撤退経験から学習し，国際戦略を見直し，海外市場により適応した業態の開発や発展途上国における市場機会の追求，詳細な市場調査と分析を展開した[67]。

---

64) 具体的には，①各国における事業を調整・統合する国際化戦略の不在，②本国の競争優位が海外市場で機能しないこと，③買収した事業を発展させるために必要な分権的管理体制が構築されないこと，が挙げられる (Burt et al. 2002, p.213)。
65) Cairns et al. (2010), pp.33-36.
66) Palmer and Quinn (2007), p.33.
67) Cairns et al. (2010), pp.31-38.

海外市場における業績を問わずに，本社の業績悪化による撤退も数多く見られる。川端（2000）では，アジアにおける日本小売企業の撤退原因が，日本本社側の倒産や事業リストラによるものが最も多いことを示している[68]。Burt et al. (2002) および Cairns et al. (2008) も，本国事業の業績悪化は，海外市場からの撤退を誘発・加速化させる可能性があると指摘している[69]。以上をまとめると，撤退の規定要因は図表1–16の通りとなる。

図表1–16　撤退の規定要因

環境要因	カントリー・リスク 　不安定な経済，政治，社会環境	組織要因	戦略 　国内外事業再編，戦略上の適応性
	社会・文化 　慣習，消費者行動，宗教		経営管理 　ガバナンスと経営能力，経営管理 　文化における対立
	政治・法律 　規制強化		国際化志向性 　本国事業業績，本国事業志向
	経済 　需要飽和，競争激化		人材 　リーダーシップ
	技術革新		知識の国際移転失敗
			ステークホルダーの圧力と認識

出典：筆者作成。

撤退は1つのプロセスではあるが[70]，撤退に関するほとんどの研究は，撤退形態および撤退への規定要因分析に集中している。それに対して，Cairns et al. (2008) は，ファッション，食品，住居品を取り扱うあるイギリス小売企業を事例に，撤退プロセスの概念化を試みた（図表1–17）。撤退プロセスは，①撤退の意思決定，②プロセス，③戦略再志向，④戦略上および操業上の対応，という4段階に大別することができる。撤退するかどうかは，国内志向の企業文化という「基本条件」をはじめ，不適切な国際拡張の結果とした「直接条件」や，国内事業に資源を集中したいという「動機」および不利な為替という「誘

---

68) 川端（2000），117頁。
69) Burt et al. (2002), pp.213-214 ; Cairns et al. (2008), p.126.
70) Clark and Wrigley (1997), pp.346-352 ; Burt et al. (2009), p.11.

図表 1-17　小売企業の国際撤退プロセス

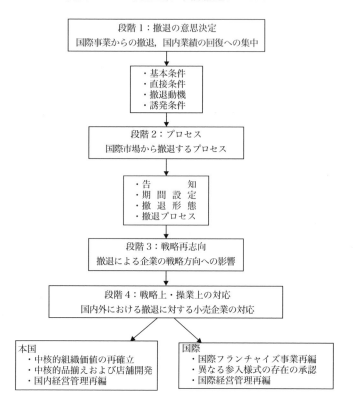

出典：Cairns et al.(2008), p.125.

発条件」によって影響される。具体的なプロセスには，撤退の告知，撤退に必要な時間設定，撤退形態の決定および撤退プロセスの管理を必要とする。撤退の結果，小売企業は企業戦略を調整し，最終的に，国内事業および海外事業は，撤退に対して，戦略的・操業的に対応しなければならない。そして，国内志向の企業文化，安定的な本国市場を維持する必要性，失敗した国際化戦略を貫くことにともなう負の影響，新しい経営管理および参入様式戦略は，当該小売企業の撤退プロセスに最も影響を与えると結論付けた[71]。

---
71) Cairns et al. (2008), pp.118-126.

このように海外市場における小売企業の撤退は，撤退の顕著化にともなって，次第に分析されるようになった。とはいえ，研究蓄積が少ないため，数多くの課題が残っている。多様な撤退形態が識別されたが，なぜ特定の形態が選択されるのかが明確にされていない。撤退に影響を与える多様な環境要因および組織要因が析出されたが，どのような前提条件のもとで，どの要因が最も影響力を持つのか，また，各要因がどのような関係を持っているのか，そして，時間とともに，どのように変化するのかも解明されていない。さらに，海外出店に関する他のテーマ，例えば，参入様式および国際化戦略が，撤退形態との間にどのような関係性があるのかも考察する必要があるだろう[72]。

第5節　小売国際化プロセス

　第4節まで述べたように小売企業は，一定の動機のもとで，一定の方法で海外市場に参入し，そこで，多様な国際化戦略を実行する。そして，海外市場における業績などによって，進出先から撤退する可能性もある。このような一連の行動を1つのプロセスとして捉え，プロセスのパターンやそれに対する規定要因を解明しようとするのは，小売国際化プロセス研究である。

　小売国際化プロセス研究の代表としてよく取り挙げられるのは，Vida and Fairhurst (1998) の研究である[73]。Vida and Fairhurst (1998) は，小売企業の行動に注目し，国際化プロセスを「前提」，「プロセス」，「結果」という3つの過程に分けている（図表1–18）。国際化の前提条件として，意思決定者および企業の特性といった組織要因が重要視される。従来の参入動機研究では組

---

72) 既存研究は，参入様式が撤退形態の選択に影響を与えるという示唆を示している（例えば，Burt et al. 2002, 2004 および Cairns et al. 2008）。また，国際化戦略は，撤退可能性に影響することも示唆されている（例えば，Benito 2005）。とはいえ，撤退形態と，参入様式および国際化戦略との関係性に関する研究は，まだ模索段階にとどまっている。

73) その他に，Dunning (1988a) の「所有優位性」および「立地優位性」と，Salmon and Tordjman (1989) の小売国際化戦略研究に基づいた Sternquist (1997) の戦略的国際小売拡張モデルや，本国市場との心理的距離に注目する Alexander and Myers (2000) の市場国際化モデル，また，Sternquist (1997) の戦略的国際小売拡張モデルと Vida and Fairhurst (1998) の小売企業の国際化プロセスモデルを統合した，Alexander and Myers (2000) の業務国際化モデルなどがある。

織要因とともに，国内市場の飽和や出店規制，海外市場の成長性といった環境要因が並列に取り挙げられる。それに対して，Vida and Fairhurst (1998) のモデルでは，外部環境はあくまでも意思決定者の主観的判断を通して企業行動に影響を及ぼすと考え，小売企業の国際化プロセスに顕著な影響を及ぼさないと捉える[74]。

意思決定者の特性には，①海外業務や事業環境などに関する知識，②海外事業での経験，③海外投資リスクなどに対する態度と認識，が挙げられる。しかし，たとえ意思決定者の特性は国際化の推進に働くとしても，国際化が可能であるかどうかは企業の特性に制約される。企業の特性には，①国際化に必要な資金および人材という資源のコミットメント，②革新的な小売コンセプト，独特な品揃えなどの差別的優位性が含まれる[75]。

これらの意思決定者および企業の特性は外部環境とともに，国際化の推進要因，あるいは阻害要因として働き，推進要因が阻害要因を上回れば，海外市場に参入することが決定される。海外市場に参入することが決定されたあとに，「結果」としてどこに（市場の選択），どのように参入するか（参入様式）を決めなければならない。モデルではそれらが最も戦略的な意思決定事項と位置付ける。また，市場の選択と参入様式に加え，標準化−適応化問題といった経営上の事項も考慮しなければならない[76]。

これらの戦略的意思決定は，小売国際化の成果に影響し，その成果はフィードバックされ，次なる国際化の「前提」に直接影響し，国際化の推進要因・阻害要因のバランスに間接的に影響を及ぼすと考えられる[77]。すなわち，次なる国際化の意思決定では一定の国際化水準を維持するのか，それとも増大，低減させるのか，あるいは国際化を停止するのかは，これまでの国際化の成果や経験に規定される。したがって，小売企業の国際化プロセスが漸進的あるいはランダムのようなダイナミックなプロセスであり，リニアなプロセスではない

---

74) Vida and Fairhurst (1998), p.145.
75) Ibid., p.146.
76) Ibid., pp.146-147.
77) Ibid., p.149.

図表 1-18　小売企業の国際化プロセスモデル

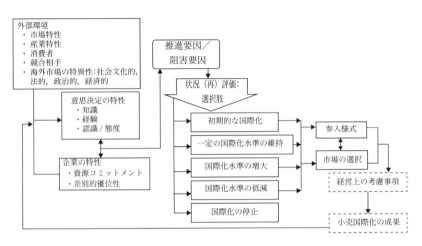

出典：Vida and Fairhurst(1998), p.145.

という特徴がある。

　矢作（2002, 2007）は，Vida and Fairhurst (1998) のモデルを参考にしながらも，大幅に修正し，独自の小売国際化の組織行動モデルを提示している（図表1-19）。Vida and Fairhurst の「前提」，「プロセス」，「結果」という3段階モデルに対して，矢作は，「前提」の部分を母国市場の特性と企業の組織要因にして，「プロセス」と「結果」の部分を進出先市場における行動にして2段階に配置し直した。

　このモデルには2箇所の独自性が含まれる。1つ目は，戦略立案・実行に「小売事業モデル」を組み入れたところである。本章第3節で述べたように，この小売事業モデルは現地化のメカニズムを分析するための枠組みの1つである。2つ目は，参入時期が参入後の成果に影響を与えるループを加えたことである。そして，Vida and Fairhurst のモデルと同じように，国際化プロセスの結果が母国市場および進出先市場にフィードバックされることによる学習効果を強調する。学習は，経営者の知識と経験を増やし，認識や態度を変更する。あるいは，企業の

図表 1-19　小売国際化の組織行動モデル

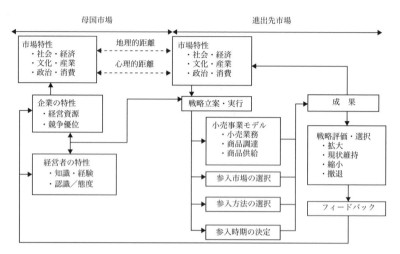

出典：矢作（2007），31 頁。

経営資源や競争優位を強化する。また，学習が進むと，母国市場と進出先市場との心理的距離が短縮化されると思われる。これらの学習効果は次なる国際化プロセスに対する戦略立案と実行に影響を及ぼすと考えられる。

　第 1 章で概観したように，小売企業による海外出店の活発化にともなって，海外出店に関する研究が数多く蓄積されてきた。これらの研究の論点は，海外出店の実態をはじめ，参入動機，参入様式，参入市場の選択，標準化−適応化問題，進出先からの撤退そして小売国際化プロセスに関する包括的な分析枠組みの構築など，幅広い。各テーマは，海外出店に関する様々な戦略の意思決定への規定要因を環境および組織の 2 つの側面から解明し，海外出店に対する我々の理解を高めた。しかし，既存研究は海外出店に関して幅広く研究されてきたにもかかわらず，現地市場における国際小売企業の発展プロセスについて，解明されていないところが多い。

　参入動機，参入様式，参入市場の選択は，国際小売企業を研究対象としながら，実際の研究対象が国内で活動している時の当該小売企業の意思決定である

ため，国際化する前段階の研究であるといえる。もちろん，参入動機の明確化
や，適切な参入様式と参入市場の選択は，参入した後の発展に積極的な影響を
与えることが考えられる。しかし，これらのテーマは，現地市場での発展プロ
セスに直接示唆を与えない。

　進出先からの撤退についての研究は，海外事業の縮小に焦点を当て，現地市
場からの退出段階，すなわち脱国際化段階に注目している。国際小売企業にとっ
て，撤退の形態や要因およびプロセスを理解することは，同じ失敗を繰り返さ
ない教訓になる 。そういう意味では，進出先からの撤退研究は，将来再び展
開される海外事業の拡大に積極的な意味を持つ可能性がある。しかし，脱国際
化段階に注目している撤退研究は，現地市場での発展プロセスに直接示唆を与
えない。

　先行研究のうち，参入後の現地市場における発展に注目しているのは，標準
化–適応化問題を中心とする国際化戦略研究である。前述したように，専門小
売企業と総合小売企業に関係なく，現地子会社は，本国で確立した業態特徴が
現地市場における有効性を持つ場合，それを標準化して活用している。そうで
ない場合，現地市場に適応し，業態特徴を修正している。すなわち，国際小売
企業の実態が標準化と適応化を同時に実践している。それにもかかわらず，こ
れまでの研究が，あまりにも標準化と適応化の枠組みに執着してきたのである。

　小売国際化の実態から見ても，標準化–適応化問題のみに着目することは，
国際小売企業がなぜ成功したのか，なぜ失敗したのかを説明しきれないことが
明らかである。ウォルマートやカルフール，テスコなどの国際小売企業が数多
くの国・地域に進出しており，なかには成功しているものもあれば失敗して撤
退した国・地域もある。例えば，カルフールは 2015 年に 34 ヵ国・地域に 6,646
店舗を持ち，海外売上高が売上高全体の 5 割を超過している [78]。このような
カルフールは，2000 年に日本市場に参入してからわずか 5 年間で店舗をイオ
ンに売却し，日本市場から撤退した。

　現地子会社は，現地市場における発展を遂行するためには，適切な標準化–

---

[78] *Carrefour Annual Report 2015.*

適応化戦略が必要であるが，それだけでは十分ではない。現地の顧客ニーズや競合相手に関する情報の収集，分析，対応，これらの行動を実行するための現地社員の人材育成，顧客に必要な商品を必要な時間に必要な量で提供するための現地供給業者との関係構築など，様々な課題に取り組まなければならない。先行研究は，もっぱら標準化−適応化問題に注目し，現地市場における発展プロセスにあまり注目していない。そのため，小売国際化研究は，現地市場における国際小売企業の発展プロセスを解明する必要がある。小売国際化研究の課題に関しては，第4章の課題析出にて改めて検討する。

　現地市場において，発展を成し遂げられるかどうかは，店舗の管理・運営に大きく影響される。店舗の管理・運営には，小売知識が不可欠である。第2章では，小売国際化における2つ目の重要な行動次元，すなわち国際知識移転を検討する。

第2章　国際知識移転

　小売国際化は，小売知識の国際移転と見なすこともできる[1]。なぜならば，海外出店にともなう小売業態の移転が，小売業態に関する知識の移転と認識することができるためである[2]。小売知識の現地への移転，活用，あるいは現地市場に適応した形での活用が，小売国際化の進展にとって極めて重要である[3]。そのため，小売知識の国際移転は，小売国際化におけるもう1つの重要な行動次元として注目されている。

　本章では，まず，小売知識とは何かを検討する。次に，小売知識の国際移転可能性を考察する。さらには，具体的にどのような移転方法があるのかを概観する。最後に，小売知識の国際移転モデルを精査する。先行研究の検討によって，小売知識の国際移転で解明された点，あるいは解明されていない点を明らかにし，第4章における課題析出のための準備を行う。

第1節　小売知識の概念

　小売知識をめぐる用語は統一されていない。小売知識の他に，小売ノウハウ，小売技術などもある[4]。これらの用語は，論者それぞれの定義のもとで使用さ

---

1) 例えば，Alexander は，「小売国際化とは，規制，経済，社会，文化および小売構造的な境界の克服によって，小売企業に組織上の国際統合をもたらすと同時に，小売企業を国際環境に存立させる，小売経営技術の移転，あるいは国際取引関係の構築である」と定義している（Alexander 1997, p.37）。
2) 小売知識の国際移転は，必ずしも海外出店がともなうとは限らない。例えば，高島屋は国際協力への貢献および商品開発のきっかけ作りの考えのもとで，売場レイアウトや商品開発，取引開拓などの知識を韓国のロッテ百貨店に移転した。また，ロッテ百貨店の視点からみると，高島屋からの常駐指導者の受け入れや自社従業員の高島屋への派遣などを通じて，小売知識を獲得した（川端 2003，242–251 頁）。この事例では海外出店はともなわないが，小売知識の国際移転が行われた。
3) Alexander and Myers (2000), pp.343-344.
4) 例えば，Goldman (1981) では小売技術（retailing technology），Kacker (1988) では小売ノウハウ（retailing knowhow），矢作（2007）では知識が使われている。

図表 2-1　小売機能と小売知識

小売機能	小売知識	
商的流通機能	①商品構成と仕入計画 　品揃えの範囲と内容の選択， 　PB 商品の計画 　仕入先，仕入諸条件の決定	②価格決定 　価格設定 　マージン率の設定
	③立地設定 　立地選定 　店舗開設	④プロモーション 　広告（新聞, テレビ, チラシなど） 　人的販売 　セールス・プロモーション 　パブリシティ
	⑤販売方法 　現金販売，信用販売 　店舗の有無	
物的流通機能	①受容検収 　荷受 　検品 　保管場所への移動	②流通加工 　仕訳 　値札付け作業 　包装 　サイズ調整
	③保管 　在庫管理の徹底 　冷凍・冷蔵設備の強化	④配送・配達 　無料・有料配達区域の設定
情報流通機能	①マーケティング・リサーチ 　消費者ニーズに関する情報の収 　集・分析・予測	②仕入先への情報提供 　売れ筋・死に筋商品，競争環境 　に関する情報提供
	③消費者への情報提供 　陳列，POP 表示，価格表示，人 　的販売，チラシなど	
補助的流通機能	①危険負担	②流通金融
企業の維持・ 管理機能	①資金調達	②人員の採用・訓練
	③資材の購入	④経営戦略の立案と経営管理

出典：清水（1974），18-29頁；田口（1991），111-112頁；鈴木（2010），142-146頁より
　　筆者作成。

れており，意図的に使い分けられているのではない。本研究では小売知識とい
う用語を採用し，既存研究を検討したうえでその内容を明示する。

1　小売機能と小売知識

　小売業は，流通過程の川下に位置し，生産者や卸売業者の供給条件と消費者

の需要条件を相互に結合させる重要な役割を演じている[5]。この結合を的確に，円滑に行うために，小売企業は小売知識を使用し，いくつかの小売機能を遂行しなければならない。小売業は流通機構の一部を構成しているため，流通機能の一部を分担している[6]。したがって，流通機能の分類にしたがい，小売企業が営まれる流通機能を，商的流通機能，物的流通機能，情報流通機能，補助的流通機能に大別することができる。そして，これらの流通機能を遂行するために，企業の維持・管理機能も必要とされる。図表2-1は小売機能とそれに関連する小売知識をまとめたものである。

　清水（1978）によれば，小売業の最も基本的なマーケティング機能は，生産から消費者にいたるトータル流通における消費者に接した最終段階に位置し，供給サイドから流れてきた財貨に，消費者の欲求する必要な諸条件をそえて，その消費者の購買を援助し，あわせてトータルの財貨の流通を円滑化し，促進することにある。清水は，消費者が欲求する財貨購買条件をそえることこそ，製造業にも卸売業にもない，小売業固有のマーケティング機能であると指摘している[7]。

　消費者が欲求する財貨購買条件には，①信頼できる個別の商品および充実した品揃え，②アクセスしやすい店舗立地，③機能的・情緒的に満たされる店舗環境，④専門性かつ信頼性のある情報の提供，⑤信用販売などの買い物に関連した諸サービス，そして，⑥魅力のある企業イメージが含まれる[8]。このような有形・無形の要素の組み合わせ，すなわち小売ミックスが，小売企業による消費者への提供物である。消費者が欲求する提供物を提供するために，商品，立地，店舗環境，情報，諸サービスに関する小売知識が不可欠である。

　商品に関しては，まず，マーケティング・リサーチを実施し，現時点および近い将来の消費者ニーズを的確に分析する知識を必要とする。分析のもとで，需要適応型商品と需要誘導型商品を適切に組み合わせ，適切な価格水準のもと

5）田口（1991），111頁。
6）鈴木（2010），140-146頁。
7）清水（1978），13頁。
8）同上，13-16頁。

で，品揃えを形成する知識が求められる。計画した品揃えを実現するために，仕入先の開拓，選定，変更や取引諸条件の交渉，または取引先との良好な関係を構築，維持しなければならない。また，予測売上高や回転率，リードタイムなどを考慮したうえで，適切な時間に適切な量で発注する必要もある。さらに，納品された商品を受け入れ，その品質と規格を検査したうえで，在庫管理を実施しなければならない。

　立地に関しては，交通量をはじめ，駐車場，公共交通の入手可能性，家賃，税金，競争などの店舗位置選定に関する知識や，立地条件の改善，新しい店舗の増設，店舗位置の移動などに関する知識が欠かせない。そして，消費者に快適な店舗環境を提供するためには，床，壁面，天井といった店舗基本設備をはじめ，売場のレイアウト，陳列道具，装飾，照明，空調，案内表示，従業員の接客サービスなどに関する知識も必要である。

　消費者に情報を提供し，消費者とのコミュニケーションを円滑に進めれば，売上を増大させることができる。情報を伝達する方法は多種多様である。売場のレイアウトや陳列，広告宣伝やチラシ配布，販売員による商品説明などが挙げられる。各媒体が的確に情報を伝達するために，それぞれの関連知識が求められる。例えば，販売員が顧客に商品を説明するために，商品に関する十分な知識はもちろんのこと，感じのよい接客サービスも提供しなければならない。また，消費者の購買行動に対して，より確実な影響を及ぼすために，各媒体が連動しなければならない。したがって，各担当者や部門が情報を共有し，各媒体に一貫性のあるメッセージを持たせ，消費者に伝達させる知識も極めて重要である。

　最後に，消費者を店舗に誘引するために，信用販売，商品配達，返品取替，パッケージング，品質保証などの諸サービスを提供しなければならない。それらに関連する知識も必要と思われる[9]。

---

9) 商品，立地，情報提供，諸サービスに関する小売知識の概観は，清水 (1974)，清水 (1978)，Levy and Weitz (2009) を参照したものである。また，小売知識の種類に関する意見が統一されていない。例えば，金 (1998) は，小売知識を商品構成および開発に関する知識，商品購入に関する知識，商品の売場構成に関する知識，商品販売に関する知識，営業管理に関する知識，イベン

2 小売知識の分類

　以上のように小売企業は，小売機能を遂行するために様々な小売知識を必要と
する。次に，これらの小売知識がどのように分類されているのかを検討する。清
水（1988）によれば，小売知識（流通業のマーケティング技術と呼ばれている）は，
情報収集分析の知識，マーケティング計画樹立の知識，仕入・販売・在庫管理の
知識，広告・催事・サービスなどの販売促進に関する知識などがある[10]。すなわち，
小売知識の概念自体のなかに，計画を立てる知識，管理を行う知識，顧客や商品
を対象に行動する知識などのように，いくつかの段階が含まれる。また，知識は，
マーケティング環境の変化によって修正・高度化する必要があり，環境は，知識
の内容に影響を及ぼすことを指摘している。それと同時に，知識は常に小売企業
のマーケティング理念を反映しなければならないことを強調している[11]。

　Goldman (2001) は，小売知識（小売ノウハウと呼ばれている）が小売業態
に集約されると捉え，小売業態の定義より小売知識の概念を提示している。
Goldman (2001) によれば，小売業態は，消費者に提供する便益としての外的
要素と，小売企業の営業上の強みと弱みおよび戦略的方向を決定する内的要素，
という２つの側面がある。前者は，消費者への提供物と呼び，品揃え，店舗環境，
サービス，立地，価格といった小売ミックスが含まれる。後者は，小売知識と
呼び，システム，方法，手順，技術などの小売技術と，小売コンセプト，規範，
ルール，慣習および経験などの小売文化が含まれる[12]。

　Barters (1968) によれば，マーケティングにおいては，技術的過程と社会的
過程という２つの側面がある。前者は，製品，価格，収益，コストなどの非
人間的要素であり，後者は，社会システム，役割，行動パターン，マネジメント，
相互作用などの人間的要素である[13]。技術的過程には，時間と空間を問わな
い普遍的な性質があるとはいえ，その応用性は，経済発展水準や交通システム

ト戦略に関する知識，顧客管理に関する知識，検品・配送に関する知識，という８つの種類の知
識に分類している（金 1998, 175–179 頁）。
10) 清水（1988），27頁。また，ここでいう流通業は小売業を指している。
11) 同上，27–28頁。
12) Goldman (2001), p.223.
13) Bartels (1968), p.57.

58

などの経済的，物理的環境に規定される。一方の社会的過程は市場特殊的であり，世帯構造や学校，政府などの社会文化的環境に大きく規定される[14]。

Barters と同様に，白石・鳥羽（2001a, 2001b）は，小売知識（小売技術と呼ばれている）にハード的側面とソフト的側面があると指摘している。前者は，小売業態を実現するための業態特性や補助技術である。後者は，小売企業が立地する国・地域の社会的・文化的・経済的条件に規定される消費者への提供物と，その国・地域における流通チャネルとの関係において実現される供給システムが含まれる。ある国・地域における特定の小売業態の優位性は，小売知識のソフト的側面との相互関係に規定されると主張し，小売知識のソフト的側面の重要性を強調している[15]。

また，Cundiff (1965) は，異なる市場における小売知識（小売技術と呼ばれている）の進化と適応が，経済的環境をはじめ，人口統計学的・地理的環境，社会的道徳観および競争圧力からも影響を受けると指摘している。これらの論者は，いずれも小売知識の社会文化的側面，あるいは環境的側面を重視している。小売知識が国際移転された場合，小売知識を実現させるためのインフラが確立していないことや，供給業者の小規模性と供給の不安定性，消費者の購買行動や識字率などの環境要因によって，失敗に終わった事例が数多く観察されている[16]。それらの事例を鑑みれば，小売知識の環境的側面が重要な側面といえる。

以上で述べた多様な側面を含み，小売知識を包含的に定義しているのは，Kacker である。Kacker (1988) は小売知識（小売ノウハウと呼ばれている）を，「所与の環境条件における小売事業で採用される事業コンセプト，操業政策，技術である」と定義している（図2-2）[17]。小売知識には，小売コンセプト，政策およびシステムなどを含む経営的側面と，立地選択，店舗レイアウト，仕入れや商品計画などに使用される技術的側面が含まれる[18]。また，すべての技術

---

14) *Ibid*., pp.57-58.
15) 白石・鳥羽（2001b），61頁。ここでいうソフト的側面は，Kacker の環境の側面と共通する。
16) Guerin (1964), Goldman (1974, 1981, 2000), Yavas and Kaynak (1981), Ho and Lau (1988), Lau and Lee (1988), Goldman et al. (1999, 2002) などを参照されたい。
17) Kacker (1988), p.43.
18) *Ibid*..

図表 2-2 Kacker における小売知識の分類

経営的側面	技術的側面	環境的側面
小売コンセプト，小売哲学	立地選択	社会，文化，経済，制度
政策，戦略	商品計画，商品仕入	（世帯規模
システム	店舗レイアウト，店舗雰囲気	消費者の購買行動
統制	市場コミュニケーション	小売業の成長水準
	チェックアウト・システム	都市化
	カタログ制作	公共政策
	信用評価	インフラ整備）

出典：Kacker (1988), pp.43-45 より筆者作成。

あるいはイノベーションの生まれた背景には，特定の社会的・文化的・経済的環境に置かれる人間の欲求が必要であるため，小売知識には環境的側面も存在する[19]。

本研究でも，小売知識には経営的側面，技術的側面および環境的側面が含まれると考える。経営的側面を具体化させるためには，技術的側面を抜きにしては実現できない。技術的側面に一定の方向性，あるいは一貫性を持たせるためには，経営的側面が不可欠である。そして，経営的側面と技術的側面の実行可能性および有効性と効率性は，いずれも小売知識が置かれた環境に規定される。小売知識の国際移転に照らし合わせて考えてみると，小売知識の経営的側面と技術的側面が，特定の環境のもとで確立されたため，環境の異なる海外に移転することが困難になることが考えられる。

第2節　小売知識の国際移転可能性

第1節では小売知識の内容および分類を検討してきた。そして，小売知識の実行可能性および有効性と効率性が環境に大きく規定されるため，小売知識の国際移転に困難がともなうことを指摘した。実際に小売知識の国際移転に関するほとんどの既存研究が，失敗事例に注目していることからも，国際移転の困難さを垣間見ることができる。本節では既存研究を概観しながら，小売知識の国際移転を阻止する，または促進する要因を考察する。

---

19) *Ibid.*, p.44.

1 小売知識国際移転の規定要因

　小売知識の国際移転に関する既存研究は，国家・地域水準で展開されたもの
と，組織水準で展開されたものに大別することができる[20]。国家・地域水準
における既存研究は，受入国における特定の小売業態移転に対する阻害要因，
あるいは促進要因を解明しようとする。ここでいう小売業態は小売知識の集約
として捉えられ，小売業態の移転は消費者に提供する小売ミックスや，それを
実現するための小売知識の移転と見なすことができる。また，これらの研究は，
小売業態の優位性が，経済，社会，文化などの環境に大きく規定されるため，
ある国・地域で確立した小売業態の優位性が他の国・地域に移転可能であると
は限らないことを強調する。そのため，小売業態の国際移転にあたって，提供
側の環境と受入側の環境の相違を明確化し，小売知識国際移転の阻害要因ある
いは促進要因を解明する必要があると主張する。

　組織水準における既存研究は，主に小売企業の海外出店にともなう知識移転
と組織学習に関する事例研究である。そこで，知識移転の取り組み，移転プロ
セス，移転の阻害要因あるいは促進要因が考察されている。また，知識移転の
取り組みや移転プロセスに関しては，標準化−適応化問題と関連して議論され
る場合が多い。

(1) 国家・地域水準

　1960年代以降，発展途上国の経済発展におけるマーケティングの役割が注
目されるようになった。なかでも，アメリカで誕生したスーパーマーケットの
移転によって，発展途上国の食料品流通を近代化させるテーマが特に注目を浴
びた。なぜならば，当時の発展途上国における人口の大部分が低所得者であり，
食料消費支出が家計支出全体の半分以上を占めていたためである。もし，近代
的な大規模スーパーマーケットが，小規模で効率の低い伝統食料品店に取って
代わることができれば，低所得者が食料消費支出を節約することができるよう

---

20) 青木 (2008)，11頁。

になる。そして，食料消費支出が節約された分を他の食料品や非食料品の購入に回せば，社会全体の需要が拡大し，経済発展につながると想定されていた[21]。

このような背景のもとで，国家・地域水準で展開された小売知識の移転研究は，ほとんどスーパーマーケットに集中している[22]。しかし，多くの移転が失敗，あるいは不完全な形に終わった。それを契機に，小売業態の優位性が国・地域の環境によって大きく規定されることが認識され，国際移転に対する阻害要因の解明が注目されるようになった。

Goldman (1974) は，消費者の外部到達性という概念を使用し，スーパーマーケットの国際移転における需要側の阻害要因を検討している。消費者の外部到達性とは，消費者における伝統的なテリトリーおよび活動から踏み出す能力と意欲を指す[23]。外部到達性は，空間的要因，情報的要因および社会的・文化的要因によって規定される。空間的要因には，特定の店舗への移動費用と購買後の商品運搬費用が含まれる。情報的要因には，消費者による情報取得の容易さと情報分析の能力が含まれる。そして，社会的・文化的要因は，社会的・文化的に形成された消費者の購買行動を意味する[24]。発展途上国における人口の大部分である低所得者は，外部到達性が低いため，スーパーマーケットの国際移転が困難になると指摘している。

まず，空間的要因を考えてみると，自宅から店舗への距離が遠いほど移動費用や商品運搬費用が高くなる。一般に，スーパーマーケットは伝統食料品店と比較して，はるかに大規模な商圏を持つ。そのため，消費者の多くにとって，店舗への距離が遠く，移動費用や商品運搬費用が高い。もし，スーパーマーケットが提供する諸便益，例えば，商品の低価格と高品質，豊富な品揃え，よいサービス，清潔な環境などの効果が，遠距離による費用を上回る場合に，消費者が近隣の伝統食料品店よりもスーパーマーケットを選好することも考えられる。しかし，諸便益の効果は，一回あたりの購買量に大きく影響される。低所得者

---

21) Goldman (1974), p.8.
22) 青木（1996），205 頁。
23) Goldman (1974), p.9.
24) *Ibid.*, pp.10-11.

は一回あたりの購買量が少ないため，諸便益の効果も低くなる。

　情報的要因を考えてみても，発展途上国における低所得者の外部到達性が低くなる傾向がある。たとえ，スーパーマーケットは商品の低価格と高品質，豊富な品揃え，よいサービス，清潔な環境などの諸便益を提供したとしても，消費者はその情報を取得し，処理することができなければ，スーパーマーケットは消費者を店舗に誘引することができない。低所得者は，情報源へのアクセスが容易ではないことや，複雑な情報を理解し，処理することが困難な傾向にあるため，諸便益の効果が発揮しにくいという。

　社会的・文化的要因を考えてみても，同じ傾向が見られる。低所得者は，小売店との個人的関係を重視し，不慣れな環境を回避するため，新規業態であるスーパーマーケットでの買い物を躊躇し，伝統食料品店を利用し続ける傾向にある。

　スーパーマーケットは，セルフ・サービス方式，低マージンと高回転率のマス・マーチャンダイジング方式，労働を資本に代替することによる運営コストの削減と生産性の向上，大量販売に基づいた規模の経済性の享受などの特徴を持つ[25]。このような特徴を持つスーパーマーケットを成功させるには，様々なインフラや補助的技術を必要とする。Goldman (1981) はスーパーマーケットの確立に必要なインフラおよび補助的技術と関連し，供給側と需要側の視点から，スーパーマーケットの国際移転困難性を検討している。

　供給側に関して，セルフ・サービスを実現するために，商品のプリパッケージ，標準化，格付けが必要である。商品のプリパッケージ，標準化，格付けを実現してはじめて，従業員は商品を簡単に陳列し，扱うことが可能になり，消費者は商品を自由に手にとって，簡単に比較，検査および選択することができるようになる。また，マス・マーチャンダイジング方式を実現するために，商品のブランド化およびマス・コミュニケーションが必要である。商品のブランド化とマス・コミュニケーションを通じて，消費者に大量の商品情報を提供してはじめて，従業員による消費者への個別の情報提供の必要性が低下し，セルフ・サービスとマス・マーチャンダイジングの実現を支えることができる。し

---

25) Goldman (1981), p.11.

かし，発展途上国では，このような補助的技術を製造業者，または卸売業者が提供しないため，小売企業自身がそれらを確立する必要がある。その結果，スーパーマーケットの効率性がかえって低下してしまった[26]。

さらには，供給側の阻害要因として，人件費の削減と労働生産性の向上が実現しにくいことや，商品の供給業者が小規模であること，適切な市場行動規範の欠如などによって大量仕入割引およびチャネルの短縮を実現できないこと，高い税金を支払って，店舗設備を輸入しなければならないこと，または，現地における伝統小売業者の政治的圧力が挙げられた[27]。

一方の需要側に関して，発展途上国の消費者にとって，自家用車や冷蔵庫の所有率の低さ，公共交通機関の未整備，多頻度・少量購買の購買行動によって，スーパーマーケットでの購買費用は伝統食料品店のそれより高くなる。一般に，スーパーマーケットは，低価格で高品質な商品をはじめ，豊富な品揃えや清潔な環境などの諸便益を提供することで，伝統食料品店に対する優位性を獲得すると考えられてきた。しかし，発展途上国では，前述した供給側の要因によって，伝統食料品店より低価格で商品を提供しているとは言い難い。一方，消費者のほうは品質よりも低価格を重視する傾向がある。それに加え，消費者にとって，小売店が「社交の場」として機能しているため，セルフ・サービス方式は必ずしも選好されない。すなわち，発展途上国の消費者に対して，スーパーマーケットは，購買費用や諸便益において，伝統食料品店を上回る有効性の提示ができなかったのである[28]。

このような発展途上国一般のみではなく，個別国・地域における小売知識の国際移転も研究されてきた。その嚆矢となる研究は，Guerin (1964) である。Guerin (1964) は，人口密度，所得水準，消費者の選好，伝統食料品店の反応および商品供給体制といった点で，スペインにおけるスーパーマーケットの移転困難性を検討している。検討の結果，Guerin (1964) は，郊外の低い人口密度や，自家用車と冷蔵庫の低い所有率，低い所得水準と識字

---

26) *Ibid.*, pp.13-15.
27) *Ibid.*, pp.15-18.
28) *Ibid.*, pp.18-23.

率,主婦が社交の場として伝統食料品店を選好していること,スーパーマーケットが掛売りを提供しないこと,伝統食料品店が過労と極限の低賃金で生き残れたこと,生鮮食料品に優位性を持つ市場が存在すること,製造業者が商品のパッケージングや格付けを十分に行わないこと,製造業者が小規模であるがため,スーパーマーケットが仕入上における規模の経済性を発揮できないこと,高所得者の近隣地域に適切な立地を獲得できないこと,訓練された従業員の確保が難しいこと,スーパーマーケットに転換させるための融資を十分に受けられないことを,阻害要因として挙げている。

　トルコに関して,Yavas and Kaynak (1981) は,社会経済的・人口統計学的特徴,生活様式,食料品購買行動という3つの指標で,スーパーマーケットを愛顧する消費者と他の食料品店を愛顧する消費者の特徴を比較し,スーパーマーケットを愛顧しない要因を検討している。検討の結果,Yavas and Kaynak (1981) は,スーパーマーケットが掛売りを認めないことや,消費者がスーパーマーケットで販売している生鮮食品に対してリスクを感じていることを,スーパーマーケットのさらなる普及への最も重要な阻害要因として結論付けている。

　香港に関して,Ho and Lau (1988) は,消費者の電話インタビューをもとに,なぜスーパーマーケットが不完全にしか移転されていないのかについて,その要因を検討している。検討の結果,Ho and Lau (1988) は,アメリカと香港におけるスーパーマーケットの相違は,アメリカと香港の社会的・文化的相違によると説明している。アメリカでは,消費者の自家用車の所有率が高く,自宅に大容量の冷蔵庫を常備している。そして,消費者が食肉や冷凍食品を好み,時間を節約するために,低頻度で大量に購入する傾向がある。それに対して,香港の消費者は,海産物や食肉および生鮮食料品を好み,新鮮な食料品を入手するために少量で頻繁に買い物を行う。それに加え,都市化が進み,人口密度が高い環境のもとで,自家用車の所有率が低く,冷蔵庫の容量が小さいという特徴がある。そのため,香港のスーパーマーケットは,アメリカのスーパーマーケットと比較して,生鮮食料品の取扱が少ないうえで,規模が小さく,駐車場

が整備されていないという特徴がある。

　Goldman et al. (1999, 2002) も，香港を対象に，香港におけるスーパーマーケットが業態としてすでに成熟期に入ったにもかかわらず，欧米先進諸国と比較して，食料品市場における市場占有率が低い要因を検討している[29]。その結果，スーパーマーケットに対する生鮮市場の競争優位性が，スーパーマーケットの市場占有率を抑制する阻害要因であると指摘している。生鮮食料品に関して，伝統的な生鮮市場は商品の新鮮さ，品揃えの豊富さ，価格の安さおよびサービスの良さにおいて，スーパーマーケットに対し優位性を示している[30]。そのため，地理的視点と利用者の経済的特徴から見れば，スーパーマーケットは拡大の余地を持たないが，生鮮食料品部門に注目すれば，市場占有率を拡大する余地が十分に残されている[31]。生鮮市場に対する劣位を改善するために，スーパーマーケットは既存スーパーマーケットと比較して生鮮食料品部門をはるかに拡大した形の新業態を導入し，または，既存スーパーマーケットにおける生鮮食料品部門の強化に力を入れた。しかし，生鮮食料品の新鮮さや価格上では，依然として伝統的な生鮮市場に遅れを取っていることが明らかとなった[32]。

　中国に関して，Goldman and Qin (1998) は，上海における中間的スーパーマーケットの出現の要因を検討している。供給側と需要側の制約，具体的には，設立資金，訓練されたマネージャーおよび小売知識の不足，供給条件や融資，需要の不確実性によって，伝統食料品店が完全なるスーパーマーケットへと転換することができず，中間的スーパーマーケットの誕生につながったと結論付けている。これらの中間的スーパーマーケットは，セルフ・サービス，陳列，チェックアウト・システム，幅広い品揃え，店舗設備・環境などの外的要素のみを模倣し，小売戦略や哲学，チャネル関係などの内的要素を学習していない

---

29) スーパーマーケットは1960年代初期に香港に導入され，1980年代では業態として定着していた。しかし，欧米先進諸国では，食料品市場におけるスーパーマーケットの市場占有率が70～90%にも達していることに対して，香港では，45%の水準にとどまっている（Ho and Sin 1987, p.36；Ho and Lau 1988, p.26；Goldman et al. 2002, p.282）。

30) Goldman et al. (1999), pp.132-133.

31) Goldman et al. (2002), pp.286-287.

32) *Ibid.*, pp.288-289.

という特徴を持っている。

　既存研究のほとんどは，スーパーマーケットの国際移転の失敗事例を考察している。とはいえ，他の業態移転の成功事例が全くないのではない。Ho and Sin (1987) は，香港におけるコンビニエンスストアの移転成功要因を検討している。そこで，消費者がコンビニエンスストアを愛顧する最も重要な理由は，24時間開店，自宅に近接した立地，店舗数の多さ，時間の節約であると解明している。また，便利さと価格に対する消費者の態度も調査され，購買する際に行列で待たされることに耐えられず，迅速なサービスを受けるために，より多く支払う意思があるような消費者像が浮き彫りになっている。すなわち，コンビニエンスストアが提供している時間的・空間的便利さは，消費者の便利志向・時間節約志向にマッチしたからこそ，移転成功につながったということである。それに加え，補完的技術の存在も移転成功を促進したと指摘している。コンビニエンスストアは，スーパーマーケットとファストフードストアの特徴を同時に備えている。香港の消費者がスーパーマーケットとファストフードに慣れ親しんだことは，コンビニエンスストアの受容を促進した。また，出店拡大に意欲的なコンビニエンスストア小売企業の存在も移転成功に貢献したことを指摘している。

(2) 組織水準

　組織水準における既存研究は，主に小売企業の海外出店にともなう知識移転と組織学習に関する事例研究である。小売企業にとって，知識を企業グループ内に移転・共有することが，競争優位の獲得に極めて重要である[33]。知識のなかは，個々の従業員が特定のコンテキストのもとで形成し，言語化しにくい暗黙知が多く含まれる[34]。小売企業は立地した国・地域の制度に埋め込む必要があるため，確立した業態を自らの商圏に適応しなければならない。その際に膨大な知識が生み出される[35]。

---

33) 例えば，Currah and Wrigley (2004)，Jonsson and Foss (2011)。
34) Currah and Wrigley (2004), pp.7-8.
35) *Ibid*., p.7.

Currah and Wrigley (2004) は，国際小売企業が，各国・地域の店舗で，ボトムアップで生み出されたベスト・プラクティスを企業グループ内に移転・共有するために，トップダウン式の調整が必要と指摘している。具体的には，世界中に点在する各店舗のパフォーマンスを共有する情報技術の整備や，ベスト・プラクティスの認定・伝達チームの構築，ストーリーテリングやメンター制などによる個人間知識移転の促進体制の導入などが挙げられる[36]。

Currah and Wrigley (2004) と同様に，Jonsson and Foss (2011) も，企業グループ内の知識移転を促進する体制を検討している。Jonsson and Foss (2011) は，2003 〜 2009 年にわたって，イケアに対する 70 回のインタビュー調査を実施した。これらの調査をもとに，イケアが標準化と適応化をどのように同時に実現しているのかを検討している。そこで，業態の柔軟的複製の重要性を強調している。

イケアは，業態を柔軟性の異なる階層に分けて捉える。階層のトップにあるのは，基本的な価値，コンセプト，ビジョンであり，世界中に変更せずに標準化される。たとえ学習によって，変更するとしても，極めて緩やかなプロセスである。一方，階層のボトムにあるのは，品揃え，価格，店舗規模などの小売ミックスであり，現地市場の学習に基づいた変更が認められる[37]。柔軟的複製を支えるために，企業グループ内の知識移転を促進する体制が構築されている。具体的には，経験的知識を収集，記号化，分散するための業務手順の標準化，知識共有を企業文化の不可欠な一部として位置付けること，知識移転を統括する組織部門の配置，新規市場へのベテラン派遣および現地社員への教育などである[38]。

Currah and Wrigley (2004) と Jonsson and Foss (2011) は，企業グループ内の知識移転を促進する体制を検討していることに対して，矢作（2006）は，2002 年に西友との包括提携で日本市場に参入したウォルマートによる西友への不十分な小売知識移転について検討している。ウォルマートが，西友に移転

---

36) *Ibid.*, pp.12-16.
37) Jonsson and Foss (2011), p.1080.
38) *Ibid.*, pp.1091-1094. イケアに関する知識移転の研究について，他には，Jonsson and Elg (2006) や Jonsson (2008) などがある。

しようとする中核知識は EDLP（Every Day Low Price）戦略である。EDLP 戦略を実現するために，前提条件である EDLC（Every Day Low Cost）体制を確立しなければならない。EDLC 体制を構築するために，情報・物流システムの移転と店舗運営の効率化が試みられた。

情報システムの基幹をなすのは，店舗内の発注を支援するスマート・システムと，取引先との情報共有を可能にし，商品本部バイヤーと取引先との商談を支援するリテイル・リンクである。情報システムに基づいて発注された商品を保管し移動するのは物流システムである。物流システムの中核は，取引先から商品を収集し，店舗に配荷する拠点となる配達センターである。日本でもアメリカと同水準の物流システムの基盤を整備しようと図られた[39]。

また，店舗運営の効率化と安定化のために，定型業務の分解・標準化や，主要業務の分解・実行力の評価制度，作業量の変動に合わせた時間帯別人員配置といった店舗業務手順の標準化が導入された。さらに，従業員の創意工夫とやる気を重視するウォルマートの企業文化を移転するために，人事・賃金体系および教育研究制度の改革も展開された[40]。

しかし，店舗運営システムの転換にともなって，現場は 1 社 2 システムの状況に混乱した。競合小売店の特売に対抗するために，短期特売商品や月間特売商品を積極的に導入し，EDLP 戦略は全面的に展開されていなかった。また，ウォルマートの PB 商品は日本の消費者のニーズに適応していなかったため，売行きが芳しくはなかった。さらに，長期的な課題として，物流・情報システムの未整備，不十分な小売業務システムの現地化，数多くの旧式店舗の存在，ウォルマート側と西友側とのコミュニケーション・ギャップが存在した。これらの要因によって，小売知識の国際移転が不十分となってしまった[41]。

大石・星田（2005）は，ウォルマートの日本市場参入を対象に，日本市場の特性に注目し，知識移転の困難さを考察している。大石・星田（2005）によれば，ウォルマートの競争優位である EDLP 戦略は，標準化の徹底による

39）矢作（2006），53–56 頁。
40）同上，56–60 頁。
41）同上，61–66 頁。

チェーン・オペレーション，チェーン・オペレーションの課題を補う情報化，モノの流れの効率化をもとに成立している[42]。しかし，日本市場とアメリカ市場は，店舗開発，商品調達および顧客においては大きな相違点がある。

　店舗開発に関しては，アメリカでは，有力なデベロッパーが存在するため，ウォルマートは商品流通・モノの流れの効率化に特化できたのに対して，日本では量販店が出店する郊外で一定規模のショッピングセンターを開発するデベロッパーは少ないため，量販店が自らデベロッパー事業をせざるをえず，商品流通に特化しにくい。それに加え，アメリカは国土が広く，自社が理想とする立地や出店面積を確保しやすいため，店舗形状を標準化しやすい。それに対して，日本は大規模な店舗の立地が確保しにくいのみならず，店舗形状も様々であるため，店内作業や顧客導線確保などのオペレーション標準化が阻害されている。

　商品調達に関しては，アメリカでは，大手小売企業と製造企業との直取引が一般化しているのに対して，日本では，卸売企業が様々な流通機能を果たし，直取引が進展していない。さらに，アメリカでは，広大な国土における商品流通を行うため，ロジスティクスに対する経営の優先順位が高いのに対して，日本では，リベートなどの商慣行が存在するため，小売企業は積極的に商品流通に関与し，ロジスティクスの改善を図って商品原価を低減させようとしない。

　顧客に関しては，アメリカでは顧客階層に応じて，居住地域が分化しているため，小売企業は標的市場を絞った出店政策が採用しやすく，出店後も顧客階層に応じた個別店の品揃えや単品ごとの需要集約を実現しやすい。一方の日本では，アメリカのように社会階層が明確に分化しておらず，小売企業が標的市場を絞りにくく，個別店の品揃えを実現することも難しい。それに加えて，ハレとケ[43]を重んじる国民性や激しい流行の変化のため，単品の需要を集約す

42）大石・星田（2005），162–172頁。ウォルマートの日本市場参入にともなって，日本研究者は知識移転，国際戦略，日本流通への影響，他の欧米小売企業との比較など様々なテーマでウォルマートに関する事例研究を行った（例えば，根本2002；二神2002；佐々木2003；今井2003，2004；野口2004など）。

43）ハレとケとは，お祭りや結婚式などの晴れやかな行事の時は思い切って贅沢（ハレ）をし，そのかわり日常の生活では質素・倹約（ケ）をする生活様式を意味する（大石・星田2005，180頁の注釈31）。

70

ることが難しい。

このような日米市場の相違によって，ウォルマートは標準化の徹底による
チェーン・オペレーション，チェーン・オペレーションの課題を補う情報化，
モノの流れの効率化を十分に実現することができず，EDLP戦略の移転が限定
的であると指摘している[44]。組織水準における研究でも，小売知識が特定の
社会，文化，経済環境のもとで確立されたものであることを示している。

小売企業を対象としているのではないが，Szulanski (1996) は，アンケート
調査を通じて，企業内におけるベスト・プラクティスの移転を阻止する要因を
検討している[45]。そこで，内部粘着性という概念で組織内における知識移転
の困難さが説明されている。内部粘着性にはプロセスと結果が含まれる。知識
移転プロセスは，「始動」，「実行」「ランプアップ（強化）」，「統合」という4
つの段階に大別することができる。各段階においては，内部粘着性に関する問
題に直面する。すなわち，始動段階では，移転必要性の識別や移転可能性の評価，
実行段階では，送り手と受け手との間のコミュニケーション・ギャップの架橋
や受け手のニーズに合わせるための知識の修正，ランプアップ段階では，期待
どおりの成果を獲得するための調整，統合段階では，組織ルーティンとして移
転された知識の制度化などを展開する際に，順調に進まない可能性がある。問
題が重大であるほど，プロセスの内部粘着性が高いことを示している。また，
知識移転の遅延，予算超過，移転された知識に対する満足度の低下などの程度
に応じて，結果としての内部粘着性も高くなる[46]。

Szulanski (1996) は，知識の特徴，送り手の特徴，受け手の特徴および知識
移転が行われるコンテキストの特徴，という4つの側面から内部粘着性の規
定要因を検証している[47]。その結果，①新しい知識を識別，評価，活用する

---

44) 同上，172–176頁。

45) ここでいうプラクティスは，知識利用の組織ルーティンを意味する。組織ルーティンは暗黙的な
　要素も包含し，個人のスキルや組織の社会的協調体制に部分的に埋め込まれている。ベスト・プ
　ラクティスの移転とは，組織内外における他の選択肢より優れた成果を出しているプラクティスの
　組織内での複製を意味する (Szulanski 1996, p.28)。

46) Ibid., pp.28-30.

47) 知識の特徴は，知識と成果との因果関係の曖昧さと，知識の有用性の確実さという2つの関数

受け手の吸収能力の不足，②知識と成果との因果関係の曖昧さ，③コミュニケーションや親密さを阻む組織内部の複雑な関係は，内部粘着性を高め，組織内の知識移転を阻止する最も重要な要因であると結論付けている[48]。

Gupta and Govindarajan (2000) は，複数の産業にわたる，日本，アメリカ，ヨーロッパの多国籍企業74社の現地子会社374社を対象に，本社と現地子会社，および現地子会社間の知識移転の規定要因を包括的に検討している。その結果，現地子会社から本社および他の現地子会社への知識移転は，①当該子会社が所有する知識ストックの価値と，②移転チャネルの豊富さと正の相関があることが実証された。また，本社および他の現地子会社から当該現地子会社への知識移転は，①移転チャネルの豊富さ，②知識を獲得しようとする当該現地子会社の動機上の意向，③当該現地子会社の知識を吸収する能力と正の相関が実証された[49]。

図表2-3は，以上の国家・地域水準および組織水準における既存研究を踏まえ，小売知識国際移転の規定要因を組織要因と環境要因に整理したものである。組織要因に関しては，新しい小売知識を導入するための資金力や，提供物としての小売ミックスの有効性や，知識移転と学習を促進する体制の有無などが，小売知識の国際移転に影響を及ぼす。また，小売知識のソフトな側面を考えると，国際移転の成否は環境要因にも大きく規定される。そのため，顧客である消費者の嗜好や購買行動，取引先である製造企業・卸売企業との商慣行やチャネル関係，さらには，小売知識の国際移転に必要とするインフラや制度の整備状況も重要な規定要因として挙げられる。

2　知識属性と小売知識の国際移転

（1）戦略的資源としての知識

企業にとって，知識は競争優位を獲得，維持するための戦略的資源である[50]。

で測定されている（*Ibid*., pp.30-31）。知識の特徴，あるいは知識属性と小売知識の国際移転可能性について，次項で詳細に検討する。

48) *Ibid*., p.36.
49) Gupta and Govindarajan (2000), pp.485-489.
50) Prahalad and Hamel (1990)，ハメル＆プラハラード（1995），野中・竹内（1996）。

図表 2-3　小売知識国際移転の規定要因

環境要因	社会・文化	自家用車と冷蔵庫の普及率 情報の入手可能性 識字率，情報分析能力 消費者嗜好，購買行動，店舗愛顧習慣 世帯規模，住居環境 女性の社会進出度 公共交通機関整備
	経済	所得水準，経済成長率 競争水準 商慣行・チャネル関係 流通構造
	政治・法律	融資制度，税制度，市場行動規範整備
組織要因		小売戦略，小売哲学 企業文化 小売ミックス 物流・情報システム 知識移転促進体制，学習促進体制 人材育成体制，受け手の吸収能力 知識移転・獲得動機 移転チャネルの量と質 知識の価値 資金力

出典：筆者作成。

組織的知識創造理論を提起した野中・竹内（1996）は，知識を「正当化された真なる信念」と定義している[51]。知識は，情報と異なり，特定の立場や見方，あるいは意図を反映し，信念やコミットメントに密接に関わり，目的を持った行為に関わることを強調している。すなわち，情報は行為によって引き起こされるメッセージの流れである[52]。それに対して，知識はメッセージの流れから創造され，

51）野中・竹内（1996），85 頁。
52）知識と情報との区別方法は論者によって異なる。例えば，Kogut and Zander（1992）は，情報を知識として捉え，知識を情報とノウハウに区別している。情報はコンピュータ・サイエンスで用いられる宣言的知識と類似し，ノウハウは手続き的知識と類似する。宣言的知識が「在庫が100個ある」のような「状態を記述する」知識であり，手続き的知識が「どのようにして在庫を最小限するか」のような「手順を示す」知識である。情報は，ひとたびそれを解読する構文上のルールが設定されれば，送り手から受け手に完全なる状態で伝達することができる。ノウハウは，業務の円滑かつ効率的な遂行を可能にする，蓄積された技能と熟練であり，学習によって獲得されるものである（Kogut and Zander 1992, pp.386-387）。

第2章　国際知識移転　73

情報保持者に信念として定着し，コミットメントと次なる行為を誘発する[53]。

　知識は形式知と暗黙知に大別することができる。形式知は，客観的な知識であり，文章，図表，言葉などによって，他人に伝達することができる。暗黙知は，主観的な知識であり，言語化・図式化して他人に伝達することが難しい。暗黙知には認知的側面と技術的側面がある。認知的側面は，個々人が世界を感知し定義することを助ける，スキーマ，フレーム，世界観，信念，視点などを含む。技術的側面は，ノウハウ，技巧，技能などを含む[54]。また，知識が個人，グループ，組織および複数の組織間という次元で存在する。組織自体は知識を創造することができないため，個人レベルで蓄積された暗黙知を動員し，より高い存在レベルでの知識に転換させるのは組織的知識創造の鍵である[55]。

　Barney (1991) によれば，企業の持続的競争優位の源泉となる経営資源は，価値があり，希少性が高く，模倣が困難で，代替が不可能という特徴を持つ。記号化しにくい，模倣されにくい知識がその典型となる[56]。

　知識の戦略的意味は多国籍企業にとっても同様である。一般に，多国籍企業の現地子会社は，地元企業との競争において不利な立場に立たされる。Hymer (1976) によれば，地元企業は自国の経済，言語，法律，政治，文化などを熟知しているのに対して，外国企業はこれらの情報や知識を入手するために相当な費用が必要である[57]。それに加え，政府や消費者，供給業者から差別的に待遇される場合もある[58]。Kindleberger (1974) は，外国企業が遠く離れた海外市場で事業を展開する際に，出張費や連絡費，情報および決議事項の伝達に要する時間的ロスなどの費用のみならず，誤解による失敗という費用も含まれると指摘している[59]。

---

53) 野中・竹内 (1996)，85–86頁。
54) 同上，88–90頁。
55) 同上，108頁。
56) 例えば，顧客に，他社が模倣できない独自の価値を提供する企業のコア・コンピタンス (Prahalad and Hamel 1990, pp.81-83；ハメル＆プラハラード 1995，11頁，258–270頁) や，変化の激しい環境に応じて，企業内外の能力を統合，構築，再構成するダイナミック・ケーパビリティなどである (Teece et al. 1997, pp.515-516)。
57) Hymer (1976), pp.34-36（訳書：29–31頁）.
58) *Ibid.*, pp.35-36.
59) Kindleberger (1974), p.12（訳書：27頁）.

74

外国企業はこのような現地市場における外国企業の不利を克服し，かつより高い収益を上げるために，地元企業に対する優位性の保持が前提条件となる。製品差別化能力，マーケティング能力，効率的な生産工程のノウハウ，特許技術や専有知識，規模の経済性などの知識や経営資源がそれである[60]。

Buckely and Casson (1976) は，多国籍企業の競争優位および成長と収益の源泉が知識，とくに研究開発に関する知識にあると強調している[61]。第二次世界大戦前，農産物，原材料および中間製品を調達するという目的で多国籍企業は成長した。しかし，第二次世界大戦後における多国籍企業の成長は，研究開発活動がもたらした収益性によるものである。多国籍企業は研究開発活動によってもたらされた収益を安定的に確保するために，知識の外部流出を回避しなければならない。そのため，技術提携などの方式ではなく，内部組織で知識を現地子会社に移転する必要性が高まった[62]。

(2) 知識属性と小売知識の国際移転

知識は競争優位を獲得，維持する源泉であり，当然のように国際小売企業にとって，小売知識を企業内で移転・共有することが重要である。前述したように，小売知識の移転可能性は環境要因と組織要因によって規定される。それに加え，知識の属性も移転可能性を規定する。

Winter (1987) は，暗黙性と明確化可能性，観察不可能性と観察可能性，複雑性と単純性，システム依存性と独立性，という4つの知識属性を取り挙げ，知識の移転可能性を論じている[63]。

---

60) Hymer (1976), pp.41-45（訳書：35–39 頁）；Kindleberger (1974), pp.11-27（訳書：29–45 頁）.
61) Buckely and Casson (1976), pp.56-62.
62) Ibid., pp.59-61. Kogut and Zander (1993) は，国際知識移転における市場の失敗に注目し，多国籍企業の出現を説明している初期の多国籍企業研究を批判し，市場の失敗ではなく，現地子会社がより効率的に知識を国際移転することができるため，多国籍企業が出現したと説明している（Kogut and Zander 1993, pp.627-630）。それに加え，記号化可能性，複雑さ，伝授可能性といった知識属性は，移転方式の意思決定を規定すると実証した。知識が記号化しにくく，複雑であり，伝授しにくいほど，現地子会社という移転方式が採用されやすいと結論付けている（Ibid., pp.635-636）。
63) Winter (1987), pp.170-173（訳書：208–211 頁）.

Winter (1987) によれば，個人の熟練はしばしば高度に暗黙的である。一連のルールの遵守によって，仕事は見事に達成されるが，一連のルールにしたがっている当の本人は一連のルールをルールとして自覚していない。そのため，本人はそのルールを明確に説明することが難しい。また，組織に保有されている知識も，暗黙的な知識の保有者によって組織が構成されることや，組織を機能させている無数の対人関係がよく理解されていないことなどを鑑みると，暗黙的な部分がある。そのため，組織における大半の参加者もルールとして知られていない一連のルールにしたがって，目的を達成しつつあるということである。

　暗黙的な知識は，明示することが難しいが，他者に教えることが可能である。修行中の弟子が，言葉によらず，観察，模倣，練習によって技能を身につけることがその一例である。生産や流通の現場では，OJT を通じて，個人の暗黙知がグループや組織に共有されることも暗黙知の伝授可能性を示している。

　観察可能性は，製品やサービスなどの観察あるいは使用によって，必要とする知識が開示される程度のことを意味する。産業によって観察可能性および観察費用は異なる。小売業は，店舗を訪ねれば，売場レイアウト，品揃え構成，価格設定，陳列，諸サービスなど観察可能な産業である。例えば，日本における百貨店の普及過程では，国内外の店舗視察による小売知識の移転が活発に行われた[64]。小売業が観察可能な産業であるため，小売知識が競合相手に模倣されやすいことが指摘されている[65]。しかし，店頭で観察可能な消費者への提供物は，小売コンセプトや，情報システム，商品調達・供給システム，人材育成など観察しにくい小売知識によって創出されている。そのため，たとえ一時的に店舗が複製されたとしても，その背後にある小売知識を持たなければ，継続的に消費者を誘引する店舗を作ることは困難と思われる。

　観察可能な知識と観察しにくい知識が結合して，最終の製品やサービスを創出していることは，残りの2つの知識属性と関連している。それは，知識の複雑さと単純さ，および知識のシステム依存性と独立性である。知識の複雑さ

---

64) 鈴木（1980），12–14 頁。
65) Dawson (1994).

に関する定義は統一されていない。Winter (1987) は，知識の複雑さが「問題の知識の案件の特徴をかぎわけるのに必要な情報量に関連している」[66]と指摘している。Zander and Kogut (1995) は，知識の複雑さが「ある実体，あるいは活動に含まれた特有な技能，あるいは能力の数」[67]と定義している。本研究では Zander and Kogut (1995) の定義に則する。知識のシステム依存性は，知識が独立して役に立つかどうかの問題である。

　小売知識の複雑さとシステム依存性から考えてみる場合，小売知識が必ずしも模倣しやすいとはいえない。例えば，品揃え構成を考えてみよう。それは，消費者のニーズを把握するためのマーケティング・リサーチ知識，商品を提供する取引先の開拓，選定，管理知識，在庫切れが発生しないための在庫管理知識や情報・物流システムなどの複数の小売知識が相互依存しながら実現されている。さらに，個々の知識間が相互依存しているのみではなく，知識自体が特定のコンテキストやある関係においてのみ意味を持つという特性もある。すなわち，知識の意味が人々の社会的相互作用によってダイナミックに作られたものであり，知識を伝授するには，共有したスキーマや言語または記号が必要である[68]。そのため，知識が競合相手に簡単に模倣されない。

　国際小売企業にとって，競争優位の源泉と言われる知識を現地子会社に移転し，活用しようとするのは当然である。知識を速やかに移転するためには，知識を言語化あるいは記号化する必要がある。小売業が観察可能な側面を持つため，記号化することは移転を促進すると同時に競合相手の模倣も容易にする。しかし，小売知識は同時に，観察不可能な側面，複雑さとシステム依存性の高い側面も持っている。それらの属性は競合相手の模倣を困難にする。しかし，それがまたも現地子会社への知識移転に困難性をもたらす。いずれにしても，知識属性も小売知識の国際移転可能性を規定する一要因といえる。このようなジレンマを抱えている国際小売企業は，具体的にどのような方法で知識を移転しているのかを次節で検討する。

---

66) Winter (1987), p.173（訳書：211 頁）.
67) Zander and Kogut (1995), p.82.
68) Kogut and Zander (1992), pp.388-390；野中・竹内（1996），87 頁。

第2章　国際知識移転　77

第3節　小売知識の国際移転方法

1　国際移転方法

　鈴木（1980）によれば，小売知識の移転方法に，①再就職や，資本進出あるいは技術供与契約にともなう人材派遣，②経営技術受容や教育・訓練，または観察，③コンサルタント，広告業者などの第3者による媒介，という3つの方法に大別することができる。また，小売知識の移転や伝播について，特定小売企業に蓄積されている小売知識が他の小売企業に移植・導入される場合と，同一企業に属しながら異なった地域に存在する事業所，あるいは店舗に導入される場合がある[69]。

　Kacker (1988) は，小売知識の流れが，同一地域内，または異なる地域間における，ある企業から別の企業への小売アイディア，小売コンセプトおよび小売フォーミュラの移動であると指摘し，国家間の小売知識の流れに焦点を当て議論を進めている[70]。

　小売知識の国際的な移動には，非計画的・付随的な移動と，計画的・意図的な移動が存在する。非計画・付随的な移動とは，小売知識が偶然な機会で移動したり，非公式な経路を通じて移動したりすることであり，「伝播」とも呼ばれる。伝播の場合は，観察，海外訪問，国際会議，セミナー，教育プログラム，フランチャイジングなどによって，小売知識が海外に普及する。計画的・意図的な移動とは，小売知識を移転しようという明確な目的のもとで行われるものであり，「移転」とも呼ばれる。移転の場合は，主体である小売企業の意図にしたがう形で海外直接投資，合弁，マネジメント契約，フランチャイジングおよび教育・訓練などによって，小売知識が海外に普及する（図表2-4）[71]。

　移転とともに伝播も小売知識の海外普及に大きな役割を果たしているが，本研究では小売企業の主体的な国際的行動に注目しているため，後者の移転に焦

---

69) 鈴木（1980），11-12頁。
70) Kacker (1988), p.46.
71) *Ibid.*, pp.46-50, pp.61-65.

78

点を当て考察していく[72]。次に，小売企業の国際知識の移転方法について詳細に検討する。

①グリーン・フィールド投資

　グリーン・フィールド投資において，小売企業が現地子会社を設立し，最初から自前で事業展開する。現地での事業展開にともなって，小売知識が現地子会社に移転される。例えば，アメリカのシアーズ・ローバック（Sears Roebuck），ウールワースは，南米とヨーロッパに支店を設置し，現地にチェーンストアを形成した。その過程でセルフ・サービス，ワンプライス・システム，マス・マーチャンダイジングのような小売知識が現地国の店舗に移転された[73]。

②合併・買収

　合併・買収とは，現地市場における既存企業と契約を締結することで法的に合体する，あるいはそれらの既存企業を買い取ることである[74]。合併・買収する側が，合併・買収される側に，資本や知識，人材などを移転させ，その経営に関与する。それと同時に，合併・買収される側が所有する専門知識や現地市場における認知度などの経営資源を獲得することができる[75]。

　小売企業が海外に進出した場合に，即時に現地における市場地位や認知度，立地などを獲得するために，合併・買収による参入が多く見られる。それにともなって，合併・買収される側に小売知識が移転される。例えば，アメリカのサウスランド社（Southland Corpration）が，1978 年にスウェーデンのナロペッ

---

72) 鈴木（1980）で検討されたように，経営者の海外視察や留学などが日本における百貨店やスーパーマーケットの普及を促進した。それが，小売知識の国際移転における伝播の役割を示している。ただし，Kacker は，伝播を非計画的・付随的な移動として捉えているが，青木（2008）は，知識の提供側と受入側から分けて捉えると，伝播は必ずしも非計画的・付随的な移動ではないと指摘している。さらに，知識の提供側と受入側が「意図的」であるか「付随的」であるかをもとに，知識移転を「協同型」，「模倣型」，「供与型」，「偶然型」に分類している（青木 2008，13–15 頁）。

73) Kacker (1988), pp.46-47.

74) 鳥羽（2009a），281 頁。

75) Dawson (1994), p.274；青木（2008），117 頁。

ト社(Naroppet)を買収し，コンビニエンスストアに関する小売知識を移転した。ドイツのヒューゴマン・グループ (Hugo Mann Group) が，1975 年にアメリカのフェドマート社（Fed Mart Corporation）を買収し，ハイパーマーケットに関する知識を移転した。同様にドイツのオットー（Otto Versand）は，1981 年にアメリカのシュピーゲル社（Spiegel Inc.）を買収し，カタログ販売に関する小売知識を移転した[76]。

③合弁

　合弁は複数の企業が資本や人材を供出し，共同で新規に企業を設立することである[77]。発展途上国の政府は，外国企業による完全所有・完全統制よりも，自国の企業との合弁が自国の利益および経済発展に役立つと認識するため，外国企業の単独投資を制限する傾向がある[78]。

　小売国際化においても，合弁によって海外に進出し，小売知識を移転する事例が数多くある。例えば，フランスのプランタン(Printemps)が，日本のダイエー（現在イオン）と合弁で，プランタンの商標，商品供給，内装，販売員の訓練などの小売知識を提供していた。アメリカのサウスランド社が，日本のイトーヨーカ堂，オーストラリアのパシフィックセブン（Pacific Seven），香港のジャーディンマーケティングサービス（Jardine Marketing Service）との合弁を通じて，コンビニエンスストアに関する小売知識を日本やオーストラリアおよび香港に移転した。同様にアメリカのサークル K 社（Circle K）が，日本のユニー，香港の Li&Fung 貿易有限責任会社（Li & Fung Trading Ltd.）との合弁でコンビニエンスストアに関する小売知識を移転した[79]。

④マネジメント契約

　マネジメント契約，あるいは経営委任契約において，当該企業の特定事業の

---

76) Kacker (1988), pp.61-65.
77) 青木 (2008)，116 頁。
78) 金 (1998)，194 頁。
79) Kacker (1988), p.49.

80

図表 2-4　小売知識の国際移転

供給側 ──→ 移動の本質 ──→ 移動の方法 ──→ 需要側

小売知識の本質と内容

→ 伝播（非計画的・付随的移動）
観察, セミナー, 国際会議
海外直接投資
フランチャイジング

環境的側面

小売知識

経営的側面
- 小売コンセプト, 小売哲学
- 政策, 戦略
- システムズ
- 統制

技術的側面
- 立地選択
- レイアウト, 雰囲気
- 市場コミュニケーション
- チェックアウト・システム
- カタログ制作
- 信用評価

→ 移転（計画的・意図的移動）
海外直接投資
合弁
マネジメント契約
フランチャイジング
教育・訓練

小売知識の拒絶と習得

進出先国の制約による妥協・適応:
運営の規模
価格水準
マーチャンダイズ・ミックス
店舗愛顧パターン

消費者および伝統小売店の反発による公共政策の制約:
新しい補助的なインフラの整備

ギャップの架橋

出典：Kacker(1988), p.45 の図 1。

マネジメントが別の企業によって遂行され，当該企業はマネジメントを行う別の企業に対して対価を支払う[80]。マネジメント契約によって，小売知識はマネジメントが委任される企業から，委任する企業側に移転される。マネジメント契約は，ホテル業，レジャー産業，金融業，広告業などのサービス業種で知識移転の手段としてよく利用されている[81]。

　小売業においてはマネジメント契約があまり利用されていないとはいえ，全くないのではない。例えば，1970 年代に，アメリカのセーフウェイが，サウジアラビアの現地食品小売企業とマネジメント契約を結び，スーパーマーケットの小売知識を移転した。1976 年にアメリカのシアーズ・ローバックが，日本の西武百貨店と契約を結び，小売システム，マニュアル，購買仕様書などの小売知識を移転した。また，1980 年にアメリカの K-マート（K-mart）が，日本のダイエーと契約を結び，仕入や経営者教育に関する小売知識を移転したケースも，マネジメント契約による小売知識の国際移転である[82]。

80）青木（2008），115 頁。
81）金（1998），194 頁。
82）Kacker（1988），pp.61-65.

⑤フランチャイジング

　フランチャイジングにおいては，契約によって，フランチャイザーがフランチャイジーに対して事業運営方法に関する知識のパッケージを提供し，また商品供給を行い，それらへの見返りとして，フランチャイジーからロイヤリティーフィーを受け取る[83]。フランチャイジングは，小売知識の計画的な移動と非計画的な移動に良く利用される手段であり，特に，アメリカで誕生した小売知識がカナダ，西ヨーロッパ，日本，韓国，香港などに移動する際に大きな役割を果した。1960 年代頃における国内市場の停滞により，アメリカの小売企業はフランチャイジングを利用し，20 年間にわたって海外市場における成長機会を開拓し続けた。その過程でファストフード，コンビニエンスストアといった小売コンセプトや，店舗内のレイアウト，プロモーション，陳列，在庫管理などに関する小売知識が数多くの国・地域に移転された[84]。

⑥教育・訓練

　小売知識は，知識の受け手が視察，会議，セミナー，あるいは訓練プログラムに参加することによって普及する。教育・訓練プログラムの主催者は，小売企業，業界機関，コンサルタント機関および製造企業などが含まれる。例えば，アメリカで誕生したスーパーマーケットに関する小売知識の世界中への普及は，教育・訓練プログラムが大きな役割を果たした。アメリカのスーパーマーケット協会(Supermarket Institute)や，レジスターの製造企業であるナショナル・キャッシュ・レジスター（National Cash Register）などが，数多くのセミナーや視察の受入を後援し，海外小売企業にスーパーマーケットの小売コンセプトを移転した[85]。

　日本においても，教育・訓練は国内外の小売知識の普及に大いに役立つ。例えば，1950 年代から 1960 年代にわたって，雑誌『商業界』および商業界ゼミナールと，正確な税務申告のため計数管理を指導した公開経営指導協会とい

---

83) 青木 (2008)，116 頁。
84) Kacker (1988), pp.49-59.
85) *Ibid.*, p.47.

う2つの機関が，数多くのセミナーを開催し，イトーヨーカ堂，岡田屋（現在イオン），西川屋（現在ユニー）など日本代表的な小売企業の経営者が参加し，相互交流を深めた。セミナーで知り合い，気の合った者同士が経営交流グループを結成し，さらなる交流・研修を行った[86]。

また，チェーンストア経営の思想，技術，理論を日本に普及させ，日本の流通業を近代化させるために，渥美俊一のイニシアティブのもとで，1962年にチェーンストア経営技術の共同研究サークルとしてのペガサスクラブが設立された。翌年の1963年に，ペガサスクラブの事務局を務めるとともに，チェーンストア経営のコンサルタント会社としての日本リテイリングセンターが設立された。ペガサスクラブが設立した初期の主要な会員企業は，ダイエー，イトーヨーカ堂，岡田屋，イズミヤなどであった。その後，会員企業が急増し，1971年に約1,000社にも達した。そのうちの7割は小売業であった。ペガサスクラブは毎年のようにアメリカへの視察や数多くのセミナーを主宰していた[87]。これらの海外視察とセミナーによって，日本におけるチェーンストア経営に関する小売知識の普及が促進された。

2　国際移転方法の規定要因

多くの小売企業が知識移転自体を目的に，知識移転を行っているのではない。企業の営業活動を拡大するために海外に進出し，それにともなって知識移転が行われるのである。そのため，小売知識の国際移転方法は，小売企業の参入様式と密接な関係にあり，第1章第2節第2項で述べた参入様式への規定要因は，同時に小売知識の国際移転方法の規定要因でもある。

すなわち，社会文化的距離，地理的距離をはじめ，進出先における消費者の購買力，競争状況，経済規模，制度整備，市場の複雑性，パートナーの積極性や入手可能性，国内市場の競争圧力などの環境要因と，小売事業特性，経営資源，企業文化，企業戦略，国際化経験または成長経験，マネージャーや経営者の影

86）矢作（2004），230–238頁。
87）日本リテイリングセンター編（1971）。

響などの組織要因は，どのような知識移転方法が選択されるのかを規定する。

それに加え，知識の属性も知識移転方法を規定する。Kogut and Zander (1993) は，スウェーデン企業が開発した新技術・新製品の国際移転方法（現地子会社，合弁，ライセンス，他の契約形態）と知識属性（記号化可能性，伝授可能性，複雑さ，過去の技術移転回数，移転時の技術年齢）との関連性を考察した。その結果，知識が記号化しにくく，複雑であり，伝授しにくいほど，現地子会社という移転方式が採用されやすいと結論付けた[88]。

記号化可能性は，知識を明確に文書化できる程度を意味し，伝授可能性は，知識を未経験者に教授できる程度を指し，また複雑さは，ある実体あるいは活動に含まれる重要でかつ相互作用する要素の個数を意味する[89]。知識の暗黙性が高く，複雑な要素で構成されているほど，現地子会社が他の移転方法よりも知識を効率的に移転することができるため，採用されるということである。Kogut and Zander (1993) の研究は，製造企業を対象としているとはいえ，前述したように小売知識には観察不可能な側面，複雑さとシステム依存性の高い側面を持っているため，小売知識の国際移転にも示唆的であると思われる。

3　小売知識の国際移転方向

小売知識の国際移転方向は，本社から現地子会社へ，現地子会社から本社へおよび現地子会社同士間の知識移転が考えられる。従来の小売国際化研究は，本国市場と現地市場との1対1のワンセットの関係のもとで，本国から進出先国へという一方向の海外進出に焦点を当てている[90]。そのため，小売知識の国際移転ももっぱら本社から現地子会社への流れに注目していた[91]。しかし，小売国際化が進行するにつれて，本社から現地子会社への流れのみではなく，現地子会社同士間の知識移転，さらには，現地子会社から本社への逆移転

---

88) Kogut and Zander (1993), pp.635-636.
89) *Ibid.*, pp.632-633.
90) 矢作（2007），40–41 頁。
91) 例えば，Kacker (1988) の pp.61-65 の一覧表で挙げられた事例がそれに該当する。

図表 2-5　小売知識の国際移転方向

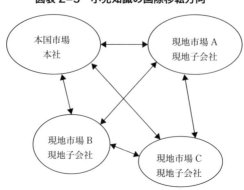

出典：矢作（2007），41頁の図1-8より作成。

図表 2-6　テスコの小売知識国際移転

	イギリス	海外	国・地域名
小売業務システム			
1. ハイパーマーケットの開発	→	←	フランス，中欧，アジア
2. 季節的販売促進プログラム		←	中欧
3. 生鮮食品売場の運営		←	韓国
4. インストア・ベーカリーの運営		←	中欧
5. 家電売場の運営		←	タイ
6. 24時間営業	→		
7. ロイヤリティ・カード導入	→		
8. 電子商取引	→		
商品調達システム			
1. PB商品開発	→		
2. シンプルなPB商品の開発	→	←	タイ
商品供給システム			
1. サプライ・チェーンの運営管理	→		
2. 複合配送センターの運営管理	→		

出典：矢作（2007），271頁。

の例も現れる[92]。図表2-5は，本社と現地子会社，現地子会社同士間の小売知識移転を表したものである。スウェーデンのイケアとイギリスのテスコは，本社から現地子会社へのみではなく，現地子会社から本社へおよび現地子会社同士間の知識移転も活発に行う典型的な小売企業である。

92）現地子会社同士間および現地子会社から本社への知識移転が活発化しつつあるとはいえ，本社が

2016 年度まで，イケアは 28 カ国・地域に 340 店舗を有し，海外売上高が売上高全体の 95% も占めている[93]。本国で確立した業態を現地市場に移転し，また，現地市場での学習より蓄積した知識を企業グループ内での共有を実現するために，イケアは知識移転を促進する体制を構築している。具体的には，経験的知識を収集，記号化，分散するための業務手順の標準化，知識共有を企業文化の不可欠な一部として位置付けること，知識移転を統括する組織部門の配置，新規市場へのベテラン派遣および現地社員への教育などである[94]。それによって，イケアの基本的な価値，コンセプト，ビジョンが世界中に複製されるとともに，現地市場で蓄積した品揃え，価格，店舗規模などに関する知識も企業グループ内に共有される。

2015 年度まで，テスコは 9 ヵ国・地域に 6,902 店舗を有し，そのうち，3,308 店舗が海外に立地し，海外売上高が売上高全体の 2 割を超過している[95]。矢作（2007）は，テスコの本社と現地子会社および現地子会社同士間の知識移転を検討している。図表 2–6 は，テスコの事業モデルに関して，本社と現地子会社との間の知識移転を表したものである。

24 時間営業などの店舗運営から，PB 商品開発，サプライ・チェーンや複合配送センターの運営管理まで本社から現地子会社への知識移転が行われている。一方，季節的販売促進プログラムや，生鮮食品売場の運営などにおいては，現地子会社から本社に小売知識を移転している。また，ハイパーマーケットの開発やシンプルな PB 商品の開発にいては，双方向の移転も行われている。

現地子会社同士間の知識移転について，タイ・バンコクのテスコ・ロータス（Tesco

依然として最も活発な知識創造者であると実証した研究がある。Gupta and Govindarajan は，複数の産業にわたる，日本，アメリカ，ヨーロッパの多国籍企業 74 社の現地子会社 374 社を対象に，現地子会社の視点から，①当該現地子会社より本社と他の現地子会社への知識移転と，②本社と他の現地子会社より当該現地子会社への知識移転を検討したところ，本社より現地子会社への知識移転が他の 3 つの知識移転経路と比較して，より有意であることが明らかになった（Gupta and Govindarajan 2000, p.490）。

93) IKEA Group, Yearly Summary FY 2016.
94) Jonsson and Foss (2011), pp.1091-1094.
95) Tesco Annual Report 2016. 2015 年度ではアイルランドでの事業を国内事業に合算しているが，ここでは海外事業として取り扱う。

Lotus）は，アジア地域本部の役割を果たしている。テスコ・ロータスは店舗設計から，売場レイアウト，店舗什器，店舗運営に関する従業員の現地研修まで幅広い分野で他の現地子会社を支援し，知識移転を行っている。また，定期的に開催されたアジア経営会議では，店舗見学が随時盛り込まれ，各国・地域のベスト・プラクティスが紹介され，他の現地子会社での導入も検討されている[96]。

　小売国際化が深まるにつれて，本社と現地子会社，現地子会社同士間の国際知識移転がさらに活発化するだろう。知識を企業グループ内に移転・共有することが，競争優位の獲得に極めて重要であることを考えれば，小売企業にとって，本社と現地子会社で蓄積された暗黙的および形式的な小売知識の移転と吸収を促進する体制構築が重要となる。

第4節　小売知識の国際移転モデル

　本章の第2節で述べたように，小売知識国際移転の可能性は，消費者嗜好や所得水準，商慣行，インフラ整備などの環境要因と，送り手と受け手である小売企業における知識移転促進体制や学習促進体制，人材育成体制，または受け手の吸収能力などの組織要因，さらには暗黙性，観察不可能性，複雑性，システム依存性などの知識属性に規定される。様々な規定要因があるように，これまでの研究は様々な視点から小売知識国際移転のモデル化を図っている。本節ではその代表的な研究を概観する。

①環境要因を強調する比較流通論の視点

　白石・鳥羽（2001b）は，小売知識の国際移転を，図表2-7で示しているように「A供給システム」，「B業態特性・補助技術」，そして「C提供物」という3つの側面からなるシステムの移転として捉えている。業態特性・補助技術は，小売知識のハード的側面であり，時間と空間を問わない普遍的な性質を持つ。「提供物」と「供給システム」は，小売知識のソフト的側面であり，立地する国・地域の社会，

---

96) 矢作（2007），259-260 頁。

図表 2-7 環境と小売知識の国際移転

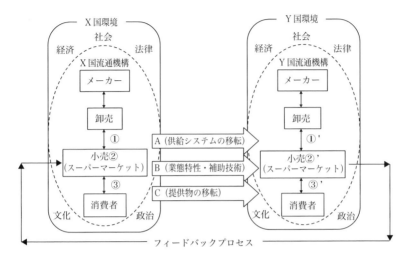

出典:白石・鳥羽(2001b), 60 頁。

文化,経済,法律,政治,そして流通機構に規定される。

　白石・鳥羽 (2001b) は,ある国・地域における業態特性・補助技術の優位性が,小売知識のソフト的側面との相互関係に規定されると主張し,環境要因による小売知識の有効性と効率性への影響を強調している。そのため,小売企業の海外出店を,A,B,Cを通じるシステム(小売知識)の移転と見なす場合,現地の環境条件に主体的に対応することで,①'+②'+③'のシステムを柔軟に創造する能力こそ,現地市場における成功の必要不可欠な要素であると指摘している。

　また,小売知識移転の経験がフィードバック・プロセスを通じて,小売企業の知識として蓄積され,その後の展開に貢献する重要な要素となるという。そして,図表 2-7 における分析対象はスーパーマーケットに限定されているが,この移転モデルは他の業態にも有効であろうと述べている[97]。

---

97) 白石・鳥羽 (2001b), 60-62 頁。

②組織要因を強調する人的資源管理と吸収能力の視点

Minbaeva et al. (2003) は，アメリカ，ロシア，フィンランドで事業活動を展開している，複数の産業にわたる多国籍企業の現地子会社 168 社をサンプルに，人的資源管理のプラクティス，従業員の吸収能力と現地子会社への知識移転との関係性を検討している[98]。

Minbaeva らは，文献レビューをもとに，図表 2-8 のような国際知識移転モデルを構築している。仮説 1 とは，「従業員の能力と動機づけの相互作用は，現地子会社への知識移転の水準を高める」[99] ということである。吸収能力には能力と動機づけが含まれる。能力は従業員の事前知識の水準を意味し，従業員の教育的背景や仕事に関連した技能などによって測定される。動機づけは知識の吸収努力の程度を意味する。既存研究では，従業員が知識を吸収する能力が高くても，動機づけが弱いあるいは不在の場合，吸収した知識を活用する能力が低下すると実証されている。そのため，知識移転の水準を高めるためには，能力と動機づけの両方が不可欠である[100]。

人的資源管理のプラクティスは，従業員の能力に影響を与えるものと，従業員の動機づけに与えるものに大別することができる。企業の競争優位は適切な能力を備えた人材の獲得と配置に依存する。能力／成果評価システムは，従業員にフィードバックを提供し，企業のニーズに合致した方向で従業員の能力向上を導く。また，従業員に自己啓発や技能習得のプログラムを提供することも，従業員の能力を高めるうえで重要である。そのため，仮説 2 では，「能力／成果評価とトレーニングは，従業員の能力向上と正の関係にある」[101]，と仮説している。

従業員の能力を発揮させるには，従業員に動機づけを提供しなければならない。人的資源管理のプラクティスのうち，能力に応じた内部昇進制度や成果に応じた報酬支給制度の導入とその公平な運営が，有効な動機づけとなる。それ

---

98) 複数の産業は，具体的に卸売業と小売業，金属工業と電子工業，食品産業とパルプ製紙工業，化学工業，金融サービス業，ホテルと輸送業を含む。多国籍企業の出身国は，日本，アメリカ，ドイツ，スウェーデン，フィンランドである（Minbaeva et al. 2003, p.591)。
99) *Ibid.*, p.589.
100) *Ibid.*.
101) *Ibid.*, p.590.

図表 2-8 人的資源管理・吸収能力と国際知識移転

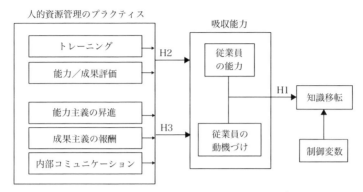

出典：Minbaeva et al. (2003), p.591 の図 1 を一部修正[102]。

に加え，企業の戦略や業績などに関する情報共有は，組織に対する従業員の信頼とコミットメントを促進し，従業員の動機づけにもつながる。そのため，仮説3では，「成果主義の報酬，能力主義の昇進および内部コミュニケーションは，従業員の動機づけと正の関係にある」[103]，と仮説している。

仮説を検証した結果，仮説2の大部分が支持された。トレーニングが従業員の能力向上に大きく影響するのに対して，能力／成果評価が能力向上に与える影響が比較的に弱かった。仮説3に関しては，成果主義の報酬と内部コミュニケーションが，従業員の動機づけと有意な正の関係にあることは確認されたが，能力主義の昇進が有意ではなかった。仮説1に関して，従業員の能力と動機づけは知識移転と正の関係にあるが，有意ではなかった。しかし，能力と動機づけの相互作用は，知識移転と極めて強い正の関係を示した[104]。

Minbaeva らの研究は，従業員の能力と動機づけを揃えた場合，知識の国際移転を促進するという結論が示唆的である。さらに，従業員の能力向上と動機づけに有効と思われる人的資源管理のプラクティスを示したところも評価すべ

---

102) 一部修正とは，左側を「人的資源管理のプラクティス」に括ったことである。
103) Ibid., p.591.
104) Ibid., pp.594-596.

きところである。特に，後者は小売知識の国際移転に大きな示唆を与えている。小売知識の国際移転に関する既存研究は，国際移転を阻止する，または促進する要因分析にとどまっている。労働集約型産業の典型ともいえる小売業にとって，知識移転が成功できるかどうかは，そこで働いている従業員が知識を獲得，消化,変換,活用できるかどうかに大きく依存している[105]。そういう意味では，現地子会社がどのように現地社員の吸収能力を高めるのかを解明するのは，今後の重要な課題である。

③規定要因全般を含む包括的な視点

金（2008）は製造企業における経営管理方式の海外移転の可能性モデルを応用し，小売知識の国際移転可能性と小売企業の国際化戦略に関するモデルを開発している（図表2-9）。そのモデルには，小売知識の国際移転を規定する環境要因，組織要因および知識属性が組み入れられている。縦軸は，移転対象となる小売知識が，小売知識を規定する決定要因に影響される程度の指標であり，横軸は，小売知識をマニュアル化する可能性の指標である。

小売知識を規定する決定要因には，①特定の時代や国における個々人の思考・行動様式を意味し，または宗教，政治，法律，教育，文化などを内容とする文化構造，②経営者の意思決定を制約する経済過程，③企業内外諸組織の管理方式や経営者の意思決定または従業員の意識動向が含まれる。文化構造と経済過程は環境要因であり，企業内外諸組織は組織要因と環境要因の両方を含む。横軸は，小売知識の知識属性と関連する指標である。チェックアウト・システムやカタログ制作などの技術依存型小売知識の場合，機械そのものであり，マニュアル化の度合いが高い。一方の小売コンセプトや哲学などの管理依存型小売知識の場合，人間に内在化されており，暗黙性が高く，マニュアル化の度合いが低い。

移転対象となる小売知識がマニュアル化可能なのかどうか，とそれを規定する決定要因の依存度合いによって，小売知識の国際移転可能性が異なる。した

---

105) Zahra and George は，吸収能力には獲得，消化，変換,活用という4つの側面があると指摘している（Zahra and George 2002, pp.189-190）。

がって，その移転プロセスも異なってくる。小売知識の国際移転プロセスは，規定する決定要因の依存度合いとマニュアル化の度合いをもとに，不完全適用プロセス，適応プロセス，適用プロセス，不完全適応プロセスの４つのプロセスに分類することができる。小売知識を規定する決定要因の依存度合いが高いほど，マニュアル化の度合いが低いほど，小売知識の国際移転可能性が低くなり，小売知識を現地に合わせて大幅な修正を加えなければならない[106]。

　金（2008）のモデルそのものは，小売知識の国際移転可能性の規定要因と知識移転プロセスの分類に注目しているが，４つの知識移転プロセスが標準化−適応化戦略とも密接している。すなわち，適用プロセスにおいては，本国の小売知識を現地に移転しやすく，大きな変更をせずに利用することが可能である。また，適応プロセスにおいては，本国の知識を現地に合わせて大幅に修正しないと移転が困難となる。言いかえれば，前者は標準化戦略に基づいた知識移転となり，後者は適応化戦略に基づいた知識移転となる。そして，不完全適用プロセスと不完全適応プロセスは，標準化と適応化の融合となる。

　第２章で概観したように，小売知識の国際移転研究は，小売知識の国際移転可能性の規定要因を中心に，小売知識の分類や，国際移転の方法と方向，および各種の規定要因を組入れた国際移転モデルの構築など幅広く展開されてきた。規定要因を解明することは，小売知識の国際移転を促進する政策や組織作りに示唆を与えるため，小売企業の国際化に大きく貢献するといえるだろう。しかし，現地子会社がどのように現地社員の知識吸収能力を高めるのかは，ほとんど解明されていない。

　前述したように，労働集約型産業の典型ともいえる小売業にとって，知識移転が成功できるかどうかは，そこで働いている従業員が知識を獲得，消化，変換，活用できるかどうかに大きく依存している。国際小売企業は海外に出店した後，現地市場で店舗の管理・運営に必要な小売知識を現地社員に移転することは，現地事業の業績に大きく影響する。そのため，小売国際化研究は，現地子会社の人的資源管理を解明する必要がある。小売国際化研究の課題に関して

---

106) 金（2008），88-100頁。

図表 2-9　小売知識の国際移転可能性と国際化戦略

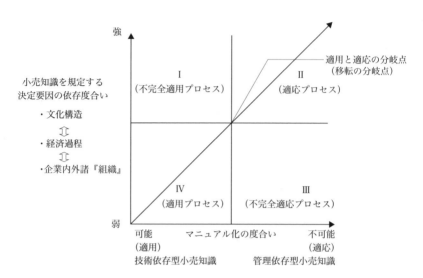

出典：金（2008），97頁。

は，第4章の課題析出にて改めて検討する。

　第1章と第2章は，小売国際化に関する重要な行動次元である海外出店と知識移転を検討してきた。小売企業が製造業者や卸売業者から商品を仕入れ，消費者に再販売する業者であるかぎり，販売とともに商品調達が業務の中核である。そのため，小売国際化を考える際に，商品の国際調達も重要な側面となる。業態によって取引先ネットワークが国際化する際に最も移転しがたい経営資源であることを考えれば，国際調達研究が現地子会社の調達にも示唆が期待できる。第3章では，商品の国際調達を検討する。

第3章　国際調達

　小売企業の国際的な行動には「外への国際化」と「内なる国際化」の2つの方向がある。海外出店，国際知識移転，国際調達と照らし合わせて考えると，海外出店活動は，本国小売企業の海外市場進出と，海外小売企業の本国市場参入に大別することができる。同一企業の海外出店活動の考察においても，「外への国際化」に属する場合と，「内なる国際化」に属する場合がある。例えば，ウォルマートの日本市場進出は，日本の研究者にとって「内なる国際化」であり，アメリカの研究者にとって「外への国際化」である。そのため，海外出店に関しては，「外への国際化」および「内なる国際化」の研究で共通しているところが多い。そして，ともに数多くの研究が蓄積されている。

　同様のことは国際知識移転にもいえる。日本の小売企業が現地子会社への知識移転は，日本の研究者にとって「外への国際化」であり，受入国の研究者にとって「内なる国際化」である。そのため，国際知識移転に関しても，「外への国際化」および「内なる国際化」研究では共通しているところが多い。そして，海外出店ほどではないが，国際知識移転に関する「外への国際化」および「内なる国際化」研究もある程度蓄積されている。

　海外出店と国際知識移転に関しては，「外への国際化」と「内なる国際化」のいずれも研究されてきたが，国際調達に関してはもっぱら「内なる国際化」に注目されている。なぜならば，小売企業が海外から商品を輸入するのが普通であるが，現地子会社への商品提供を除き，商品を海外に輸出することは一般的でないためである。

　本章では，国際調達の「内なる国際化」研究を考察する。まず，国際調達の歴史を確認したうえで，国際調達の方法と段階を検討する。次に，国際調達戦略，国際調達先の変更および国際調達にともなう企業の社会的責任という順で，

94

国際調達研究で最も注目されてきたテーマを精査する。先行研究の検討によっ
て，国際調達で解明された点，あるいは解明されていない点を明らかにし，第
4 章における課題析出のための準備を行う。

第 1 節　国際調達の歴史

1　ヨーロッパにおける国際調達の歴史

　小売企業が海外から商品を調達することは珍しくはない。Dawson（1993）
によれば，小売企業は，低価格商品の入手，品揃えのバラエティの強化，高品
質商品の調達および商品の入手可能性の確保を理由に国際調達を行っている。
また，Dawson（1993）は，小売企業の国際調達が，情報運輸技術の発達と国
際連携や共同調達機関の設立によって，促進されていることを指摘している[1]。

　図表 3-1 は，1918 ～ 1990 年までヨーロッパの食料品小売における共同調
達機関の一覧表である。これらの共同調達機関には，一国内の複数小売企業
によって構成された機関に加え，複数国の小規模小売企業によって構成され
た機関や，大規模小売企業によって構成された機関など，様々な形態がある。
EU 単一市場誕生によって生まれる調達上の機会への対応や，国際調達の有効
化と効率化，PB 商品の開発など多様な要因によって，共同調達機関の設立が
1980 年後半以降に急増している[2]。

　食料品小売のみならず，百貨店においても商品調達の相互支援機関が設立
された。例えば，1946 年，フランスのオー・プランタン（Au Printemps），ボ
ン・マルシェ（Bon Marché），そしてスイスのイェルモリ（Jelmoli）が主導し
て設立されたコンチネンタル・デパートメントストア・グループ（Continental
Department Store Group）は，ローザンヌに本部を置き，ヨーロッパ諸国のみ
ではなく，南アフリカ，オーストラリア，ブラジル，日本，ガーナなどの諸国
にも会員を持ち，会員の国際調達を支援していた。また 1959 年，ドイツのヘ

---

1)　Dawson (1993), pp.19-24.
2)　*Ibid*., pp.21-22.

第3章　国際調達　95

図表 3-1　ヨーロッパの食料品小売における国際連携および共同調達機関

設立年	機関名	設立年	機関名
1918	Nordisk Andelsforbund	1989	Associated Marketing Services
1957	Eurocoop	1989	Cooperation Européenne de Marketing
1968	Distributeurs Français	1989	Deuro
1971	Intercoop	1989	Eroupean Marketing Distribution
1973	Intergroup Trading	1989	Eroupean Retail Alliance
1988	Eurogroup	1989	Independent Distributors Association
1988	Interbuy	1990	Buying International Gedelfi/Spar

出典：Dawson（1993），pp.23-24 の表 2.2 より筆者作成。

図表 3-2　西ヨーロッパにおける国際的ボランタリー・チェーン国別参加小売店数

（食料品[※1]）

国	スパー	ベゲ	セントラ	ビボ	ティップ
オーストリア	1,934	193	—	—	1,021
ベルギー／ルクセンブルグ	1,085	2,675	3,600	1,600	1,210
デンマーク	959	—	900	—	—
西ドイツ	11,232	5,720	5,500	9,840	6,800
フィンランド	857	—	—	—	—
フランス	7,036	5,005	1,000	1,000	635
アイルランド	250	227	400	—	—
イタリア	2,263	5,578	—	1,000	—
オランダ	1,774	1,518	1,200	2,160	1,920
ポルトガル	400	—	—	—	—
スウェーデン	—	—	—	1,500	—
スイス	—	1,602	—	—	—
スペイン	5,519	4,620	—	—	—
イギリス	3,478	2,875	2,000	2,600[※2]	—
合計	36,787	30,013	14,600	19,700	11,050

※1：1966/1967 年後半における各チェーンが提供した情報に基づいている。
※2：合併によってこの数字より数が少ない。
出典：Wilkens（ed.）（1967），p.23.

ルムート・ホーテン（Helmut Horten）とフランスのボン・マルシェによって設立されたユーロピアン・アソシエイト・オブ・デパートメントストア（European Association of Department Store）には，スイス，ノルウェー，イギリス，ポルトガル，デンマーク，アイルランドの百貨店が各 1 社加盟し，仕入活動の相互支援を中心とした協力を行っていた[3]。

食料品小売では，図表 3-2 のように卸売企業が主宰した国際的なボランタ

3）鈴木（1968），117-118 頁。

リー・チェーンも小売企業の国際調達を促進している。スパー（SPAR）は，1932年にオランダの卸売企業が設立した，西ヨーロッパにおける最初のボランタリー・チェーンである。その後，同じオランダでベゲ（Végé）とセントラ（Centra）が設立された。1933年にはスパー，ベゲ，セントラに加盟したオランダの食品小売店が8,400以上を超えた。第二次世界大戦後，食料品の国際的ボランタリー・チェーンがさらに発展し，1967年時点で，スパーが12ヵ国3万6,787店舗，ヘゲが10ヵ国3万13店舗，セントラが7ヵ国1万4,600店舗，ビボ（VIVO）が7ヵ国1万9,700店舗，そして，ティップ（TIP）が5ヵ国1万1,050店舗を有する組織へと成長した[4]。

これらの国際的ボランタリー・チェーンは，西ヨーロッパの食料品小売における比重が高く，1964年に西ドイツでは市場の37.2%，オーストリアでは約35%を占めていた。国際的ボランタリー・チェーンの設立と運営によって，単独では国際調達ができない小規模な食品小売店も国際調達のメリットを享受できるようになった。さらに，スパーとベゲは，それぞれ西ヨーロッパ市場向けの共通ブランド，スパー–ユーロ（SPAR-Europ）とユーロ–ベゲ（Euro-Végé）を設立し，PB商品の開発に力も入れるようになった。また，商品調達に関する諸政策の意思決定が中央本部によって集中的に調整されていた[5]。

食料品ほど発達していなかったが，1960年代の西ヨーロッパでは他の分野における国際的ボランタリー・チェーンも設立されていた。例えば，繊維製品において，フランス出身の国際的ボランタリー・チェーンであるユーロセルディス（Euroseldis）が，フランス，ベルギー，ドイツ，オーストリア，スイスに56の卸売業者と2,400の小売業者を組織していた。金物においては，ベルギー出身の国際的ボランタリー・チェーンであるカテナ（Catena）が，ベルギー，フランス，ドイツ，オーストリアに40の卸売業者と1,800の小売業者を組織していた[6]。

---

4) Wilkens (ed.) (1967), pp.21-23.
5) *Ibid.*, pp.22-25.
6) *Ibid.*, p.25.

第 3 章 国際調達 97

　以上のように，ヨーロッパでは国際連携や共同調達機関，または国際的ボラ
ンタリー・チェーンの設立と活動によって，小売企業の国際調達が促進されて
きた。次に日本における小売企業の国際調達を概観する。

2　日本における国際調達の歴史

　日本における小売企業の国際調達は，1985 年のプラザ合意に端を発した円
高の進行や，日米構造協議のもとで展開された大規模小売店舗法の規制緩和を
背景に，活発になった[7]。海外からの商品調達は，直接輸入と間接輸入に大別
することができる。直接輸入には，直接の開発輸入とそれ以外の直接輸入があ
る。直接の開発輸入は，小売企業が自社の規格・仕様に基づいて，海外メーカー
に生産させ，その商品をメーカーから直接輸入することである。それ以外の直
接輸入は，海外で生産された商品を，小売企業が卸売企業や商社などを通さず，
メーカーから直接輸入することである。間接輸入は，卸売企業や商社を通じて
商品を輸入することである。間接の開発輸入は，小売企業が開発した商品を卸
売企業や商社などを通じて輸入することである[8]。

　図表 3-3 は，1985 年のプラザ合意以降の消費財輸入額の推移である。円高
の進行は商品輸入のメリットを拡大させるものであり，総輸入額に占める消費
財輸入の比率は，1986 年の 23.1% から 1996 年には 32.8% へと拡大している。
同期間において，非耐久消費財の割合が 3.6% から 8.9% へ，耐久消費財が 3.6%
から 9.3% へとそれぞれ拡大し，消費財分野で広く輸入の増加傾向が観察され
ている。

(1) 百貨店の国際調達状況

　1985 年のプラザ合意以降，消費財輸入の増加傾向は，大手小売企業の代表
である百貨店の商品輸入の増加に反映されている。図表 3-4 は百貨店におけ
る商品輸入の概要である。

---

7)　保田 (1997)。
8)　加藤 (1996), 46 頁。

図表 3-3 消費財輸入額の推移

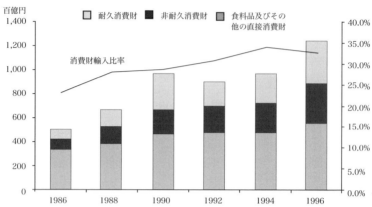

単位：(百億円, %)

	1986	1988	1990	1992	1994	1996
食料品及びその他の直接消費財 (a)	341.1[※1] (15.8)	387.3 (16.1)	467.0 (13.8)	474.0 (16.1)	474.7 (16.9)	554.8 (14.6)
非耐久消費財 (b)	78.6 (3.6)	137.8 (5.7)	204.6 (6.0)	225.6 (7.6)	246.9 (8.8)	337.5 (8.9)
繊維製品	54.4	93.1	134.5	149.4	163.7	224.6
耐久消費財 (c)	77.3 (3.6)	152.7 (6.4)	293.7 (8.7)	212.8 (7.2)	239.1 (8.5)	353.4 (9.3)
家庭用品	4.5	6.8	9.9	9.0	10.4	13.4
家電機器	3.6	14.3	18.1	21.7	28.0	93.8
乗用車	18.1	38.8	89.4	63.3	71.1	111.5
玩具・楽器類	16.7	18.4	29.5	30.5	30.0	44.5
食料品 + 消費財 (a) + (b) + (c)	497.0 (23.1)	677.9 (28.2)	965.3 (28.5)	912.3 (30.9)	960.7 (34.2)	1245.7 (32.8)
輸入総額	2155.1 (100.0)	2400.6 (100.0)	3385.5 (100.0)	2952.7 (100.0)	2810.4 (100.0)	3799.3 (100.0)

※1：( ) 内は輸入総額に占める比率である。
出典：大蔵省『外国貿易概況』1987・1990・1993・1996より筆者作成。

総売上高に占める輸入品売上高の比率が年々高まっており，輸入品のうち，特に開発輸入品の伸び率が顕著である。また，間接輸入は相変わらず主流であるが，その比重が下降傾向にある。

第 3 章　国際調達　99

図表 3-4　百貨店における商品輸入概要

	総売上高に占める輸入品売上高比率 (%)	輸入品売上高 (億円)	直接輸入比率 (%)	間接輸入比率 (%)	開発輸入比率 (%)
1985 年度	6.6	4,318	26.7	73.3	2.4
1986 年度	7.0	4,917	24.5	75.5	2.6
1987 年度	7.6	5,910	26.2	73.8	3.7
1988 年度	8.3	6,956	29.4	70.6	5.4
1989 年度	8.9	8,562	33.3	66.7	6.1
1990 年度 (見通し)	10.1	10,153	37.0	63.0	6.9

出典：日本百貨店協会『全国百貨店の輸入品販売の現状と見通し』1989 より筆者作成。

図表 3-5　百貨店における直接輸入品売上高の商品別構成比

	直接輸入品売上高 (億円)	構成比 (%)				
		衣料品・ファッショングッズ	身の回り品・日用雑貨	家電・家具・インテリア・家庭用品	食料品	その他 (美術・工芸品等)
1985 年度	1,154	40.6	20.9	13.7	13.1	11.7
1986 年度	1,204	38.8	17.4	7.5	11.2	25.1
1987 年度	1,549	41.0	11.4	7.8	9.3	30.5
1988 年度	2,047	35.8	11.2	7.2	7.8	38.0
1989 年度	2,851	34.3	10.8	6.6	6.9	41.4

出典：日本百貨店協会『全国百貨店の輸入品販売の現状と見通し』1989 より筆者作成。

　輸入品の内訳を見ると，図表 3-5 で示しているように，衣料品・ファッショングッズは一貫して主要な直接輸入品である。それに対して，美術・工芸品など奢侈品の直接輸入はバブル経済や急激な円高を背景に大幅に増加し，同時期の直接輸入率の増加につながっている。ここでは掲載していないが，1990 年代に入ると，バブル経済の崩壊にともなう消費不況と消費者の低価格志向によって，高額商品が販売不振となり，美術・工芸品などの輸入が 1989 年をピークに急速に減少した。その影響で百貨店における直接輸入比率は，1989 年の33.3% から 1994 年には 21.9% へと大幅に減少している[9]。

---

9)　保田 (1997)，415-418 頁。

100

図表 3-6　百貨店における開発輸入品売上高の商品別構成比

	開発輸入品売上高(億円)	構成比（%）				
		衣料品・ファッショングッズ	身の回り品・日用雑貨	家電・家具・インテリア・家庭用品	食料品	その他(美術・工芸品等)
1986 年度	126	83.8	2.0	4.3	9.9	−
1987 年度	217	80.1	2.5	7.4	9.4	0.6
1988 年度	375	87.6	3.6	4.6	4.0	0.2
1989 年度	523	83.4	5.4	7.4	3.4	0.4
1990 年度(見通し)	706	80.0	9.2	7.3	3.1	0.4

出典：日本百貨店協会『全国百貨店の輸入品販売の現状と見通し』1989 より筆者作成。

　開発輸入品の内訳を見てみると，図表 3-6 で示しているように衣料品・ファッショングッズが 8 割以上を占めている。開発輸入品の輸入形態に関しては，直接輸入が 6 割以上を占めており，主要な輸入形態である[10]。

(2) チェーンストアの国際調達状況

　大手小売企業のもう 1 つの代表であるチェーンストアの商品輸入も増加している。図表 3-7 で示しているように，1991 年度から 1994 年度にかけて，チェーンストアの総売上高における輸入品総売上高の比率は 9.5% から 12.0% に上昇している。また，総売上高の平均伸び率が約 1.5% にとどまっているのに対して，輸入品総売上高の平均伸び率は 10.2% に達している。百貨店と異なり，スーパーマーケットなどのチェーンストアはバブル崩壊後も輸入品総売上高を増加させている。これは，チェーンストアは必需品を中心とした品揃えの構成であることに加え，商品輸入の最大の動機が「国内品に比べて，ほぼ同質品であっても価格が安い」ことにあり，低価格商品の輸入はバブル崩壊後の消費者の低価格志向に合致していたからである[11]。

　輸入品のうち，特に間接輸入の開発輸入の伸び率は顕著であり，30% 以上

---

10) 日本百貨店協会『全国百貨店の輸入品販売の現状と見通し』1989, 13 頁下段にある表より算出。
11) 流通問題研究協会編（1994），24-25 頁。百貨店は高額な海外ブランド品を中心に輸入し，チェーンストアは安価な必需品を中心に輸入している。その結果，百貨店の主要な輸入先は西ヨーロッパ諸国であり，チェーンストアの主要な輸入先は東・東南アジア諸国である。

第3章　国際調達　101

図表 3–7　チェーンストアにおける商品輸入概要

(単位：億円，%)

	1991年度	比率※1	1992年度	比率	1993年度	比率	1994年度	比率
総売上高	122,995	100.0	111,932	100.0	123,078	100.0	117,921	100.0
伸び率※2	7.4	–	1.3	–	1.6	–	-4.2	–
輸入品総売上高	11,742	9.5	12,762	11.4	13,750	11.2	14,141	12.0
伸び率	8.9	100.0	17.4	100.0	11.7	100.0	2.8	100.0
直接輸入品	3,633	3.0	3,558	3.2	3,389	2.8	3,884	3.3
伸び率	5.3	30.9	2.2	27.9	7.6	24.6	14.6	27.5
うち開発輸入品 (a)	2,785	2.3	2,666	2.4	2,855	2.3	3,020	2.6
伸び率	5.7	23.7	5.0	20.9	8.2	20.8	5.8	21.4
間接輸入品	8,109	6.6	9,204	8.2	10,361	8.4	10,257	8.7
伸び率	10.9	69.1	24.2	72.1	13.1	75.4	-1.0	72.5
うち開発輸入品 (b)	1,027	0.8	1,133	1.0	1,468	1.2	2,360	2.0
伸び率	20.0	8.7	12.8	8.9	36.7	10.7	60.8	16.7
開発輸入品売上高計 (a+b)	3,813	3.1	3,799	3.4	4,323	3.5	5,389	4.6
伸び率	9.4	32.5	7.2	29.8	16.5	31.4	24.7	38.1
対象社数 (回答率 %)	60 (44.1)		52 (37.1)		63 (46.0)		52 (39.1)	

※1：　上段は総売上高に占める比率であり，下段は輸入品総売上高に占める比率である。
※2：　伸び率は年次毎に実施した個別の調査結果によるものであるため，表中の売上高相互
　　　の比率と一致しない。
出典：チェーンストア協会『チェーンストアにおける製品輸入の実態調査報告書』1995年版，
　　　加藤（1996）および保田（1997）より筆者作成 [12]。

を記録している。開発輸入が急増している背景には，開発輸入による粗利益の向上や品揃えの差別化という小売企業の狙いや，円高の進行，海外メーカーの生産技術の向上などの促進要素がある [13]。

　輸入品総売上高の輸入形態を見てみると，直接輸入対間接輸入の比率は1991年度の30.9：69.1から1994年度の27.5：72.5へと変化し，間接輸入が高まっている。開発輸入の輸入形態においても，同じく間接輸入が高まっている傾向は見られる。開発輸入のうち，間接輸入が91年度の26.9%から，92年度の29.8%，93年度の34%，そして，94年度の43.8%へと推移している。

12) 原出典は，日本チェーンストア協会『チェーンストアにおける製品輸入の実態調査報告書』各年版であるが，1995年版（1993年度）しか入手することができないため，他の数値は，加藤（1996）と保田（1997）で掲載されたデータを使用した。
13) 田口（1989），59–63頁。

102

図表 3–8　チェーンストア輸入品総売上高の輸入形態別・品目別内訳（1994 年度）

(単位：億円，%)

	食料品	比率[※1]	衣料品	比率	住関連・その他	比率
品目別総売上高	54,516	100.0	29,625	100.0	33,780	100.0
伸び率[※2]	10.6	–	0.7	–	-23.8	–
輸入品総売上高	6,435	11.8	5,6921	19.2	2,014	6.0
伸び率	11.7	100.0	1.4	100.0	-15.3	100.0
直接輸入品	1,763	3.2	1,273	4.3	848	2.5
伸び率	31.2	27.4	-8.2	22.4	28.7	42.1
うち開発輸入品（a）	1,499	2.7	898	3.0	623	1.8
伸び率	36.4	23.3	-27.3	15.8	19.8	30.9
間接輸入品	4,672	8.6	4,419	14.9	1,166	3.5
伸び率	5.8	72.6	4.5	77.6	-32.1	57.9
うち開発輸入品（b）	793	1.5	1,334	4.5	233	0.7
伸び率	60.2	12.3	63.3	23.4	49.4	11.6
開発輸入品売上高合計（a+b）	2,292	4.2	2,232	7.5	865	2.6
伸び率	7.9	35.6	2.6	39.2	14.1	42.9

※1：　上段は品目別総売上高に占める比率であり，下段は輸入品総売上高に占める比率である。
※2：　伸び率は年次毎に実施した個別の調査結果によるものであるため，表中の売上高相互の比率と一致しない。
出典：保田（1997）より筆者作成[14]。

　田口（1989）で指摘されているように，直接輸入は，卸売企業などを通さないことで消費者ニーズに直結した短いチャネルによって価格の低下が期待できる反面，輸入通関手続きや，在庫，物流の負担，小口・多頻度仕入れができないこと，返品がきかないことなどのコストおよびリクスもともなう。そのため，直接輸入を積極的に利用する小売企業はまだ限定的である[15]。

　輸入品総売上高の品目別構成比を 1994 年度で見てみると，食料品が最も多く 45.5%，衣料品が 40.3%，住関連・その他が 14.2% である（図表3–8）。チェーンストア協会は，スーパーマーケットを中心とする団体であるため，食料品の比重が高くなる特徴がある。一方，品目別総売上高における輸入品販売額の比率を見てみると，衣料品が 19.2%，食料品が 11.7%，住関連・その他が 6.0% となり，衣料品における輸入品が最も多い。

14) 原出典は，日本チェーンストア協会『チェーンストアにおける製品輸入の実態調査報告書』1996 年版であるが，入手することができないため，保田（1997）で掲載されたデータを使用した。
15) 同上，58 頁。

第 3 章　国際調達　103

図表 3-9　1992 年度業態別 1 社平均輸入品売上高および対前年度伸び率

（単位：億円，%）

集計社数	総売上高	輸入品総売上高	対前年度伸び率	直接輸入品売上高	対前年度伸び率	開発輸入売上高	対前年度伸び率
百貨店（23 社）	3,296	262	-13.4	57	-30.0	15	-29.0
GMS（8 社）	8,171	1,060	9.6	373	0.6	314	5.2
スーパー（11 社）	911	40	12.3	20	17.4	5.2	23.9
CVS（2 社）	6,683	59	12.5	42	9.1	14	27.3
通販（3 社）	1,355	363	32.9	343	33.8	343	33.8
婦人服（7 社）	235	89	18.7	72	13.0	12	19.2
紳士服（6 社）	459	107	-2.6	37	6.8	21	8.7
HC（6 社）	570	19	32.9	11	64.1	4.8	38.1
家具（3 社）	107	14	41.9	10	39.1	10	40.9

出典：流通問題研究協会編（1994），20 頁の表 1 より筆者作成。

図表 3-10　1992 年度業態別輸入品売上高構成比

（単位：%）

集計社数	総輸入／総売上	直接輸入／総輸入	開発輸入／総輸入	開発輸入／直接輸入
百貨店（23 社）	8.0	21.6	5.7	26.7
GMS（8 社）	13.0	35.2	29.6	84.1
スーパー（11 社）	4.4	49.2	13.0	26.4
CVS（2 社）	0.9	71.8	23.7	33.3
通販（3 社）	26.8	94.5	94.5	100.0
婦人服（7 社）	37.8	80.9	13.5	17.3
紳士服（6 社）	23.2	34.6	19.6	56.6
HC（6 社）	3.3	56.6	25.3	45.3
家具（3 社）	13.7	72.7	71.4	96.9

出典：流通問題研究協会編（1994），21 頁の表 2 より筆者作成。

（3）業態別の国際調達状況

　小売企業の国際調達は業態によって，その程度と特徴が異なる。図表 3-9 は 1992 年度の各業態の 1 社あたりの平均輸入品売上高を示している。図表 3-10 は各業態の輸入品売上高構成比をまとめたものである。2 つの図表からわかるように，実店舗を持つ小売企業のうち，婦人服，紳士服といったアパレル専門小売企業は，総売上高における輸入品の割合が最も高い。一方の GMS[16] や百貨

16）ここでいう GMS とは，スーパーのうち，1991 年度年間売上高 2,500 億円以上の 13 社を指す（流通問題研究協会編 1994, 18 頁）。

店という総合小売企業は，輸入品総売上高が専門小売企業より高いが，総売上高に占める輸入品の割合は1割前後にとどまっている。また，輸入品総売上高の伸び率を比較しても，家具，ホームセンター，婦人服などの専門小売企業のほうが総合小売企業のそれを上回っている。その傾向は，直接輸入品と開発輸入品の伸び率を比較する際に，より一層顕著である。さらに，総輸入における直接輸入の割合を比較すると，専門小売企業のほうが直接輸入の割合が高い。

　以上のように，総合小売企業は総売上高の規模が大きいため，輸入品の売上高も大きく，小売企業の国際調達においては重要な位置付けを持っている。しかし，伸び率や輸入にあたって小売企業が主導的な役割を果たしているかどうかの視点から見る場合，専門小売企業は，より積極的に国際調達に取り組んでいることが読み取れる。

第2節　国際調達の方法と段階

1　国際調達の方法

　海外出店と関連させ，小売企業の商品調達方法を提示しているのは，向山 (1996) である。図表3-11 で示しているように，小売企業の商品調達方法を，どこで商品を調達するのかという商品調達地と，生産機能にどの程度で関与しているのかという生産機能遂行度の2つの分類軸で捉えている。商品調達地は国内と国外に分類し，生産機能遂行度を低関与と高関与に分類している。さらに，国内市場と海外市場という2つの販売空間の視点を加え，8つの商品調達方法を抽出している。ここでは，まず8つの商品調達方法の内容を確認してから，小売企業の国際調達方法を検討する。

　Phase1 は，納入業者依存型仕入である。小売企業は，国内で，しかも自ら生産機能にほとんど関与せずに商品を調達する。この調達手段は日本の伝統的仕入形態であり，百貨店やスーパーマーケットなどのほとんどの小売企業は卸売企業に仕入れを依存している。そのため，商品調達全体に占めるこの手段による調達の割合は相当高いといえる。

Phase2 は，通常輸入である。輸入品の取り扱いは，主にこの方法によって実現される。具体的な輸入方法には，卸売企業や商社などを介した間接輸入や，卸売企業や商社などを介さない直接輸入があるが，海外からの輸入品調達が通常輸入に該当する。

Phase3 は，PB 開発である。PB 開発は国内で商品を調達するものの，生産機能に関与する程度が深いことが特徴である。

Phase4 は，開発輸入である。小売企業が自社の規格・仕様に基づいて，海外メーカーに生産させ，その商品を輸入することである。

次に，海外出店と関連させた商品調達方法を見てみる。小売企業が海外に出店することは，販売空間を海外に拡大することを意味する。販売空間の拡大にともなって本社にとって現地子会社への商品供給が重要な課題となる。現地子会社に提供する商品は，本社がどのような方法で調達したのかによって，Phase5 の単純移出，Phase6 の買付移出，Phase7 の PB 海外供給，そして，Phase8 の自在開発に大別することができる。

単純移出は，本社が納入業者から調達した商品を現地子会社に提供することを指す[17]。買付移出は，本社が海外から輸入した商品を現地子会社に提供することである。PB 海外供給は，本社が国内で独自に生産したオリジナルブランドとしての PB を，自社の現地子会社に提供することである。自在開発は，小売企業が主導権をもって開発した商品を本国に持ち込まずに，現地に提供することを意味する。開発主体は本社と現地子会社の 2 つのパターンがある。前者は専門小売企業が採用する傾向が強く，後者は総合小売企業が採用する傾向が強い[18]。

---

17) 向山（1996）は，現地子会社のバイヤーが日本で買い付けた商品を本社経由で海外に持ち出す場合と，現地で進出した日系メーカーや日系卸売社からの買い付けも単純移出に分類している（向山 1996，179–180 頁）。すなわち，単純移出のポイントは，日系納入業者あるいは本国出身納入業者からの商品調達であり，その納入業者が海外に立地したとしても，商品調達地を国内に分類されている。

18) 同上，186–191 頁。本研究でいう専門小売企業が向山の「ワンコンセプト・限定品揃え型」小売企業に該当し，総合小売企業が「多製品型」小売企業に該当する。

106

図表 3-11　小売業の商品調達方法

		生産機能遂行度	
		低関与	高関与
商品調達地	国内	Phase1 納入業者依存型 仕入	Phase3 PB 開発
	国外	Phase2 通常輸入	Phase4 開発輸入

［販売空間＝国内市場］

販売空間の拡大

		生産機能遂行度	
		低関与	高関与
調達地	国内	Phase5 単純移出	Phase7 PB 海外供給
	国外	Phase6 買付移出	Phase8 自在開発

［販売空間＝海外市場］

出典：向山（1996），177 頁。

　以上のように向山（1996）は，まず国内・国外という商品調達地と，低関与と高関与という生産機能遂行度を軸に，国内市場における本社の商品調達方法を分類した。次に，海外に出店した場合，つまり，販売空間が海外市場になった場合，本社による現地子会社への商品供給方法を分類した。すなわち，向山は本社に基軸を置き，小売企業の商品調達（供給）方法を検討している。

　本社と現地子会社を分けて，それぞれの国際調達方法を考えてみよう。まず，本社と現地子会社には共に通常輸入と開発輸入の国際調達方法がある。現地子会社の開発輸入は，向山（1996）の分類にしたがうと，自在開発になるが，現地子会社の視点に基軸を置く場合，現地子会社が本国や現地以外の第三国で現地向けの商品を開発し，輸入するのは開発輸入となる。

　また，図表 3-11 の下段で示しているように，現地子会社の国際調達方法に

は，通常輸入と異なり，本社による商品供給も含まれる。本社による現地子会社への商品供給ほど一般的ではないが，現地子会社が多様な方法で調達した商品を本社に提供することも考えられる。そのため，本社にとっても，現地子会社による商品供給は国際調達方法の1つに数えられる。

本章第1節で述べたように，通常輸入には直接輸入と間接輸入があり，開発輸入には直接輸入で行われたものと間接輸入で行われたものがある。そのため，通常輸入と開発輸入を，直接輸入，直接の開発輸入，間接輸入，間接の開発輸入の4つに分類することができる。

以上のような商品調達方法の他に，1990年代後半から，インターネットをはじめとする情報化の進展にともなって，小売企業は電子商取引による商品調達を利用するようになった[19]。経済産業省の『平成17年度電子商取引に関する市場調査報告書』によれば，電子商取引には広義の電子商取引と狭義の電子商取引がある。広義の電子商取引は，「コンピューター・ネットワーク・システムを介して商取引が行われ，かつその成約金額が捕捉されるもの」[20]であり，狭義の電子商取引は「インターネット技術を用いたコンピューター・ネットワーク・システムを介して商取引が行われ，かつその成約金額が捕捉されるもの」[21]である。

日本における企業間電子商取引（B to B EC）の広義の電子商取引の市場規模は，2005年の224兆円から2015年の287兆円へと増加し，同時期の狭義の電子商取引の市場規模は，140兆円から203兆円へと増加している[22]。日本においては，小売企業と製造業者および卸売業者との電子商取引は，企業間電子商取引市場規模全体の1%にも達していないとはいえ，図表3-12で示しているように，その規模が次第に拡大している。

一方の欧米においては，大手小売企業が単独で，あるいは連携して，グロー

---

19) 関根（2001）；川端（2012），134-142頁。
20) 経済産業省『平成17年度電子商取引に関する市場調査報告書』，7頁。
21) 同上。
22) 経済産業省『平成17年度電子商取引に関する市場調査報告書』および『平成27年度我が国経済社会の情報化・サービス化に係る基盤整備（電子商取引に関する市場調査）報告書』。

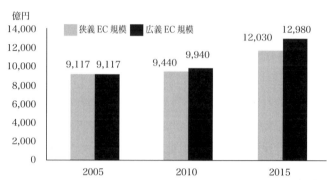

図表3-12 日本小売業における企業間電子商取引の市場規模

出典：経済産業省『電子商取引に関する市場調査報告書』2006・2011・2016 より筆者作成。

バルな規模でベストソーシングを求めて共同調達を行っている[23]。例えば，ウォルマートは1991年にリテール・リンクを構築し，1999年に電子商品調達を開始している。ウォルマートに対抗し，シアーズ・ローバックとアメリカのデータベース管理ソフトウェア大手であるオラクル（Oracle）は，2000年に，グローバル・ネットエクスチェンジ（GNX）を共同で設立し，フランスのカルフール，ドイツのメトロ，アメリカのクローガー（Kroger）などの複数国からの小売企業も参加し，共同調達を行っている。また，同じく2000年にはオランダのアホールドとイギリスのテスコが，ワールドワイド・リテール・エクスチェンジ（WWRE）を設立し，現在，20ヵ国からの60社の小売企業が参加し，共同調達を行っている[24]。

電子商取引による商品調達は，調達価格削減，コミュニケーションコスト削減，情報共有や新規取引機会拡大の効果，取引透明性の効果や経営スピードを向上する効果などの多様なメリットがある[25]。そのため，小売企業にとって，電子商品調達が国内および国際商品調達方法としての重要性が増すことが期待

---

23) 関根（2001），356-357頁；川端（2012），181-187頁。
24) "Members of the WorldWide Retail Exchange" http://wwre.globalsources.com/WWRE2.HTM, 2017年2月23日アクセス。
25) 川端（2012），148-149頁。

第 3 章　国際調達　109

図表 3-13　小売企業の商品調達方法

	本社の商品調達方法		現地子会社の商品調達方法
本国 国内	卸売業者や製造業者からの仕入れ 電子商品調達	現地 国内	卸売業者や製造業者からの仕入れ 電子商品調達
国際	直接輸入，直接の開発輸入 間接輸入，間接の開発輸入 現地子会社による商品供給 国際電子商品調達	国際	直接輸入，直接の開発輸入 間接輸入，間接の開発輸入 本社およびその他の現地子会社 　による商品供給 国際電子商品調達

出典：筆者作成。

できるだろう。

　図表 3-13 はこれまでの論考をもとに，本社と現地子会社の商品調達方法を
まとめたものである。小売企業は自ら計画した品揃えを形成するために，本社
も現地子会社も国内調達と国際調達を利用できる。本社にとっての国内調達は，
国内の卸売業者，および製造業者からの仕入れと，インターネットを経由した
卸売業者，および製造業者からの仕入れである。現地子会社にとっても同様で
あるが，卸売業者および製造業者が現地供給業者となる。国際調達の場合，本
社と現地子会社はともに，直接輸入，直接の開発輸入，間接輸入，間接の開発輸入，
国際電子商品調達を利用することができる。それに加え，本社と現地子会社と
の間の商品供給と商品受入も，両方にとって国際商品調達の手法の 1 つである。

2　国際調達の段階

　Dawson (1993) によれば，小売企業の国際調達を 4 つの段階に区分すること
ができる[26]。第 1 段階は，国内調達，あるいは，卸売業者を利用して海外から
商品を調達する段階である。第 2 段階は，小売企業の代理人を利用して海外か
ら商品を調達する段階である。第 3 段階は，本社のバイヤーを支援するために，
海外商品調達事務所を設置し，国際調達を行う段階である。第 4 段階は，商品
調達事務所の世界的なネットワークを構築し，このネットワークが情報供給，
品質検査，輸送手配および統合された調達サービスを提供する段階である。

　木立 (2003) も，小売企業の国際調達を 4 つの段階に区分している。第 1

---

26) Dawson (1993), p.25.

段階は，国内調達を中心とし，卸売企業を通して，部分的に海外商品を調達する段階である。第2段階は，商社などの貿易を専門とする仲介業者を通して，海外商品の調達を拡大する段階である。第3段階は，海外商品調達事務所を設置し，海外商品の調達を本格化させる段階である。第4段階は，世界的な商品調達事務所のネットワークを活用し，最適な地域から最適な商品を調達する段階である。

Dawson（1993）と木立（2003）の分類はほぼ同様である。第1段階では，小売企業が海外商品を取り扱うが，それが国内の卸売企業から仕入れるものに過ぎず，国内調達と変わらない。第2段階では，第1段階と同様に間接輸入を行うが，貿易専門の仲介業者を利用することになり，国際調達に対してより意欲的になる。そして，第3段階では，間接輸入ではなく，自ら輸入に携わるようになり，国際調達を本格化させる。最後は，世界中の調達ネットワークの構築と活用を通して，世界最適調達を行う。すなわち，第1段階から第4段階に近づくにつれて，小売企業は商品の国際調達への関与度が高まっていくのである。ただし，これら4つの段階は必ずしも下から順番に段階を上がっていくものではない。また，1つの段階ではなく，複数の段階をまたがることも考えられる。

第1節と第2節では，小売企業による国際調達の歴史およびその手法と段階を概観し，小売企業にとって，国際調達が品揃えを形成する上の1つ重要な手段であることを確認した。第3節以降は，具体的にどのようなテーマで小売企業の国際調達が研究されているのかを検討し，既存研究が解明していない課題を明示する。

第3節　国際調達戦略

国際調達戦略は，小売企業の国際調達研究で最も注目されているテーマである。国際調達戦略研究の多くは，どの国・地域，どの供給業者からどのように調達するのかといった意思決定を行う際に考慮すべき要素の析出または検証を

重視している。具体的には，①国内調達と国際調達の選択，②国際調達方法の選択，③調達先や供給業者の選択，④国際ロジスティクスの内部化と外部化の選択，⑤供給チャネルの後方統合の選択，といった意思決定への規定要因の解明に関心を寄せている。

　欧米において小売企業の国際調達を本格的に取り組んだ最初の研究は Liu and McGoldrick (1996) の研究である。Liu and McGoldrick (1996) は，製造業における国際調達研究の成果を用いながら，図表 3–14 のような小売企業の国際調達モデルを構築している[27]。そのモデルによれば，小売企業の国際調達の意思決定への規定要因は，推進要素と制約要素に大別することができる。推進要素はさらに，国内調達の魅力をなくすプッシュ要因と，国際調達を魅力的に思わせるプル要因および国際調達を容易に展開させる促進要因に細分化することができる。プッシュ要因には，国内の高い仕入価格や，国内供給業者の製品イノベーションが欠如していることなどが挙げられる。それに対して，プル要因には，国際調達による仕入価格の削減や，品揃えの多様化などが含まれる。また，促進要素には，共同国際調達機関の存在や輸送，通信技術の発展などがある。他方の制約要素には，文化，言語，政治的リスクをはじめとするソフトコストと，関税，為替レートを代表とするハードコストに大別することができる[28]。これらの推進要素および制約要素を考慮したうえで，小売企業は国際調達を行うかどうかを判断する。

　Liu and McGoldrick (1996) のような概念モデルを構築する研究がある一方，小売企業の国際調達戦略に関する多くの研究は，アンケート調査やケース・スタディを通じて，国際調達の意思決定に影響を与える規定要因の解明およびその検証に力を入れている。

　Lowson (2001) は，EU 加盟国の小売企業 50 社へのメールサーベイおよびインタビュー調査を通じて，国際調達が一般的に考えられるほど採算性に優れ

---

27) この製造業の国際調達研究に基づいたモデルは，小売業の国際調達の意思決定に大きな示唆を与えたとはいえ，小売業と製造業が相違する側面は多いため，そのまま適用することはできない (Dawson 1993, p.25；Dawson 2007, pp.382-387)。
28) Liu and McGoldrick (1996), pp.18-20.

図表 3-14　小売企業の国際調達モデル

推進要素		
プッシュ要因	プル要因	促進要素
国内価格 マージンやコストの圧力 少ない供給業者 パワーとコントロール 製品イノベーションの欠如	競争力のある価格 品質の改善 多様性の増大 安定した供給 為替 組織文化	国際小売：範囲の経済性 調達提携：規模の経済性 経済貿易ゾーン より良い輸送と通信手段

国際調達
政策 戦略 組織 ロジスティクス

戦略上の影響
競争力のある品揃え 差別化戦略 国際供給業者への圧力 海外市場における存在感 供給業者戦略への影響 業績の改善

制約要素	
ソフトコスト	ハードコスト
輸送時間 政治リスク 貿易障壁 文化 言語 ナショナリズム 倫理問題 品質管理 為替変動 検査手続き 原産国選好 契約条件	輸出税 為替コスト 国際輸送 国内運賃 保険 関税 商品陳腐化 仲買手数料 返品 信用状 輸送中の損害 技術的支援

出典：Liu and McGoldrick (1996), p.18.

た行動ではないと指摘している[29]。国際調達の最大のメリットは，国内と同品質の商品をより安価で調達することである。しかし，国際調達は仕入価格の引き下げに貢献すると同時に，他の調達コストを増加させる。アジア，アフリ

29) Lowson (2001), pp.545-549.

カ，中米および北米から商品を調達することは，ヨーロッパと比べて，リード
タイムが長いといったことのみではなく，注文変更や売り残した商品の返品な
どに対して柔軟な対応を受けられないといったこともある。Lowson（2001）
は，こういった柔軟性の欠如にともなうコストを軽視してはいけないと主張し，
小売企業がこれらのコストを真剣に考慮したうえで，調達戦略を立てなければ
ならないと強調している[30]。

　石崎・岩沢（1991）は，日本企業の主要な国際調達方法を開発輸入，開発
輸入を除く直接輸入，卸売業者委託の間接輸入，専門輸入業者委託の間接輸
入に分類したうえで，97社の日本企業に対するアンケート調査を実施し，国
際調達のメリットとデメリットを包括的にまとめている。図表3-15で示して
いるように，開発輸入のメリットは，上位から順に仕入コスト（35.1%），商
品差別化（34.0%），価格差別化（13.4%）が挙げられる。開発輸入を除く直接
輸入のメリットは，上位から順に商品差別化（32.0%），仕入コスト（25.8%），
品揃えの多様化（19.6%）が挙げられる。国際調達の最大のメリットには，開
発輸入と開発輸入を除く直接輸入とともに，仕入コストの削減と商品差別化が
挙げられる。一方，間接輸入に関しては，卸売業者委託と専門輸入業者委託が
共通して，品揃えの多様化（それぞれ24.7%と21.6%）とリスクヘッジ（それぞ
れ21.6%と15.5%）を上位のメリットとして挙げている。間接輸入は，仲介業
者がリスクを負担する反面，他の小売企業も利用することが可能であるため，
品揃えを豊富にすることができても，差別化が難しいことが特徴である。

　国際調達のデメリットに関しては，国際調達方法には関係なく，クイックデ
リバリーと返品条件が上位のデメリットとして挙げられている。この点は，前
述したヨーロッパ小売企業を対象にしているLowson（2001）の研究と共通し
ている。また，間接輸入と比較して，開発輸入と直接輸入における仕入先の探
索コストが，小売企業にとっての大きな負担であることが明らかである。

　すなわち，国際調達のメリットとデメリットは，小売企業の国際調達にする
のか，国内調達にするのかという意思決定を規定する。さらには，間接輸入が

---

30) *Ibid.*, pp.550-551.

図表 3-15 国際調達のメリットとデメリット

各 N=97 数値は %		開発輸入 (自社)	直接輸入 (開発輸入を除く)	卸委託 (間接輸入)	専門輸入業者 委託（間接輸入）
メリット	1	35.1	25.8	5.2	4.1
	2	4.1	2.1	6.2	11.3
	3	34.0	32.0	5.2	11.3
	4	0.0	1.0	21.6	15.5
	5	4.1	4.1	2.1	2.1
	6	6.2	19.6	24.7	21.6
	7	13.4	7.2	7.2	5.2
	8	1.0	1.0	0.0	8.2
	無回答	35.1	34.0	48.5	40.2
デメリット	1	2.1	1.0	1.0	0.0
	2	14.4	18.6	15.5	14.4
	3	18.6	15.5	7.2	6.2
	4	21.6	20.6	15.5	18.6
	5	21.6	19.6	11.3	23.7
	無回答	38.1	38.1	58.8	49.6

（メリット項目）
1. 仕入コスト 2. 安定供給　3. 商品差別化 4. リスクヘッジ 5. 円高差益
6. 品揃えの多様化 7. 価格差別化 8. 交渉力
（デメリット項目）
1. 低品質 2. 品質のばらつき 3. 仕入先探索コスト 4. クイックデリバリー 5. 返品条件

出典：石崎・岩沢（1991），79 頁より筆者作成。

リスク負担と仕入先の探索コストの面で最もデメリットが少ないことと，開発輸入と直接輸入が仕入コストの削減と商品差別化の面で最もメリットがあることは，具体的にどのような方式で国際調達を行うのかの意思決定を規定する。

　上記のように国際調達にはメリットがあるとともにリスクもともなう。メリットを享受し，リスクを可能な限り低減させるためには条件が必要である。木立（2003）は，日本のスーパーマーケットによる輸入野菜調達のケース・スタディを通じて，生鮮食品の国際調達条件を解明している。木立（2003）によれば，スーパーマーケット・チェーンは，商品の大量性，低価格性，品質差別性などの利益を獲得するために，国際調達に取り組んでいる。それらの利益を享受し，国際調達を行うために３つの条件が必要である。第１は，現地駐在事務所や現地店舗の設置などによる高い現地情報力の獲得である。第２は，日本の消費者が

求めている品質と安全性を確保するための現地生産過程への積極的関与である。第3は，サード・パーティの活用を含むロジスティクス力の強化である。それに加えて，小売企業の調達戦略は，品揃え戦略や顧客ターゲットによって規定されることを強調している。国際調達の最大のメリットは，大量の商品を低価格で獲得することである。低価格訴求やボリュームマーケットを重視する小売企業にとって国際調達の利点は大きいが，品揃えの深さや高品質での差別化を追求する小売企業にとって国内調達は不可欠で重要となる[31]。

Liu and McGoldrick (1996) は，環境要因に焦点を当て，小売企業の国際調達戦略の規定要因を考察している。それに対して，木立 (2003) は，小売企業の現地情報収集能力や，現地生産過程に主体的に関与する能力，または品揃え戦略や顧客ターゲットの設定といった組織要因に焦点を当て，国際調達戦略の規定要因を検討している。

Cho and Kang (2001) は，環境要因と組織要因の両方の視点から，国際調達戦略の規定要因を分析している。Cho and Kang (2001) は，アメリカのアパレル小売企業148社を対象にアンケート調査を実施し，国際調達のベネフィットとリスクを受けるかどうか，どの程度受けるのかは，商品の種類や調達量，小売企業の国際調達経験，総売上高における輸入品売上高の割合および調達先によって異なることを明らかにしている。例えば，婦人服を生産する供給業者間の競争が激しいため，小売企業は婦人服を調達する場合，子供服と比較して，より精度の高い納品，より容易な商品入手，およびより良い顧客サービスが受けられる。同じく調達量が多いほど，バイイング・パワーが発揮しやすいため，供給業者からより良いサービスを受けることができる。また，韓国や台湾からの調達と比較して，中国やインドから調達した場合，安価な商品を入手できるが，ロジスティクス上ではより大きなリスクを抱える。さらに，小売企業は国際調達経験が少ないはど，大きなチャレンジに直面するようである[32]。

Cho and Kang (2001) と同様にÅkesson et al. (2007) は，スウェーデン

31）木立 (2003), 226–232頁。
32）Cho and Kang (2001), pp.557-559.

116

のアパレル企業 116 社へのアンケート調査を通じて，国内調達にするのか国際調達にするのか，また，国際調達にする場合，直接輸入，間接輸入，あるいは自社の海外工場からの内部国際調達という調達方法の選択が，企業規模，企業の設立年数，企業が求める商品の品質と価格といった組織要因と，供給業者が提供する価格，品質，リードタイム，コミュニケーションといった環境要因によって異なることを明らかにしている。先進的な生産技術および高価な原材料を必要とする高品質商品については，ヨーロッパから調達する傾向があるが，比較的低品質・低コストの商品については，アジアから調達する傾向がある。アジアを主要な調達先とする企業は，ヨーロッパを主要な調達先とする企業と比べて，規模が大きいという特徴がある[33]。アジアの供給業者は低価格を提供するかわりに，より大きな最小ロットを要求するため，アジアを主要な調達先とする企業は大規模企業が多いということである。さらに，設立年数が長い企業は東ヨーロッパで自らの生産設備を持つ傾向があることに対して，歴史の短い企業はアジアの製造業者から直接輸入する傾向も見られている[34]。

　Paché（1998）は，フランスの食品小売企業 11 社を対象に，取引コスト理論を用いて直接輸入，間接輸入といった国際調達方法の選択および国際ロジスティクスの内部化と外部委託の選択を検討している。調査対象の多くは，標準化され繰り返されるような取引の場合に，製造業者から直接調達することに対して，製造業者に関する適切な情報を入手しにくい場合，すなわち，相手の機会主義的行動を十分に予測または監視できない場合に，貿易商や卸売業者を利用する傾向がある。国際ロジスティクスにおいても，自ら行うのか，市場契約で委託するのか，あるいは長期的なパートナーシップを持つ第三者に委託するのかを選択するには，取引コストと組織統合コストとの比較が必要である。そして，環境の不確実性と複雑性によって海外の契約者を正確に評価することが困難であることや，契約者と交渉する際に必要な専門技術や倉庫設備への投資も不可欠なため，国際ロジスティクスをめぐる取引コストが常に高いのである。

---

33) Åkesson (2007), pp.751-753.
34) *Ibid.*, p.756.

第3章　国際調達　117

その結果，実際に国際ロジスティクスをどのように行うのかは，多くの場合，組織統合コストによって決定される[35]。

　小売企業が国際調達を行う際に，国際調達業務や供給業者の管理業務などをすべて第三者に委託することが可能である。一方，海外の自社工場からすべての商品を直接輸入し，供給チャネルを完全に内部化することも可能である。Cho (2009) は，国際調達を行っているアメリカのアパレル小売業企業151社を対象に，同じく取引コスト理論を用いて，後方統合に関する意思決定の規定要因を検討している。

　検討の結果，取引コストと国際調達の後方統合との関係を，4つのパターンに大別できることを明らかにしている。第1に，小売企業の国際調達量が多い，すなわち規模の経済性が大きい場合，国際調達の後方統合が促進される。第2に，小売企業が求める商品を調達するには，企業特殊資産が必要で，かつ調達先との社会文化の差異が大きい場合，国際調達の後方統合が促進される。第3に，小売企業の豊かな国際調達経験は，後方統合を促進するのみではなく，企業特殊資産と後方統合，調達先との社会文化の差異と後方統合との正の関係を強化し，調達先のカントリー・リスクと後方統合との負の関係を緩和する。そして，第4に，小売企業が求める商品を調達するには，企業特殊資産が必要で，かつ調達先のカントリー・リスクが高い場合，国際調達の後方統合が抑制される[36]。

　図表3-16は小売企業の国際調達戦略に関する意思決定の規定要因をまとめたものである。意思決定の項目には，①国内調達と国際調達の選択，②直接輸入，間接輸入といった国際調達方法の選択，③調達先や供給業者の選択，④国際ロジスティクスの内部化と外部化の選択，⑤供給チャネルの後方統合の選択などが含まれる。これらの意思決定に影響を与える規定要因として，まず，国際調達のメリットとデメリットが挙げられる。次に，社会，文化，経済，技術などのマクロ環境と，国内外供給業者の特徴や，消費者の原産国選好などのミ

---

35) Paché (1998), pp.90-94.
36) Cho (2009), pp.280-283.

図表 3-16　小売企業の国際調達戦略に関する意思決定の規定要因

意思決定の項目			国内調達と国際調達の選択
			国際調達方法の選択
			調達先や供給業者の選択
			国際ロジスティクスの内部化と外部化の選択
			供給チャネルの後方統合の選択など
規定要因	国際調達	メリット	仕入コストの削減，商品差別化，品揃えの多様化
		デメリット	注文変更や返品をめぐる柔軟性の欠如，長いリードタイム，高い仕入先探索コスト
		環境要因	①カントリー・リスク，社会文化の差異などの環境不確実性と複雑性，為替，関税，経済貿易ゾーン，輸送・通信技術の発展 ②国内供給業者の数，国内供給業者の製品イノベーション，海外供給業者のパフォーマンス，海外供給業者の機会主義的行動 ③消費者の原産国選好
		組織要因	①企業規模，企業設立年数 ②組織文化，品揃え戦略，顧客ターゲットの設定 ③人的資源や物的設備などの企業特殊資産，組織統合能力，国内供給業者に対するパワーとコントロール，国際調達経験（現地情報収集能力，現地生産過程への関与能力，国際ロジスティクスの構築能力） ④国際調達量，総売上高における輸入品売上高の割合，国際調達したい商品の種類と特徴

出典：筆者作成。

クロ環境といった環境要因にも影響される。さらに，小売企業の規模や設立年数，組織文化と戦略，経営資源あるいは組織能力，国際調達の量や商品の種類と特徴などの組織要因にも影響される。

第4節　国際調達先の変更

　本章の第3節で述べたように，調達先の選択は，国際調達戦略に関する重要な意思決定の1つである。図表3-16で示されている多様な規定要因のもとで，小売企業はある地域または国を主要な調達先に選定する。しかし，ある地域または国が主要な調達先として選定されたとしても，主要な調達先としての地位をいつまでも維持できるものではない。とはいえ，調達先の変更は大きなコストおよびリスクをともなう。なぜならば，調達先の変更は，小売企業に新しい供給業者の探索や彼らとの協調関係の構築，または新しい商慣行や制度環

境への適応などを要求するからである。そのため，小売企業はさほどの理由が
なければ，安易に調達先を変更しない。しかし，それでも調達先の変更が発生
している。少ないながらもなぜ小売企業が調達先を変更するのかについての要
因を探究する研究は，いくつか存在する。これらの研究は共通して，調達先の
政治経済環境や貿易環境の変化と関連付けて，企業の調達先の変更を説明しよ
うとしている。

　1970年代から1980年代においては，アメリカのアパレル企業にとって，
香港，台湾，韓国が主要な調達先であった。しかし，こういった地域の経済成
長にともなう労働力の不足，人件費の増加，地価高騰によって，香港，台湾，
韓国のアパレル製造業者は，1990年代から労働集約型の組立工程をはじめ，
フルパッケージ機能を持つ工場まで中国，インドネシア，ベトナム，さらにイ
ンド，バングラディッシュ，スリランカなどへと移転しはじめたのである[37]。
他方，香港，台湾，韓国のアパレル製造業者は，自社製品のブランド構築およ
びそのマーケティングに経営資源を注ぐようになった。それと連動して，アメ
リカのアパレル企業の調達先も香港，台湾，韓国から他のアジア諸国・地域へ
と大きくシフトした[38]。

　同じくアメリカのテキスタイルおよびアパレル企業は，1994年のNAFTA（北
米自由貿易協定）発効にともなう関税およびクォーター制の撤廃を契機に，メ
キシコからの調達を大きく増加させた。1998年にメキシコは中国を超え，ア
メリカの最大のテキスタイルおよびアパレルの調達先へと躍進した。しかし，
その地位は2001年に中国のWTO（世界貿易機関）への加盟にともなって大き

---

37) 経済成長にともなう労働力の不足，人件費の増加，地価高騰の他に，関税やクォーター制による
　　輸出量への制限も香港，台湾，韓国の製造業者に工場を他のアジア諸国　地域に移転させる　要因
　　である（Gereffi 1999, pp.57-60）。
38) Gereffi (1999), pp.49-64. 単純に輸入先から見れば，アメリカのアパレル企業の調達先は，香港，
　　台湾，韓国から他のアジア諸国・地域へとシフトしたに見えるが，実際にはアメリカのアパレル企
　　業の取引相手の多くは相変わらず香港，台湾，韓国の製造業者である。すなわち，香港，台湾，韓
　　国の製造業者は，生産コストを抑えるために，工場を中国，インドネシア，ベトナムなどへと移転し，
　　純粋の供給業者からアメリカのアパレル企業と工場との間の調整役も務めるようになった（Ibid.,
　　p.60）。こういった事実からも窺えるように，調達先の変更が大変のコストとリスクをともない，
　　企業は安易に調達先の変更を行わないのである。

120

く揺るがされた。翌年の 2002 年に，中国はメキシコを逆転し，再びアメリカの最大のテキスタイルおよびアパレルの調達先となった[39]。

また，スペインの製造小売業[40] であるインディテックス社が展開しているファストファッションブランドの ZARA は，本国のスペインとポルトガルに生産拠点を置き，主要な調達先としている。ファストファッションであるため，調達先には少ロット，多品種，および短いリードタイムを特徴とする柔軟な生産能力が求められる[41]。そのため，ZARA は低賃金をもとにした仕入コストの削減よりも，柔軟性を重視し，本国と隣国のポルトガルを主要な調達先としている。しかし，発展途上国の産業高度化，すなわち高品質衣料品の生産能力が向上したのみではなく，ZARA が要求する柔軟な生産能力まで持つようになるにつれて，ZARA は調達先を次第にスペインとポルトガルから，周辺のモロッコやトルコ，さらに中国，インドネシア，ベトナム，インド，スリランカ，パキスタンへと移しつつある[42]。

小売企業がどの調達先を選択するのかは，調達先の社会，文化，経済および技術などの環境要因によって規定される。仕入先の探索コストが高いことは，多くの小売企業が挙げた国際調達のデメリットの1つである。そのため，一旦，ある調達先を選択したら，小売企業は安易に調達先を変更しない。一方，国際調達の最大のメリットは仕入コストの削減である。そのため，貿易協定による国際調達の障壁が軽減または撤廃された場合や，経済発展や技術進歩によって他の調達先も小売企業が求める生産能力を備えるようになった場合，小売企業は既存の調達先から，仕入コストを最大限に削減できる調達先に変更することもある。

---

39) Shelton and Wachter (2005), pp.320-325.
40) 鳥羽（2016a）によれば，「製造小売業とは，単独の企業が商品の企画や製造から販売に至るサプライチェーンのすべての段階に介入して垂直統合を図るものをいう。（中略）企画，製造，販売の工程を首尾よく統制する組織体制を構築し，需要動向に即応する機動的な資材調達や生産量の調整からコスト削減と機会損失の解消を図る。結果として低価格で良質な商品を販売すると同時に，固有のブランド・イメージを構築することにも繋げることを可能とする」（鳥羽 2016a，54 頁）。
41) ファストファッションとは，「世界の流行をいち早く察知し，それを反映させた商品企画，生産発注，縫製，物流，そして店頭での販売に至るまでの過程を迅速に実現するビジネス・モデル」（鳥羽 2016c，3 頁）である。
42) Tokatli (2008).

第5節　国際調達にともなう企業の社会的責任

　過去30年の間に，小売企業は大規模化とともに活発な国際活動を展開してきた。国境を越えた小売企業の経済活動は自国のみではなく，進出先や調達先の社会にも大きな影響を及ぼしている[43]。そのうち，小売企業の国際調達にともなう企業の社会的責任が1990年代に入ってから注目されている[44]。1990年代に，先進国の大規模小売企業による発展途上国での商品調達が，現地の深刻な労働問題や環境問題につながっていることは，メディアの報道や非営利組織のキャンペーンなどによって，先進国の消費者に知られることとなった。それにともなって，小売企業は海外の調達先においても社会的責任を果たさなければならない世論が高まった[45]。

　こういった世論の高まりを受け，多くの小売企業は，児童労働の禁止，安全衛生な労働環境の確保，労働搾取の防止などの倫理的行動を含む行動規範の策定および実行をもって，国際調達における社会問題に対応している[46]。例えば，GAPは1996年に，H&Mは1997年に行動規範を掲げている。また，ZARA，PULL&Bear，Bershkaなど複数のファストファッションブランドを展開しているインディテックス社は，40ヵ国以上に点在する1,725の供給業者が運営する6,298の工場から商品を調達し，2001年に国際調達における社会問題に対応するための行動規範を策定している。行動規範の遵守レベルを高めるために，インディテックス社は内部監査および外部の監査組織を利用し，工場監査を実施している。それに加え，主要な調達国では自社の商品調達と密接する分野に焦点を絞り，慈善活動を展開している[47]。

---

43) Coe and Hess (2005)；Shelton and Wachter (2005)；Coe and Wrigley (2007)；Tokatli (2008)；Tokatli et al. (2008).

44) 企業の社会的責任とは，「人権に配慮した適切な雇用や労働にかかわる条件，消費者への適切な対応，自然環境への配慮，そして地域社会への貢献（メセナやフィランソロピー）などについて，企業が果たすべき責任のことをいう」（鳥羽2016a，47-48頁）。

45) Hughes (2001)；Adams (2002)；Hughes et al. (2007).

46) Hughes (2001)；Adams (2002)；Pretious and Love (2006)；Hughes et al. (2007).

47) 鳥羽 (2016c)。

スウェーデン出身で家具や生活雑貨の製造小売業を展開するイケアは，国際調達における社会問題への対応に関して，インディテックス社と似たような活動を展開している。イケアは 2015 年に 50 ヵ国に点在する 978 の供給業者から商品を調達し，国際調達にともなう社会問題の非難を受け，2000 年に行動規範を掲げるようになった。行動規範の遵守状況を把握し，改善するために，世界の供給業者に共通した監査体制を整備し，また，専門職員が監査活動に携わっている。内部監査に加え，イケアは第三者の専門機関に監査を依頼し，独自の監査活動について客観性と信頼性を担保している。さらに，イケアは，イケアに多くの綿花を供給するインド北部の地域で，国際連合児童機関が主催する子供の人権を擁護するプロジェクトを支援し，自社の商品調達と密接に関わる社会問題を克服するためのプロジェクトに慈善活動を展開している[48]。

しかし，このような行動規範の実行にあたって，企業によって数多くの課題が存在する。まず，国際調達の担当者によって，倫理的査定に合格しない供給業者と取引しない企業もあれば，改善がなされれば取引を行う企業もある。その判断基準は必ずしも明確ではない[49]。そして，誰が供給業者を監督するのか，それにともなうコストは誰が負担するのかも定まっていない[50]。もしこれらの負担が供給業者に課されるとすれば，供給業者に対して圧倒的なパワーを持つ大規模小売企業が調達先で社会的責任を履行する期待に反することになる[51]。なにより，小売企業は自らと取引関係のある供給業者に行動規範を遵守させたとしても，他の無数に存在する二次，三次下請け会社を追跡することがそもそも不可能である[52]。

他のステークホルダーと連携して，倫理的貿易に取り組んでいる小売企業

---

48) 鳥羽（2016a），48–54 頁。鳥羽（2016a, 2016c）は，企業の社会的責任を果たす活動が，単なる社会問題の解決に貢献するのみではなく，企業の競争力向上にも貢献することを強調している。このような社会問題や社会的ニーズの解決を図ることで社会的価値を創造するのみではなく，それを企業の成長や発展に繋げることで経済的価値も追求する取り組みは，「共通価値の創造（Creating Shared Value）」をいい，近年では，CSR の進化形として大きな期待が寄せられている。

49) Pretious and Love (2006), pp.896-897.

50) Adams (2002), p.152 ; Hughes (2001), p.433.

51) Hughes (2001), pp.423-425.

52) Ibid., pp.432-433.

もある。イギリスでは，食品スーパーとアパレル関係を中心とする小売企業は，労働組合とNGOとともに，ETI（Ethical Trading Initiative）を結成している。この組織は，共同プログラムを通じて，倫理的貿易のベスト・プラクティスを開発しようとしている[53]。アメリカでは，国際調達における企業の倫理的貿易を監査するFLA（Fair Labor Association）やWRC（Worker Rights Consortium）といった複数のステークホルダーからなる組織が設立されている。さらに，これらの組織による国際連携の動きも見られる[54]。

しかし，こういった複数のステークホルダーからなる組織およびそれらの組織の国際連携による倫理的貿易への取り組みは，前述した行動規範を実行する際に生じる課題のみではなく，他の課題にも直面している。1つ目は，企業，労働組合そしてNGOといった複数のステークホルダーの立場が異なるため，すべてのステークホルダーの合意を得た行動規範の構築が難しいことである[55]。2つ目は，異なる文化・制度環境で生まれた組織には，それぞれの活動方針があるため，国際連携にあたって，コンフリクトが免れない。例えば，アメリカの組織は透明性を強調し，海外供給業者による行動規範の違反行為が発覚すれば，供給業者の名前，所在地，そして，その供給先の開示を要請する。しかし，イギリスのETIを含む他の組織は，この要求に応じないという問題が発生している[56]。

このように小売企業は，自社の国際調達に関わる社会的な非難を受け，調達先における社会的責任の履行に取り組んでいる。それが，小売企業が独立で構築した仕組みもあれば，複数のステークホルダーが共同で構築した仕組みもある。小売企業にとって，調達先における社会的責任の履行は，持続的な成長と発展を遂げるためには不可欠である。そのため，他のステークホルダーとのコンフリクトや二次，三次供給業者の監査問題，監査に関わる費用負担の問題など数多くの課題を解決するための更なる努力が必要であろう。

---

53) Hughes (2001).
54) Hughes et al. (2007).
55) Hughes (2001), pp.428-429.
56) Hughes et al. (2007), p.507.

第3章で概観したように，小売企業の国際調達研究は，国際調達の歴史，その方法と段階，国際調達戦略に関する意思決定の規定要因，選択した調達先を変更する要因および国際調達にともなう企業の社会的責任といったテーマを中心に展開されてきた。第1章の海外出店研究と第2章の国際知識移転研究と比較して，国際調達研究は，「内なる国際化」，すなわち，本社に基軸を置き，海外から本国への商品輸入に注目していることが特徴である。

しかし，本社に基軸を置く既存の国際調達研究は，専門小売企業の国際発展に大きく貢献するとしても，総合小売企業の国際発展にその貢献が限定的である。専門小売企業は本国で確立した業態を世界的に複製し，品揃えを高い水準で標準化している。そのため，本社は中央集権的に商品調達を行い，現地子会社に商品を供給することが可能である。すなわち，本社の商品調達は現地子会社の品揃え形成にも対応している。それに対して，総合小売企業は本国で確立した業態を現地に適応する必要があり，特に現地消費者の嗜好に直接影響される品揃えを大幅に修正しなければならない。そのため，本社による中央集権的な商品調達ではなく，現地子会社が主導権を持ち，現地の商品調達に取り組む必要がある。そのため，小売国際化研究は，総合小売企業の現地子会社が，どのように商品調達を行っているのかを解明する必要がある。小売国際化研究の課題に関しては，第4章の課題析出にて改めて検討する。

第4章　課題析出と分析視点および分析手法

第1章から第3章までは，小売国際化の主要な行動次元に関する先行研究を検討してきた。本章の第1節では，先行研究で解明されていない課題と本研究の研究課題を明示する。第2節と第3節は，本研究の研究課題を解明するための分析視点と分析手法をそれぞれ説明する。

第1節　課題析出

1　現地市場での発展プロセスの解明

図表4-1で示しているように，小売国際化は1つのプロセスである。海外に出店する前に，国際化するかどうか，もし国際化する場合，どこの市場にどのような様式で参入するのか，という意思決定を行う。実際に海外に出店した後に，現地子会社への知識移転や，マーケティング戦略の展開，また商品調達などの実施を通じて，現地市場で発展していく。そして，現地市場での業績不振などによって，海外事業を縮小し，時には現地市場から完全なる撤退を考える必要もある。

海外に出店した小売企業にとって，最も重要なテーマは，どのように現地市場で発展し，成功するのかということである。それと同様に，小売国際化研究にとって，現地市場での発展プロセスは最も重要な研究テーマともいえる。しかし，第1章から第3章まで概観した先行研究で明らかになったように，現地市場での発展プロセスははとんど解明されていない。

海外出店，国際知識移転および国際調達研究は，いずれも様々な意思決定に関する規定要因の解明に注目してきた。海外出店研究は，国際化する前の参入動機，参入市場，参入様式，そして，進出先からの撤退に関する意思決定への

規定要因を，環境および組織の2つの側面から解明した。国際知識移転研究は，小売知識の国際移転の成否と移転方法の選択への規定要因を，環境，組織，および知識属性の3つの側面から分析した。また，国際調達研究は，国際調達戦略や調達先の変更に関する意思決定への規定要因を，環境，組織，および国際調達のメリットとデメリットの3つの側面から検討した。

正しい意思決定をすることは，現地市場での発展に積極的な影響を与えることが考えられる。そういう意味では，意思決定に関する規定要因の研究は，現地市場での発展プロセスと無関係とはいえないが，直接示唆を与えない。

既存研究のうち，現地市場での発展と直接関わっているのは，標準化‐適応化問題を中心とする国際マーケティング戦略研究である。第1章第3節で述べたように，専門小売企業と総合小売企業に関係なく，現地子会社は，本国で確立した業態特徴が現地市場で有効性を持つ場合，それを標準化して活用している。そうでない場合，現地市場に適応し，業態特徴を修正している。国際小売企業の実態が標準化と適応化を同時に実践しているにもかかわらず，これまでの研究が，あまりにも標準化と適応化の枠組みに執着してきた[1]。

現地子会社は，現地市場で発展するためには，標準化‐適応化問題の他に，現地社員の人材育成，商品調達を円滑に行うための現地供給業者との関係構築など，様々な課題に取り組まなければならない。すなわち，現地市場での発展において，海外出店，国際知識移転，国際商品調達といった小売国際化の主要な行動次元はすべて関連する。それにもかかわらず，先行研究はもっぱら標準化‐適応化問題に注目し，国際マーケティング戦略によってもたらされた発展のプロセスに注目していない。

小売企業は現地市場で発展するために，最初は，現地市場に関する知識の獲得と学習，適応能力の向上と活用，企業ビジョンの浸透と実践に努める必要がある。そのうえで，ブランド構築や，立地と店舗の設計，販売チャネルと顧客関係の管理を展開しなければならない[2]。参入後の発展プロセスは極めて複雑

---

1) 鳥羽 (2009b)，32頁。
2) Frasquet et al. (2013), pp.1515-1522.

第4章　課題析出と分析視点および分析手法　127

図表4-1　小売国際化のプロセス

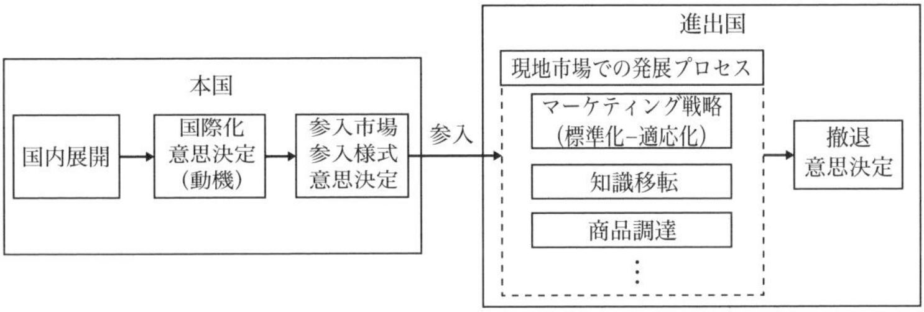

出典：筆者作成

であるため，参入後の発展プロセスを考察する必要がある。

　以上のように，現地市場における国際小売企業の発展プロセスを解明することは，小売国際化研究にとって重要な課題である。

2　現地社員の人的資源管理の解明

　第2章で概観したように，国際知識移転研究は，小売知識の国際移転可能性の規定要因を中心に，小売知識の分類や，国際移転の方法と方向，および各種の規定要因を組入れた国際移転モデルの構築など幅広く展開されてきた。既存研究は，小売知識の国際移転という現象に対する我々の理解を高めたのみではなく，小売企業に知識の国際移転を促進する政策や組織作りに示唆を与えるため，実務的にも大きな意味を持っている。

　しかし，既存研究では，知識移転の受け手である現地子会社の人的資源管理の視点から，小売知識の国際移転を分析している研究はほとんど見当たらない。

　小売業は労働集約型産業である。知識移転が成功できるかどうかは，そこで働いている従業員が知識を獲得，消化，変換，そして，活用することができるかどうかに大きく依存している。小売企業が海外に出店した後，現地市場で店舗の管理・運営に必要な小売知識が現地社員に移転することができるかどうかは，現地市場での発展に大きく影響する。

　鳥羽（2016b）は，イオンのグローバル戦略（標準化と適応化の融合）を検討し，

それを実施するうえで直面した大きな課題の1つが現地社員の育成であると指摘している。そのため，現地社員の人的資源管理は今後の重要な課題であると主張している。

第2章第4節で述べたように，自己啓発や技能習得などのプログラムの導入は，従業員の能力向上に貢献し，成果に応じた報酬支給制度の公正な運営および良好な内部コミュニケーションは，従業員の動機付けにつながる。すなわち，現地社員の能力と動機付けを促進する人材育成体制を構築すれば，現地子会社の知識吸収能力が高まると示唆している。しかし，既存研究では，現地社員の人的資源管理がどのように行われているのかは，ほとんど解明されていない。

以上のように，現地社員の人的資源管理を解明することは，小売国際化研究にとって重要な課題である。

3　国際総合小売企業の現地調達の解明

第3章で概観したように，小売企業の国際調達研究は，国際調達の歴史，その方法と段階，国際調達戦略に関する意思決定の規定要因，選択した調達先を変更する要因および国際調達にともなう企業の社会的責任といったテーマを中心に展開されてきた。海外出店研究と国際知識移転研究と比較して，国際調達研究は，「内なる国際化」，すなわち，本社に基軸を置き，海外から本国への商品輸入に注目していることが特徴である。

しかし，本社に基軸を置く既存の国際調達研究は，専門小売企業の国際発展に大きく貢献するとしても，総合小売企業の国際発展にその貢献が限定的である。図表4-2で示されているように，これまでの国際調達研究の多くは，アパレル専門店に焦点を当てている。専門小売企業は本国で確立した業態を世界的に複製し，品揃えを高い水準で標準化している。そのため，本社は中央集権的に商品調達を行い，現地子会社に商品を供給することが可能である。すなわち，本社の商品調達は現地子会社の品揃え形成にも対応している。

専門小売企業は標準化しやすいのに対して，総合小売企業は本国で確立した業態を現地に適応する必要がある。特に現地消費者の嗜好に直接影響される品

第4章　課題析出と分析視点および分析手法　129

図表4-2　国際調達研究の分析対象

テーマ	文献	研究対象
国際調達戦略	Liu and McGoldrick 1996	アパレル，雑貨
	Paché 1998	スーパーマーケット
	Cho and Kang 2001	アパレル
	Lowson 2001	ショッピングセンター，百貨店
	木立 2003	スーパーマーケット
	Åkesson et al. 2007	アパレル
	Cho 2009	アパレル
国際調達先の変更	Gereffi 1999	アパレル
	Shelton and Wachter 2005	アパレル
	Tokatli 2008	アパレル
国際調達にともなう企業の社会的責任	Hughes 2001	スーパーマーケット，アパレル
	Adams 2002	アパレルを中心に
	Pretious and Love 2006	アパレル
	Hughes et al. 2007	スーパーマーケット，アパレル
	鳥羽 2016a	家具，雑貨
	鳥羽 2016c	アパレル

出典：筆者作成。

揃えを大幅に修正しなければならない。そのため，本社による中央集権的な商品調達ではなく，現地子会社が主導権を持ち，現地の商品調達に取り組む必要がある。大幅な現地適応化が求められる総合小売企業は専門小売企業と比較して，国際化するのが難しいと言われている。そのため，総合小売企業の現地子会社に焦点を当て調達研究を行う必要がある。

　総合小売企業の現地子会社の商品調達研究は全くないわけではない。図表4-3は，総合小売企業の現地子会社の商品調達問題に言及している研究である。これらの研究は，商品調達のみを研究対象としているのではなく，出店行動と商品調達を，あるいは海外出店にともなう課題の1つとして商品調達を検討している。これらの研究は共通して，総合小売企業の現地市場における商品調達の課題と対応策に注目している。

　例えば，カルフールとウォルマートは2000年と2002年にそれぞれ日本に進出した際に，低価格で日本市場を制覇しようとした。この低価格戦略は，日本の消費者の所得水準や価値志向，および購買行動によって，期待通りの成果を産み出さなかった。それに加え，製造業者から商品を直接仕入れるチャネル

図表4-3　総合小売企業の現地子会社の商品調達研究

テーマ	文献	研究対象
現地市場における商品調達の課題と対応策	向山 1996	GMS，アパレル・雑貨専門店
	川端 2000	百貨店，スーパーマーケット
	Coe and Lee 2006	ディスカントストア
	Aoyama 2007	GMS
	矢作 2007	コンビニエンスストア，GMS
	Chuang et al. 2011	GMS

出典：筆者作成

の構築に失敗し，低価格を十分に実現することもできなかった[3]。すなわち，日本のように零細小売企業が数多く存在する流通環境のなかで，卸売業者は製造業者と小売業者との間の商品や資金，および情報の調整において，大きな役割を果たしている。こういった流通環境のなかで，日本市場での存在感が小さく，供給業者に対する交渉力を持たないカルフールとウォルマートは，母国で築いた強みの1つとする製造業者からの直接仕入によるコスト削減を発揮する余地はなかった[4]。

同じことは1996年に中国に第1号店を出したウォルマートにもいえる。周知のようにウォルマートの競争優位はリーン・リテールに帰するところが大きい。しかし，中国における政府の出店規制，地域間の保護主義，店舗間の長距離および高速道路や情報インフラの未整備などによって，ウォルマートはアメリカ国内のように調達から配達までサプライ・チェーンを統合することができなかった。その結果，中国での多店舗展開が予期通りに進まず，供給業者に対しても，思うほどの交渉力を持たず，中国国内市場に向けて中間業者を通さな

---

3)　Aoyama(2007), pp.477-486.
4)　もちろん川上の調達と川下の販売が一方向で作用するものではない。進出先で小売企業が望むような形での調達を行えないのは，インフラや規制による可能性もあれば，販売面では製造業者に対する十分な交渉力を持つ販売量を実現していないことによる可能性もある。他方，販売面で十分な販売量を出せないのは，立地の失敗から価格，品揃え，店の雰囲気などが現地消費者に適合していないことによる可能性もあれば，調達上の問題で，計画通りの販売が行えなかった可能性もある。日本に進出したカルフールとウォルマートは，その低価格戦略が日本の消費者の所得水準や価値志向，および購買行動によって期待通りの成果を得られなかった。それによって，日本での市場シェアを伸ばすことができず，製造業者に直接商品を供給してもらうほどのバイイング・パワーを獲得することにも失敗した。製造業者からの直接仕入ができないことによって，低価格戦略が期待されるほどの価格競争優位の実現ができなくなった。

い直接チャネルの開拓でさえ苦境に陥った[5]。

　一方，日本の総合小売企業の経営システムは，卸売業者が多様な機能を持つ流通システムのなかで構築されたものである。そのため，海外進出する際に，進出先の中間業者の未熟さ，および物流の未整備によって，過剰な在庫や煩雑な仕入取引，高い欠品率といった商品調達上の問題に悩まされている[6]。

　総合小売企業の現地市場における商品調達の課題に対応するために，既存研究はいくつかの対応策を示している。例えば，小売企業が商品の企画と開発に携わり，モノ作り能力を身につけることである。また，現地の商品供給状況に適応し，高度な中間業者機能を必要としない業態で進出する手法もある。さらには，本国の供給業者を海外に進出させる対応策も考えられる[7]。

　しかし，これらの対応策は，現地供給業者の視点が抜けている。第3章第2節第1項で述べたように，現地子会社の商品調達は現地国内の調達と国際調達に大別することができる。また，第3章第1節第2項の図表3-10で示したように，アパレル専門小売企業と比較して，百貨店やGMSといった総合小売企業の売上高における輸入品の割合が低い水準にとどまっている。これと同様に，総合小売企業の現地子会社は，品揃えを形成するために，現地供給業者に大きく依存していることが考えられる。総合小売企業は，本国市場で構築した取引先ネットワークが現地市場ではほとんど役立たず，現地市場でほとんどゼロから取引先を開拓しなければならない[8]。したがって，総合小売企業の現地子会社は，品揃えの形成や商品の安定的な供給を実現するために，現地供給業者の協調を獲得することは極めて重要である[9]。それにもかかわらず，既存研究では，総合小売企業を対象に，現地供給業者との協調に注目し，現地子会社の商品調達を分析する研究は皆無に近い[10]。

---

5)　Chuang et al. (2011), pp.453-456.
6)　川端（2000），198-227頁。
7)　向山（1999）；川端（2000）。
8)　西島（2009），72-73頁。
9)　Coe and Lee (2006) は，韓国におけるテスコの成功の一要因を現地供給業者の活用に帰している。しかし，Coe and Lee (2006) は，テスコがどのように現地供給業者と良好な関係を構築してきたのかは明らかにされていない。
10)　専門小売企業を対象に，現地供給業者と良好な関係を構築することで，現地子会社の商品調達の

以上のように，総合小売企業を対象に，現地供給業者の視点を取り入れた現地子会社の商品調達を解明することは，小売国際化研究にとって重要な課題である。

4 本研究の研究課題：現地市場における国際総合小売企業の発展プロセス解明

これまでは小売国際化の重要な行動次元に関する先行研究を踏まえながら，小売国際化の研究課題を検討してきた。その結果，①現地市場での発展プロセスの解明，②現地社員の人的資源管理の解明，および③現地供給業者の視点を取り入れた国際総合小売企業の現地調達の解明，という3つの研究課題を析出した。本研究は，国際総合小売企業を対象に，現地市場での発展プロセスの解明に取り組む。

国際総合小売企業を対象としたのは，総合小売企業の国際化が専門小売企業より難しく，その研究の必要性と重要性が高いためである。

現地市場での発展プロセスに注目した理由は3つある。第1に，先行研究は主に海外出店，国際知識移転，国際調達のようにテーマ別で研究してきた[11]。しかし，現地市場での発展プロセスを考える際に，現地市場でのマーケティング戦略，現地社員への知識移転，また，現地市場での商品調達，すなわち，3つの行動次元はすべて関係している。現地市場での発展プロセスを解明すること

みならず，現地市場での成功を促進する研究が存在する。例えば，Elg らは，イケアの中国とロシアへの参入を事例に，小売企業が新興国に参入する際に，異なるレベル（インターナショナル，マクロ，ミクロ）における重要なステークホルダーを識別し，彼らと良好な関係を構築することが，参入を成功させるポイントであると指摘している。そのなかでも，店舗の品揃えに不可欠となる現地供給業者との関係構築は，ミクロレベルでの重要なネットワークとして挙げている（Elg et al. 2008, pp. 687-693)。

11) 3つのテーマを関連させる研究が全くないわけではない。例えば，向山（1996）は，出店行動と商品調達行動を小売企業の戦略的グローバル行動に位置付け，小売企業が出店行動と商品調達行動のグローバル化度が共に高い「純粋グローバル」に到達するための条件を検討している。矢作（2007）は，小売国際化プロセスにおける現地化段階に注目し，知識ベース論の視点で知識移転と現地化戦略パターンを検討している。しかし，これらの研究は，3つの行動側面のうち，2つの行動側面のみに焦点を当てている。それに加え，これらの研究は共通して，標準化−適応化問題と関連させながら，論考を展開している。前述したように専門小売企業と総合小売企業に関係なく，現地子会社は，本国で確立した業態特徴が現地市場における有効性を持つ場合，それを標準化して活用している。そうでない場合，現地市場に適応し，業態特徴を修正している。標準化−適応化にこだわらずに，純粋に発展プロセスを見る研究が必要と考えられる。

第4章　課題析出と分析視点および分析手法　133

で，これまで解明されていなかった海外出店，国際知識移転，および国際調達の関係性を発見する可能性がある。

　第2に，現地市場での発展プロセスを解明することで，海外出店，国際知識移転，および国際調達の個別テーマへの貢献も期待することができる。現地市場で発展するためには，現地子会社は現地社員を教育しなければならない。また，欲しい商品を安定的に確保するためには，現地供給業者からの協調を獲得しなければならない。現地社員の人材育成や現地供給業者との協調関係構築の解明は，国際知識移転，国際調達の課題でもある。

　第3に，現地市場での発展プロセスの解明に取り組むことは，これまでほとんど解明されていない現地市場での発展プロセス研究に貢献することができる。

第2節　分析視点

　本研究は，市場志向および企業間市場志向を用いて，現地市場における国際総合小売企業の発展プロセスを検討する。市場志向を選択した理由は3つある。

　第1に，市場志向はプロセスを捉えることができる。後述するように，市場志向は消費者の顕在的ニーズおよび潜在的ニーズの充足を重視する。消費者のニーズは時代とともに変化する。ニーズの変化に対応するために，企業の行動も変化する。したがって，市場志向によって，企業行動の変化，すなわち，プロセスを観察することができる。

　第2に，市場志向は発展を説明することができる。既存研究で実証されたように，市場志向はマーケティング・コンセプトを実行することによって，企業の競争優位に貢献する[12]。

　第3に，小売業の特性と関係する。小売業は地域密着産業であり，常に商圏内顧客のニーズを充足しなければならない。特に小売国際化のコンテキストでは，現地子会社は本国と異なる嗜好を持つ顧客のニーズに対応しなければならない。そのため，顧客ニーズに関する情報を収集し，それらの情報を会社で

---

12) Kumar et al. (2011).

134

共有し，そして全社を挙げて対応すること，すなわち，市場志向が特に重要である[13]。

しかし，現地市場で発展するために，現地子会社の市場志向のみでは不十分である。現地供給業者との企業間市場志向も必要である。なぜならば，小売企業は，数多くの供給業者から商品を仕入れ，顧客ニーズを充足させるためには，供給業者からの協調が不可欠だからである。本章の第2節では，分析視点としての市場志向と企業間市場志向を説明する。

1　市場志向

マーケティング分野では，顧客を企業経営の中心に据える考え方がマーケティング・コンセプトとして概念化されている。ドラッカーは，1954年の著書で，「マーケティングは販売よりもはるかに大きな活動である。それは専門化されるべき活動ではなく，全事業に関わる活動である。まさにマーケティングは，事業の最終成果，すなわち顧客の観点から見た全事業である。したがって，マーケティングに対する関心と責任は，企業の全領域に浸透させることが不可欠である」[14]　と述べて以来，マーケティング・コンセプトは経営原則として経営者やマネージャーの間で信奉されている。

一般に，マーケティング・コンセプトは，「顧客志向」，「統合的努力」，「利益志向」という3つの要素から構成されると捉えられている[15]。「顧客志向」とは，顧客のニーズ，ウォンツ，そして，その行動を徹底的に理解することがすべてのマーケティング活動の中心になるべきことを意味する。「統合的努力」とは，マーケティング職能と研究，製品管理，販売，広告との統合を重視することで，企業全体を市場に適合させなければならないことを意味する。「利益志向」とは，マーケティング・コンセプトが売上高よりも利益を重視することである。

---

13) Rogers et al. (2005). また，鳥羽 (2009b) は市場志向が国境を超える小売企業の行動原理を考察するための有効な視点であると指摘している。
14) P.F. ドラッカー著，上田訳 (2006)，49頁。
15) Bell and Emory (1971)，p.39.

第 4 章 課題析出と分析視点および分析手法 135

しかし，マーケティング・コンセプトは，理念的な考えであり，日々の業務上でそれを実行することが困難である[16]。Barksdale and Darden (1971) は，マーケティング・コンセプトを日々の業務上で実行することを可能にするために，マーケティング・コンセプトの操作可能な定義を開発することが急務であると指摘した。1980 年代に入ると，マーケティング・コンセプトの実行として登場したのは，市場志向という概念である。つまり，マーケティング・コンセプトは，組織の活動を顧客ニーズの満足にフォーカスさせ，長期的な利益を実現するための経営理念である[17]。それに対して，市場志向は，組織の活動をどのように調整し，顧客ニーズをどのように満足させていくのかを具体的に示す。

最初に市場志向を議論したのは，Shapiro (1988) である。Shapiro は，市場志向型企業は 3 つの特徴を持っていると指摘している[18]。1 つ目は，顧客情報が，市場調査，営業，マーケティングのみではなく，研究開発，生産などすべての職能部門で共有されていること。2 つ目は，戦略的および戦術的な意思決定は職能部門と事業部門を横断して行われること。3 つ目は，職能部門と事業部門は十分に調整された形で意思決定を行い，その実行にコミットメントしていることである。その後，Kohli and Jaworski (1990) と Narver and Slater (1990) によって，市場志向の概念が確立された。

Kohli and Jaworski (1990) は，市場志向をマーケティング・コンセプトの実行として捉え，文献研究およびインタビュー調査に基づいて，市場志向を「組織全体による，顧客の現在および将来のニーズに関する市場知識の生成，部門間を横断する市場知識の共有，および市場知識に対する組織全体での対応」と定義している[19]。市場知識は，現時点における顧客のニーズ・選好に関する情報のみではなく，競争，規制，技術といった顧客のニーズ・選好に影響を与える環境要素や，将来の顧客のニーズも含む[20]。

16) Barksdale and Darden (1971), p.36.
17) Deng and Dart (1994), p.726.
18) Shapiro (1988), pp.121-122.
19) Kohli and Jaworski (1990), p.6.
20) *Ibid.*, pp.3-4. 本研究は，Kohli and Jaworski (1990) の定義にしたがい，顧客ニーズそのもの，そして顧客ニーズに影響を与える競争，規制，技術などについての情報を，顧客ニーズに関する情

136

　市場知識の生成は，市場知識を獲得する活動を指し，公式な定期調査とともに，非公式な消費者や取引先との会話によって行われる。市場知識の共有は，生成された市場知識を組織全体に効果的に普及することを意味する。公式な情報伝達手段とともに，非公式な会話や物語などによって市場知識が普及される。市場知識への対応は，生成され普及された市場知識に応じて取られる行動を指し，標的市場の選択や製品・サービスの設計と提供がその典型である。市場知識の生成，普及および対応において，マーケティング部門のみではなく，研究開発部門や生産部門など，組織全体がコミットメントすることが重要である[21]。

　Kohli and Jaworski (1990) は，市場志向をマーケティング・コンセプトの実行として捉えるのに対して，Narver and Slater (1990) は，組織文化として市場志向を捉える。Narver and Slater (1990) は，文献レビューに基づいて，市場志向を「顧客に対して，優れた価値を創造するために必要な行動を，最も効果的かつ効率的に作り出す組織文化」[22] と定義している。このような組織文化によって，持続的競争優位を確保することが可能となる。そして，市場志向は，顧客志向，競合者志向，および職能間調整という3つの行動次元を含むとも指摘している[23]。顧客志向とは，顧客に対して持続的に優れた価値を

　報として捉えている。第5章で述べる成都イトーヨーカ堂の市場知識の生成のうち，商圏調査は顧客ニーズそのものだけではなく，競争状況や政府の政策などの情報も含む。ただし，ここで重要なのは，これらの情報を自社の顧客ニーズまたはその変化の分析に活かすことである。つまり，競争状況や政府の政策などの情報は自社の顧客ニーズまたはその変化をよりよく理解するための情報である。実際に成都イトーヨーカ堂は，競争状況と政府の政策を踏まえ，自社の方針や具体的な商品構成と販売方法を決定している。

21) Ibid., pp.4-6.

22) Narver and Slater (1990), p.21. 組織文化概念をマーケティング分野に取り入れようという試みは，1980年代後半から始まった 。マーケティング分野で最も引用される組織文化の定義はDeshpande and Webster (1989) の定義である 。Deshpande and Webster (1989) によれば，組織文化とは，「個人が組織機能を理解するのを助け，個人の組織における行動に対する規範を提供する，共有された価値観と信念のパターン」である (Deshpande and Webster 1989, p.4)。

23) Narver and Slater(1990), p.23. Narver and Slater は，3つの行動側面の他に，長期性フォーカスと利益性という2つの意思決定基準も市場志向の概念に含ませたが，信頼性の基準を満たさなかったため，市場志向と企業の業績との関係を検証した段階で，長期性フォーカスと利益性を除外した (Ibid., p.24)。また，既存研究では顧客志向が最も重要であると指摘されているのに対して，Narver and Slater は3つの行動側面を同等に重要であると考えている。そのため，将来の研究課題の1つとして，これらの行動側面がそれぞれどれくらい市場志向にとって重要なのかを明らかにする必要があると指摘している (Ibid., p.34)。

創造するために，現在および将来にわたって顧客のことを十分に理解すること
である。競合者志向は，現在および将来の主要な競合相手に関する，短期的な
強みと弱み，長期的な能力と戦略を理解することを意味する。職能間調整とは，
標的顧客に対して優れた価値を創造するために，企業が資源を部門間で調整し
て活用することである[24]。

　Kohli and Jaworski（1990）と Narver and Slater（1990）の定義によって，
市場志向は行動次元と文化次元を含むことは明らかである。ただし，ここで注
意しなければならないのは，Narver and Slater（1990）は市場志向を組織文
化として捉えているが，実際の操作化においては顧客志向，競合者志向，およ
び職能間調整という3つの行動次元に焦点を当てている点である[25]。

　また，市場志向の行動次元と文化次元は孤立した2つの側面ではない。顧
客ニーズなど常に変化する市場に組織全体で対応するような市場志向の行動
は，市場志向の文化を強化する。他方，市場志向の文化は市場志向の行動を増
加させる[26]。すなわち，市場志向の行動次元と文化次元は相互に作用するの
である。

　ただし，本研究は市場志向という視点を用いるが，市場志向の行動次元と文
化次元の関係性の解明を目的としていない。本研究の研究目的は，現地市場に
おける国際総合小売企業の発展プロセスの解明である。発展するために，現地
子会社は顧客ニーズそのもの，競争や政策などの顧客ニーズに関する市場知識
を収集したうえで，部門間で共有し，さらに，部門間の活動を調整して市場知
識に対応する，というような実際の行動を取らなければならない。加えて，文
化は観測しにくいため，研究の実行可能性を考慮し，本研究では市場志向の行
動次元に注目する。とはいえ，市場志向の行動次元と文化次元は相互に作用し

---

24) *Ibid.*, pp.21-23.
25) Cadogan and Diamantopoulos(1995) は，Kohli and Jaworski（1990）と Narver and Slater
　（1990）を詳細に比較し，両者は市場志向の概念化と操作化の両方において，高い共通性を持って
　いることを明らかにしている。市場志向の操作化について，Jaworski and Kohli（1993）で開発
　された MARKOR 尺度と，Narver and Slater（1990）で開発された MKTOR 尺度を比較している。
　また，市場志向の行動側面と文化側面の測定尺度の変遷について，岩下（2012）を参照されたい。
26) Griffiths and Grover(1998), p.314.

138

ているため，行動次元に注目しながらも，文化次元にも言及する。

　また，市場志向はマーケティング研究では最も注目されている概念の1つであり，それ自体に関して，①市場志向の測定尺度の開発，②市場志向の前提条件や結果，③市場志向と業績との関係やその関係の媒介要因や緩和要因など，膨大な研究が蓄積されてきた[27]。本研究は膨大な研究蓄積のなか，初期の研究である Kohli and Jaworski（1990）の市場志向の定義を採用した理由は2つある。第1に，岩下（2012）によれば，Kohli and Jaworski（1990）と Narver and Slater（1990）以降，市場志向の測定尺度の精緻化を試みられてきたが，ほどんどの研究はもっぱら Jaworski and Kohli（1993）の MARKOR 尺度と Narver and Slater（1990）の MKTOR 尺度を援用している。換言すれば，初期の2つの研究は研究者間において，最も信頼度が高いといえる。第2に，前述したように本研究は行動次元に注目する。そのため，市場志向を組織文化として捉える Narver and Slater（1990）の定義ではなく，市場志向をマーケティング・コンセプトの実行として捉える Kohli and Jaworski（1990）の定義を採用した。

2　小売企業の市場志向

　市場志向に関する初期の研究は，製造業者を主要な研究対象としていた。研究が進むにつれて，その対象領域は中小企業やサービス業などへと広がった。しかし，小売企業の市場志向に注目する研究は極めて少ない[28]。小売企業は日々の業務上で顧客と接触し，顧客ニーズに関する情報を収集，分析し，常に顧客ニーズに対応しなければならない。また，小売業における競争の激化にともなって，小売企業にとって，競合相手と差別化し，より優れた小売ミックスを提供する必

---

27) Kohli et al. (1993), Jaworski and Kohli (1993), Slater and Narver (1994), Appiah-adu (1998), Kirca et al. (2005) など。2017 年 7 月 31 日に学術検索サイト「Web of Science」で市場志向に関する研究の数を調べた。「market orientation」あるいは「market orientations」がタイトルに含まれるという条件で，期間を市場志向が誕生した 1990 年から 2017 年までに設定し検索したところ，1,150 件の論文がヒットした。市場志向に関する研究はマーケティング研究において 1 つの研究領域を形成していることを表している。ただし，本研究は市場志向の研究ではないため，これらの研究を詳細に概観しない。

28) Panigyrakis and Theodoridis (2007), pp.137-138.

要性も高まっている。このような小売企業の特徴と，小売企業を取り巻く環境の変化を鑑みると，市場志向を小売企業に適用することが必要かつ可能である。

しかし，市場志向の既存研究のほとんどは製造業者を対象にしている。製造業者の市場志向に関する枠組みはそのまま小売企業に使用することができない[29]。例えば，製造業者の市場志向の程度を測定する際に，「顧客が将来どのような製品またはサービスを必要とするのかを知るために，少なくとも年に1度は顧客と会っている」[30]ような尺度を使用している。このような測定尺度は，日々，顧客と接触している小売企業の市場志向の程度を測定するうえでは意味を持たない。

また，小売企業は，製造業者と比較して，大勢の供給業者から商品を調達しなければならない。小売企業が顧客に優れた商品とサービスを提供できるかどうかは，供給業者の行動を調整する能力に大きく依存している[31]。すなわち，小売企業にとって，顧客ニーズを充足させるために，自社の市場志向のみではなく，供給業者との企業間市場志向を構築することも不可欠である。

小売企業の特徴に注目し，小売企業の市場志向と，供給業者との企業間市場志向を検討しているのは Elg（2002, 2003, 2007a, 2007b）の一連の研究である。本項ではこれらの研究を中心に，小売企業の市場志向と，供給業者との企業間市場志向を概観する。

（1）小売企業の市場志向

Elg（2003）は，市場志向と企業間ネットワークおよび企業間リレーションシップの研究に基づいて，小売企業の市場志向と，供給業者との企業間市場志向を包括する枠組みを提示している。それに加え，Kohli and Jaworski（1990）の市場志向の定義にしたがって，イギリスの食品小売企業1社の事例研究を行い，小売企業の市場志向と，企業間市場志向の測定尺度を開発しようとしている。ここでは，まず小売企業の市場志向を見よう。

---

29) Elg(2002, 2003, 2007a, 2007b).
30) Kohli et al. (1993), p.476.
31) Dawson(2000).

140

　小売企業は，日々顧客との接触や，POS データなどによって膨大な情報にアクセスすることができる。市場知識の生成段階では，入手した情報の分析が重要となる。異なる調査方法で小売ミックスの異なる側面に対する顧客のニーズを調べているかどうか，顧客との対面交流や売上データを十分に分析し活用されているかどうかなどは，市場知識の生成段階における市場志向の程度を示す指標となる。

　店舗では販売員が接客や顧客との会話を通じて，顧客ニーズに関する情報を獲得する。小売企業にとって，店舗で発生した情報をスムーズにストア・マネージャーや本部と共有させるのは特に重要である。また，情報技術の整備も顧客データを部門間で共有するうえで大きな役割を果たす。そのため，マネージャーが店舗を訪問し，店舗側の従業員と市場トレンドを議論しているかどうか，顧客の苦情は本部に伝達しているかどうか，情報技術の整備に投資しているかどうかなどは，市場知識の共有段階における市場志向の程度を示唆する。

　また，市場知識への対応段階では，収集，分析，普及された市場知識を，店舗の立地，立地した商圏の顧客に合わせた小売ミックスの開発，個別商品の購買および品揃えの形成に活用しているかどうかが，市場志向の程度を高める上で重要である。それに加え，小売企業の場合，従業員が直接顧客にサービスを提供し，顧客の苦情に対応している。従業員が提供したサービス，および苦情対応の良し悪しによって，顧客の満足度が決定される。したがって，顧客の接し方または苦情対応の仕方について，従業員を訓練しているかどうかも小売企業の市場志向の程度を測定するための不可欠な指標である[32]。

　Elg (2007b) は，イギリス，イタリア，スウェーデンの食品小売企業の事例研究を通じて，図表4-4のような小売企業の市場志向枠組みを提示している。小売企業の市場志向は，マクロレベル，メゾレベル，ミクロレベルに分類することができる。マクロレベルとは，店舗コンセプトや小売ブランドといった長期的な戦略的ポジショニングに関わる小売企業全体の経営である。メゾレベルとは，製品とカテゴリー開発において，店舗と本部との相互作用に関する戦略

---

32) Elg(2003), pp.111-113, p.115.

第4章　課題析出と分析視点および分析手法　141

図表4-4　小売企業の市場志向

店舗コンセプト，小売ブランド開発（マクロレベル，長期的ポジショニング）		
市場知識の生成	市場知識の共有	市場知識への対応
・統合した顧客プロフィール ・小売競争 ・潜在的供給業者のデータ ・流行／他のステークホルダー ・海外市場	・本部と店舗間の交流 ・企業内部門の統合 ・供給業者との調整	・企業ブランドとアイデン 　ティティのポジショニング ・店舗コンセプトと業態の開発 ・小売ブランドの構築
製品，カテゴリー開発（メゾレベル，戦略的アプローチ）		
市場知識の生成	市場知識の共有	市場知識への対応
・供給業者からの市場データ ・消費者への広くかつ深い理解 ・地域データ ・顧客苦情 ・水平的・垂直的競争	・供給業者との関係 ・店舗から本部への情報伝達 ・企業内部門の統合 ・情報技術	・小売ブランド製品 ・供給業者の製品とブランドの評価 ・小売購買 ・商品カテゴリーの管理
店舗開発（ミクロレベル，調整と戦術）		
市場知識の生成	市場知識の共有	市場知識への対応
・顧客の人口統計 ・買い物客に対する徹底的な理解 ・地方店舗間競争 ・地方政府および公的機関	・従業員と管理者との交流 ・店舗から本部への情報伝達 ・地方チームの構築 ・報奨制度 ・店舗内の供給業者との相互作用	・新店舗の立地 ・市場ポジショニング ・店舗環境 ・従業員の訓練

出典：Elg (2007b), p.582.

である。ミクロレベルとは，単一の店舗およびその立地環境への適応を強調する店舗開発に関する戦術である[33]。

　この枠組みも，Kohli and Jaworski (1990) の市場志向の定義にしたがい，各レベルにおける市場志向を，市場知識の生成，普及，および市場知識への対応というプロセスに大別し，各段階で展開される具体的な活動を挙例している。さらに，小売企業の市場志向のみではなく，供給業者との企業間市場志向に含まれる供給業者との相互作用も強調している。

　上記のように，製造業者と比較して，小売企業の最大の特徴は，毎日の業務において，顧客と接触していることである。接客サービスなどを通じて，店舗では顧客ニーズに関する貴重な情報が生まれている。これらの情報は，どのように本部と共有され，立地の選定や品揃えの構成，および他の小売ミックスの

---

33) Elg (2007b), p.575.

142

開発に活用されるのかが小売企業の市場志向を構築するうえで極めて重要である。そして，顧客と直接接している店舗の販売員が，顧客ニーズを察知し，マネージャーに伝達することができるかどうか，また，顧客の苦情を上手に対処することができるかどうかは，小売企業が提供している商品・サービスに対する顧客の満足度に大きく影響する。そのため，従業員の教育訓練は小売企業の市場志向を高めるためには不可欠である。

　製造業者と比較して，小売企業のもう1つの特徴は，大勢の供給業者から商品を調達しなければならないことである。大型百貨店の場合は，一年間で数千以上の供給業者と取引し，800アイテム程度の商品しか提供しないディスカウントストアの場合でさえ，100以上の供給業者と取引しなければならない[34]。したがって，顧客に優れた商品とサービスを提供するために，小売企業のみではなく，供給業者との企業間市場志向を構築する必要がある。

(2) 供給業者との企業間市場志向

　小売企業にとって，顧客ニーズを充足させるために，供給業者との企業間市場志向を構築することも不可欠である。Elg (2002)は，企業間市場志向を「ネットワーク，または個別の企業間関係を市場需要により一層鋭敏になるための，2社以上の独立企業が共同で行った活動」と定義している[35]。この定義からわかるように，企業間市場志向の主体は，ネットワーク，または個別の企業間関係に大別することができる。本研究は，国際総合小売企業の現地子会社と特定の現地供給業者との個別の企業間関係を中心に検討する。しかし，1対1の企業間関係に注目していても，現地子会社と特定の現地供給業者との共同活動が1対多(現地子会社と複数の現地供給業者)の場面で行われることも数多くある。また，現地子会社と特定の現地供給業者との企業間市場志向の度合いの向上が，結果として，現地子会社と数多くの現地供給業者からなるネットワークの企業間市場志向の度合いの向上にもつながる。

---

34) Dawson (2007), p.385.
35) Elg (2002), p.634.

第4章　課題析出と分析視点および分析手法　143

　また，ここでいう企業間市場志向はディストリビューション・システムという
コンテキストに限定している。他の企業間システムと比較して，ディストリビュー
ション・システムはチャネル・メンバーが識別できる一群の消費者という共通し
た顧客のニーズにより効果的に対応するために協調しなければならないという特
徴を持つ。すなわち，製造業者が生産した製品は卸売業者によって流通され，小
売業者によって品揃えという形で消費者に提供されるのである[36]。小売業者の
顧客，つまり消費者は製造業者および卸売業者の最終の顧客でもある。

　Elg (2002) は市場志向の行動次元に注目する Kohli and Jaworski (1990)
の定義にしたがい，企業間市場志向を，①市場知識の共同生成，②市場知識の
企業間普及，③市場知識への共同対応に具体化している[37]。

　市場知識の共同生成は，複数の企業が共同で顧客に関する知識を提供するこ
とである。例えば，製販プロジェクトで，顧客データの収集，分析から，新製
品の開発まで小売企業と製造業者が共同で行う。また，ネットワーク全体を代
表し，消費者動向，消費者の購買行動または人口統計を調査する独立機関，例
えば事業者団体の設置や，市場知識の生成，環境監視に対応するためのジョイ
ントベンチャーの発足，過去の活動や活動に対する顧客知覚を評価する活動と
システムの設計などは，市場知識の共同生成を促進する。

　市場知識の企業間普及は，複数の企業が顧客データを交換，共有することを
意味する。それによって，個々の企業が消費者のニーズとウォンツをより的確
に理解することはでき，企業の成果に影響を与える。市場状況や顧客選好に関

---

36) *Ibid.*. Elg (2002) は企業間市場志向のコンテキストを説明する際に，ディストリビューション・
　システムという言葉を使用したが，後にディストリビューション・ネットワークという言葉を使用
　している。ディストリビューション・ネットワークを使用した理由は，この論文がネットワークに
　関する研究を参考しているからである。ここでいうディストリビューション・ネットワークは市場
　（消費者）に向けて，製品を生産し，届けるために，協調する異なる垂直的流通段階にある一群の
　組織を意味する (*Ibid.*, p.635)。
37) Elg (2002) が企業間市場志向に関して，市場志向の文化側面よりも行動側面に焦点を当てた理
　由は，研究の実行可能性上において，文化よりも行動上の市場志向を識別しやすいからである。ま
　た，1つの同質でかつ識別可能な文化がマーケティング・チャネルに存在することは難しいが，複
　数の企業が共同で活動することによって，消費者のニーズとウォンツを満足させるチャネル全体の
　能力を高めることが可能であると考えられるからである (*Ibid.*, pp.636-637)。

する情報を交換する場としての事業者団体の設置や，情報システムの共同設計，ECR（Efficient Consumer Response, 効率的消費者対応）への共同投資，または企業代表者の対面情報交換などは市場知識の企業間普及を促進する。

市場知識への共同対応は，複数の企業が消費者のニーズとウォンツをよりよく対応するために，互いの活動を調整することである。例えば，異なる企業の部門と代表者の関与を必要とする品質保障と顧客ケアや，PB商品の製造業者が行う活動に対する小売企業の調整である。また，製品業者は顧客情報をもとに，小売業者の活動が自社のポジショニング戦略を支持しているかどうかを評価することができる。一方，小売業者は顧客満足や需要に関する情報を，発注のタイミングや製造業者の評価，製造業者の製品開発に対する要望の判断基準として活用することができる[38]。また，小売企業が顧客ニーズを充足させるため，販売促進の計画やマーチャンダイジングにおいて供給業者と協力することや，供給業者が小売企業の市場動向への素早い対応を支援することなども，市場知識の共同対応の典型である[39]。

すなわち，市場知識の共同生成は消費者という共通した顧客に関する知識をより多く入手するための活動が共同で行われるかどうかに関心を持つ。市場知識の企業間普及および共同対応は，消費者と関係する事柄において，企業が情報を交換しているかどうか，互いの活動を調整しているかどうかに注目する[40]。

企業間市場志向は，供給業者と小売企業の市場志向に影響されるとともに，信頼，協調，対立といった小売企業と供給業者との関係性の特徴にも影響される[41]。Elg（2003）は，信頼が企業間市場志向を実現するための前提条件であることを明らかにしている[42]。信頼は企業間関係へのコミットメントを促進し，企業間の協調性を高める[43]。高い信頼関係を持つ場合，小売企業と供給

---

38) Elg (2002), pp.638-639.
39) Elg (2003), p.115.
40) Elg (2002), pp.637-638.
41) Elg (2002, 2003). Elg (2002) は，企業間市場志向が，個別企業の市場志向と企業間関係の特徴の他に，連結性・階層性，パワー・依存度，分業といった企業が置かれるネットワーク構造にも影響されると仮説している。
42) Elg(2003), p.114.
43) Anderson and Weitz(1992) ; Morgan and Hunt(1994).

図表 4-5　企業間市場志向の各側面

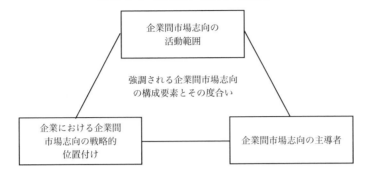

出典：Elg(2007a),p.295 の図 2 より筆者作成。

業者は，市場知識を収集するための投資や，収集した市場知識の共有と分析，さらに，市場知識に対する協調的な対応を取りやすくなる。

　Elg (2007a) は，イギリス，スウェーデン，イタリアの食品小売企業各 2 社を事例に，図表 4-5 のように，企業間市場志向の異なる側面をまとめている。企業間市場志向は市場知識の共同生成，市場知識の企業間普及，および市場知識への共同対応という 3 つの構成要素を持っているが，どの構成要素が強調されるのかは企業によって異なる。イギリスの小売企業は，3 つの構成要素を共に強調しているのに対して，スウェーデンの小売企業は，供給業者との市場知識の交換・共有と，ある程度の共同対応に注目している。一方のイタリアの小売企業は，供給業者との市場知識の交換・共有のみに焦点を当てている。

　また，企業間市場志向が対象とする活動の範囲と企業における位置付けも，多様性を示している。イギリスの小売企業は，企業間市場志向に戦略的な位置付けを与え，品揃えおよびカテゴリーの開発や，PB 商品，店舗開発など幅広い分野において供給業者と緊密に協調している。一方，イタリアの小売企業は，業務上の企業間市場志向に注目し，単一の商品やカテゴリーにおいて供給業者と調整している。また，スウェーデンの小売企業は，イタリアに類似するように，狭い範囲でしか企業間市場志向を実行していない。

　さらに，企業間市場志向の主導者も企業によって異なる。イギリスの場合，

小売企業は主導者であるのに対して，イタリアの場合，製造業者が主導者である。一方のスウェーデンは，小売企業も製造業者も主導せずに，企業間市場志向にわずかのコミットメントしかしていない[44]。

　企業によって企業間市場志向の各側面が異なる。それが，企業間市場志向に対する企業の意欲といった組織要因や，競争の激しさおよび環境の不確実さといった環境要因に影響されているからである[45]。

　企業間の協調が重要であるという考え方は珍しいものではない。マーケティング・チャネル研究においても，チャネル・メンバー間の協調が強調されている。チャネル・メンバーが，消費者に製品を販売する点において，共通の利害を持ち，集合的目標を持っている。集合的目標を達成するために，機能的に相互依存しているメンバーは，メンバー間のコンフリクトを制御し，協調を構築・維持しなければならない[46]。また，不確実性が高く，競争が激しい環境において，企業の競争が，個別企業間の競争よりも，複数の企業からなるチャネルやネットワークで行われるため，企業間の協調の必要性が高まっている[47]。

　しかし，チャネル研究はメンバー間のコンフリクトの制御と協調の構築に注目している。それに対して，企業間市場志向は複数の企業による市場への対応，あるいは市場への働きかけに焦点を当てている。現地市場で発展するために，総合小売企業の現地子会社は現地供給業者と連携し，現地市場に対応，または働きかけをしなければならない。本研究は，現地市場における国際総合小売企業の発展プロセスの解明を研究目的としている。この研究目的を達成するために，企業間市場志向はチャネル研究と比較してより有効な分析視点である。

3　小売国際化と市場志向および企業間市場志向

　本章の第1節で検討したように，本研究は，現地市場における国際総合小

---

44) Elg (2007a), pp.288-292.
45) *Ibid.*, p.291.
46) Ridgeway(1957)；Mallen(1963)；Berg(1967)；Stern and Brown(1969)；Stern and El-Ansary (1977).
47) Håkansson and Snehota (1995)；Hunt (1997).

売企業の発展プロセスの解明を研究目的としている。現地子会社の発展プロセスは，現地子会社による市場志向の構築プロセスと捉えることができる。なぜならば，市場志向は企業の業績および持続的競争優位に積極的な影響を与え，企業の発展に貢献するからである[48]。

　総合小売企業は，本国と異なる社会，文化，政治，経済の環境を持つ海外に進出した場合，本国と異なる嗜好や購買行動を持つ顧客のニーズを充足させなければならない。本国の経験にとわられずに，組織全体で現地に関する市場知識を生成，共有，および対応する体制の構築が現地市場での発展につながると考えられる。

　小売企業は顧客ニーズを充足させるために，自社の市場志向のみではなく，供給業者との企業間市場志向の構築も極めて重要である。総合小売企業は海外に進出した場合，商品調達において，大勢の現地供給業者に依存しなければならない。これらの現地供給業者のほとんどは，ゼロから開拓される必要がある。現地供給業者との企業間市場志向を構築することができるかどうかは，現地子会社の発展に大きな影響を与えると思われる。

　要するに，現地市場における国際総合小売企業の発展プロセスの解明は，総合小売企業の現地子会社が，どのように自社の市場志向を構築するのか，どのように現地供給業者との企業間市場志向を構築するのか，について解明することによって，達成される。

第3節　分析手法

1　ケース・スタディ

　現地市場における国際総合小売企業の発展プロセスに関する研究蓄積は極めて少ない[49]。あまり理解されていない現象に関する新しい事実を発見するためには，ケース・スタディが適切と思われる[50]。それに加え，現地市場における

---

48) Naver and Slater (1990)；Jaworski and Kohli (1993)；Kumar et al. (2011).
49) Dawon and Mukoyama (2006)；Burt et al. (2008)；Frasquet et al. (2013)；鳥羽 (2016)。
50) Eisenhardt (1989), pp.548-549；Yin (2009), pp. 5-14.

148

国際総合小売企業の発展プロセスは極めて複雑である[51]。ケース・スタディは複雑なプロセスにおける出来事と出来事との関係を説明するには有効である[52]。小売国際化の既存研究では，小売国際化の複雑なプロセスを理解するために，個別企業の歴史的・長期的なケース・スタディが必要であると指摘されている[53]。以上を踏まえ，本研究では，個別の総合小売企業の歴史的・長期的なケース・スタディを採用する。

2　データ収集

　本研究は，中国成都における株式会社イトーヨーカ堂の現地法人である成都イトーヨーカ堂の発展プロセスを分析単位とする。成都イトーヨーカ堂を選択した理由は2つある。第1は，成都イトーヨーカ堂が，イトーヨーカ堂と同じように衣食住にまたがる商品を取り扱い，代表的な総合小売企業であり，総合小売企業を研究対象としている本研究の選定対象に合致しているからである。第2は，後述するように成都イトーヨーカ堂は，初期の苦境を乗り越えて，2017年現在，成都の消費者が最も買い物する小売企業に選ばれているからである。現地市場での発展が順風満帆ではなかったことと，課題を克服し，現地市場での高い評価を獲得していることを鑑みると，成都イトーヨーカ堂は，現地子会社がどのように現地市場で発展するのかという研究課題の解明に格好の事例と考えられる。

　本研究のケース記述は，主に1次データに基づいている。補助資料として2次データも用いる（図表4-6，図表4-7および図表4-8）。1次データは，2014年から2017年にかけて行ったインタビュー調査，成都イトーヨーカ堂が主催した取引先説明会の参加，現地店舗の観察を含む。インタビュー調査は2014～2017年の間で行われたものであるが，内容は成都イトーヨーカ堂が設立された1996年12月から2017年3月までに及ぶ。ただし，2次データの内容は2017年8月までに至る。また，ケース記述において，特別な断りがない限

---

51) Dawon and Mukoyama (2006)；Burt et al. (2008)；Frasquet et al. (2013)；鳥羽（2016）。
52) Yin (2009), p.19.
53) Burt et al. (2008), p.91.

り，「現在」あるいは「現時点」は 2017 年 8 月を意味する[54]。

　成都イトーヨーカ堂と現地供給業者の両者に対してインタビュー調査を行い，多面的かつ多階層のインフォーマントからデータを収集した。成都イトーヨーカ堂に関しては，会長を始め，社長，副社長，販売本部本部長，販売本部副本部長，衣料商品部部長，食品商品部部長，住居商品部部長，人事本部本部長，店長，フロアーマネージャー，従業員相談室マネージャーのように，トップ経営者から，現場のマネージャーまで合計 14 人 20 回のインタビュー調査を行った。現地供給業者に関しては，衣料，食品，住居といった異なる商品カテゴリーの現地供給業者に対して，合計 9 社 11 人 13 回のインタビュー調査を行った。インタビューされた現地供給業者には，自社の直営店を経営するメーカーもいれば，特定のメーカーの商品を取り扱う代理商[55]，多様なメーカーの商品を買い揃える卸売業者も含まれる。インタビューは，30 分から 2 時間 30 分まで様々であるが，1 回あたり平均のインタビュー時間は約 1 時間 30 分である。成都イトーヨーカ堂に関する主要な 2 次データは，社史，社内資料，記事，著書から構成される。特別な断りがない限り，第 5 章と第 6 章のケースはこれらのデータに基づき記述する。

　ケース・スタディといっても，様々なアプローチがある。データ収集前に綿密な文献調査を行い，理論仮説を構築し，理論仮説の検証に重点を置くアプローチもあれば[56]，データ収集前に調査と関係する文献を読まず，仮説を一切設定せずに，実地調査の最中にデータを集め継続的な分析から仮説を導くようなアプローチもある[57]。また，この 2 つのアプローチを折衷したアプローチもある[58]。

　本研究は，現地市場における国際総合小売企業の発展プロセスの解明を研究

---

54) 本研究の出版に当たって，2 次データの内容を更新した箇所がある。その際に注釈で明示する。
55) 一般に代理商とは「生産者または商業機関が所有する商品を，その委託を受けて委託者の名によって販売し，手数料を収得する」商人である（北島・小林 1998，93 頁）。しかし，中国では代理商が商品の所有権を取得する場合が多いようである。そういう意味では卸売業者といえるが，特定のメーカーの商品しか扱わないところは一般の卸売業者と異なる。
56) Yin (2009).
57) Glaser and Strauss (1967).
58) Eisenhardt (1989)，Glaser and Strauss(1967)，Yin (2009)，および Eisenhardt (1989) のケース・スタディのアプローチに関する詳細な比較は，横澤・辺・向井 （2013） を参照されたい。

目的としている。そして，現地子会社の発展プロセスを，現地子会社による市場志向および現地供給業者との企業間市場志向の構築プロセスとして捉えている。このような捉え方をしたのは，先行研究に基づいて，市場志向および企業間市場志向が現地市場での発展プロセスを捉えられると考えたからである。しかし，インタビューの際に，市場志向および企業間市場志向の枠組みは使われなかった。枠組みにしたがって質問すると，インフォーマントの回答が枠組みの制限によって偏ってしまい，現地で発展するための重要な要素を見落としてしまう可能性があるからである。

　成都イトーヨーカ堂のインフォーマントに対して，自身の職務経験をもとに，最も詳しい分野において，①進出の初期段階，発展段階，そして直近段階では，どのような課題に直面し，どのような取り組みはその課題を克服し，現地市場での発展に貢献したのか，②なぜ，どのようにして，課題を克服し，発展につながる取り組みを実行することは可能になったのか，を中心に質問した。

　現地供給業者のインフォーマントに対して，成都イトーヨーカ堂との継続的な取引において，成都イトーヨーカ堂と，①どのように協調しているのか，②なぜ協調しているのか，③取引が始まった初期段階と，取引が継続していく段階において，協調の内容と理由がどのように変化したのか，④何について意見が不一致しがちなのか，どのように解決するのか，を中心に質問した。

　これらの回答をもとに，成都イトーヨーカ堂の取り組みを時系列で市場志向および企業間市場志向の枠組みに類型化する。類型化によって，成都イトーヨーカ堂はどのように市場志向および企業間市場志向を構築するのかを明らかにし，したがって，本研究の研究目的である現地市場における国際総合小売企業の発展プロセスの解明を試みる[59]。

---

59) 2014～2017 年の間で行われたインタビュー調査を通じて，多様な側面から現地市場における国際総合小売企業の発展プロセスにアプローチした。その成果の一部は，Qin and Narita (2015)，Qin and Kobayashi (2016)，秦 (2016b, 2016c)，秦・成田・臼井 (2016)，成田・秦 (2016)，成田 (2016)，成田・山本 (2016)，秦・成田・菊池 (2017) で発表されている。筆者と成田景堯（松山大学）はすべての調査に参加し，インタビューを行った。山本和孝（東急ストア元取締役員）は，3 回，臼井哲也（日本大学），小林一（明治大学），菊池一夫（明治大学）はそれぞれ 1 回の調査に参加した。

第 4 章　課題析出と分析視点および分析手法　151

図表 4-6　成都イトーヨーカ堂のインフォーマント

種類	データソース	インフォーマント（インタビュー当初の肩書）	国籍	時期
1次データ	インタビュー	会長 A 氏	日本	2014 年 6 月 24 日 13:00-14:40
				2015 年 9 月 10 日 16:00-17:30
				2016 年 3 月 2 日 18:00-20:30
				2016 年 9 月 16 日 16:30-18:00
		春熙店従業員相談室マネージャー B 氏	中国	2014 年 7 月 23 日 10:00-12:00
		社長 C 氏	中国	2014 年 7 月 25 日 9:25-11:00
		副社長兼営業本部長 D 氏	日本	2014 年 7 月 25 日 9:25-11:00
		住居商品部部長 E 氏	中国	2014 年 7 月 25 日 11:00-12:30
				2014 年 12 月 3 日 16:30-17:30
		販売本部副本部長 E 氏		2016 年 3 月 2 日 14:30-16:00
		双楠店日用品課フロアマネージャー F 氏	中国	2014 年 12 月 3 日 15:00-16:00
		双楠店店長 G 氏	中国	2015 年 9 月 10 日 13:00-14:15
		販売本部本部長 H 氏	中国	2015 年 9 月 10 日 14:20-15:30
		人事本部本部長 I 氏	中国	2016 年 3 月 2 日 10:00-11:30
		販売本部副本部長 J 氏	中国	2016 年 3 月 2 日 11:35-13:05
		食品商品部部長 K 氏	中国	2016 年 3 月 2 日 16:10-17:40
		副社長 L 氏	中国	2016 年 3 月 5 日 11:15-13:30
				2017 年 3 月 22 日 15:10-16:10
		衣料商品部部長 M 氏	中国	2016 年 9 月 16 日 19:00-19:30
		社長 N 氏	日本	2017 年 3 月 22 日 14:00-15:00
	取引先説明会への参加			2017 年 3 月 21 日 14:00-17:50
	店舗観察			インタビューが行われた時期

出典：筆者作成。

図表 4-7　現地供給業者のインフォーマント

種類	データソース	取引開始時期	インフォーマント		時期
1次データ	インタビュー	2012	現地供給業者 A（メーカー） （住居・地域マネージャー O 氏）		2014 年 12 月 2 日 15:00-17:30
					2015 年 9 月 9 日 14:00-16:00
		2011	現地供給業者 B（代理商） （住居・営業マネージャー P 氏）		2014 年 12 月 4 日 10:30-11:30
		2006	現地供給業者 C（卸売業者） （食品・社長 Q 氏）		2016 年 3 月 3 日 11:00-13:30
		2000	現地供給業者 D（メーカー） （住居・成都子会社社長 R 氏）		2016 年 9 月 14 日 10:00-11:30
		2007	現地供給業者 E（代理商） （食品・社長 S 氏）		2016 年 9 月 14 日 13:30-15:00
					2017 年 3 月 23 日 9:00-10:00
		1997	現地供給業者 F（代理商） （衣料・社長 T 氏）		2016 年 9 月 14 日 15:00-16:00
		1997	現地供給業者 G（メーカー） （食品・販売マネージャー U 氏）		2016 年 9 月 15 日 10:00-11:30
		2003	現地供給業者 H（代理商）（住居）	社長 V 氏, 運営統括 W 氏	2016 年 9 月 15 日 15:00-16:30
				社長 V 氏, 運営統括 W 氏, 販売マネージャー X 氏	2017 年 3 月 23 日 14:00-15:00
		2000	現地供給業者 I（代理商） （衣料・販売マネージャー Y 氏）		2016 年 9 月 16 日 15:00-16:30
					2017 年 3 月 23 日 15:20-16:20

出典：筆者作成。

第4章　課題析出と分析視点および分析手法　153

図表4-8　成都イトーヨーカ堂に関する主要な2次データ

社史	株式会社イトーヨーカ堂（2007）『変化対応—あくなき創造への挑戦1920～2006—』
社内資料	①講演資料2部，②取引先説明会資料1部 ③『飛翔伊藤』92期・99期・100期・103期・106期・111～119期・123～124期
記事	①『成都日報』「成都伊藤挙辦2016供応商大会提三大戦略」2016年4月1日 ②『成都商報』「追求差異化　成都伊藤洋華堂試水小型超市」2011年3月23日 ③『成都商報』「2015『3・15成都百貨購物中心消費調査報告』出炉」2015年3月12日 ④『成都晩報』「『偸心』的超級采購」2006年2月21日 ⑤『成都晩報』「伊藤洋華堂創立『IY精益化方式』的8項原則」2006年7月14日 ⑥『成都晩報』「2010伊藤供応商説明会今日召開」2010年3月3日 ⑦『成都晩報』「解読成都伊藤洋華堂最新動態」2010年12月30日 ⑧『成都晩報』「成都伊藤　為了譲顧客選択我們，全力以赴」2013年4月16日 ⑨『成都晩報』「伊藤掀起売場革命：顧客需要从『物』到『事』」2013年12月6日 ⑩『成都晩報』「成都伊藤洋華堂温江店今日盛大開業　新零售業時代到来」2014年1月18日 ⑪『第一財経周刊』「成都伊藤洋華堂如何依靠精細化管理提昇売場毎一平方米的価値」 　　2012年5月24日 ⑫『華西都市報』「成都伊藤新任総経理三枝富博：読報，現場主義」2006年3月10日 ⑬『華西都市報』「成都伊藤洋華堂高新店盛大開業」2011年11月11日 ⑭『華西都市報』「伊藤本土化迈出最大一歩成都妹子金暁蘇任成都総経理」2014年5月6日 ⑮『華西都市報』「傾聴『顧客之声』強健公司体質：伊藤新装出発，不断挑戦実現真正『顧客至上』」2016年2月23日 ⑯『華西都市報』「一切以顧客為本」2016年3月15日 ⑰『環球企業家』「伊藤洋華堂成都双楠店成中国『単店之王』」2013年12月26日 ⑱『聯商網』「伊藤洋華堂目標：成為業界『普羅米修斯』」2007年6月18日 ⑲『聯商網』「成都伊藤洋華堂：肩負企業責任毎一天」2012年5月30日 ⑳『聯商網』「伊藤洋華堂三枝富博：毎天目標是譲客人感動」2013年6月6日 ㉑『聯商網』「伊藤電商10月上線　大部分生鮮食品採用産地直送」2017年8月2日 ㉒『四川日報』「成都伊藤洋華堂総経理訪談：対手太弱了」2001年11月23日 ㉓『四川日報』「成都伊藤洋華堂公開選択供応商」2006年7月26日 ㉔『四川日報』「成都伊藤着力培養満足顧客需要的『自律型』人才」2015年4月2日 ㉕『四川在線』「20年成都伊藤挑戦『区域跨境電商』」2017年6月15日 ㉖『天府早報』「成都伊藤洋華堂任命首個中国籍店長」2008年2月29日 ㉗『天府早報』「成都伊藤洋華堂人事大調整」2012年2月21日 ㉘『天府早報』「成都伊藤洋華堂明年試水新模式『物+事』譲顧客入景」2013年12月4日 ㉙『天府早報』「改変体制　迎接新挑戦　為顧客提供安全安心的商品」2016年2月23日 ㉚『中国商報』「伊藤洋華堂治『回扣』」2006年8月7日
著書	湯谷昇羊（2010）『巨龍に挑む—中国の流通を変えたイトーヨーカ堂のサムライたち—』 　　ダイヤモンド社 塙昭彦（2012）『中国人のやる気はこうして引き出せ—ゼロから繁盛小売チェーンを築いたマネジメント術—』ダイヤモンド社

出典：筆者作成。

第5章　現地市場における成都イトーヨーカ堂の発展プロセス（1）

―成都イトーヨーカ堂の市場志向構築プロセスを中心にして―

本章では，成都イトーヨーカ堂は，現地市場での市場志向をどのように構築してきたのかを概観することによって，成都イトーヨーカ堂の発展プロセスの解明に取り組む。

第1節　成都と成都の小売市場

1　成都の概況

成都は中国西南地域にある四川省の省庁所在地であり，西南地域の政治，経済，文化の中心でもある。成都の土地面積は約1万2,121平方キロ（東京都の約5.5倍）であり，2015年末に1,466万人（東京都の約1.1倍）の常住人口を有する。また，四川省の土地面積は48.6万平方キロ（日本の約1.3倍）であり，2015年末の常住人口は8,204万人（日本の約65%）に達し，中国第4位である。

内陸部に位置していることで，沿海部と比較して，成都の経済発展は遅れを取っている。しかし，2008年にリーマン・ショックに端を発した世界金融危機による世界同時不況の影響を受け，中国のGDP（国内総生産）成長率は，2010年以降低下し続けている（図表5-1）。それを受け，内陸部の開発は本格化し，内陸部の中心都市としての成都は大いに注目されるようになった。

図表5-2は，日本のGDPと，中国および中国一線都市[1]（北京，上海，深

1）　中国の都市は，「一線都市」，「二線都市」，「三線都市」，「四線都市」，「五線都市」のように分類されている。一線都市は，中国全国の政治活動や経済活動などの社会活動において重要な地位にあり，指導的役割を備え，波及力および牽引力を持った大都市を指す。一般的に北京，上海，深セン，広州を指す。2013年に『第一財経週刊』は経済，政治，教育，交通など複数の指標をもとに，400つの都市から15つの都市を「新しい一線都市」に選出した。成都はその中の1つである（「2013

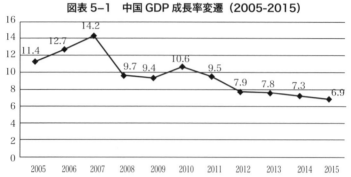

出典:『中国統計年鑑』2016 より筆者作成。

図表 5-2　日中 GDP および中国主要都市 GDP の変遷と比較（1985 〜 2015）

(単位：億ドル，ドル)

		1985	1990	1995	2000	2005	2010	2015
日本	総額（名目）	13,727	31,079	54,491	48,873	47,553	57,001	43,832
	1 人当り	11,340	25,143	43,395	38,505	37,218	44,512	34,498
中国	総額（名目）	3,095	3,948	7,346	121,11	22,872	61,009	110,602
	1 人当り	292	345	607	956	1,749	4,550	8,046
	日本比[※1]	3%	1%	1%	2%	5%	10%	23%
北京	総額（名目）	87	105	181	382	851	2,085	3,694
	1 人当り	913	1,012	1,880	3,429	7,186	16,572	27,462
	日本比	8%	4%	4%	9%	19%	37%	80%
上海	総額（名目）	159	164	299	576	1,129	2,536	4,033
	1 人当り	1,305	1,274	2,460	4,360	8,301	17,957	27,947
	日本比	12%	5%	6%	11%	22%	40%	81%
深圳	総額（名目）	13	36	101	264	605	1,444	2,809
	1 人当り	1,506	2,141	2,246	3,767	7,303	13,918	24,690
	日本比	13%	9%	5%	10%	20%	31%	72%
広州	総額（名目）	42	67	151	301	629	1,588	2,905
	1 人当り	776	1,125	2,332	4,297	8,385	19,694	34,013
	日本比	7%	4%	5%	11%	23%	44%	99%
成都	総額（名目）	29	41	85	140	289	820	1,734
	1 人当り	341	442	880	1,379	2,675	7,136	14,118
	日本比	3%	2%	2%	4%	7%	16%	41%

※ 1：日本比は 1 人当たり GDP の比較である。
出典：内閣府『国民経済計算』2003・2015, 総務省『日本の統計』2017,『中国統計年鑑』2016,『深圳統計年鑑』2016,『広州統計年鑑』2016,『成都統計年鑑』1996・2016, principalglobalindicators.org（年間平均の為替レート）より筆者作成。

年第一財経週刊城市排名名単大全『新一，二，三線』」http://gz.bendibao.com/news/20131217/content145284.shtml, 2017 年 5 月 17 日にアクセス）。

図表5-3 成都の産業構造変遷（1985と2015）

出典：『成都統計年鑑』1991・2016より筆者作成。

セン，広州）と成都のGDP比較表である。1985〜2005年までの20年間の間に，成都の1人当たりGDPは，中国全国の約1.5倍であったが，北京，上海，深セン，広州の平均1人当たりGDPの3分の1でしかなかった。しかし，2010年に入ると，各都市との格差が縮小し，2015年において，成都の1人当たりGDPは，これら4都市の平均水準の2分の1までに成長した。中国全国の1人当たりGDPに対しても，2005年の1.4倍から，2010年の1.6倍，そして2015年の約1.8倍のように少しずつ差が拡大している。日本と比較してみると，1985年には，成都の1人当たりGDPは，日本のわずか3％であった。しかし，2015年には，その数値は41％まで増加した。

1人当たりのGDPは，大幅に成長していると同時に，成都の産業構造も大きく変化した。図表5-3では，1985年および2015年，成都のGDPにおける各産業の割合が示されている。1985年には，第一次産業は24.2%，第二次産業は48.6%，第三次産業は27.2%であり，第二次産業が最大の割合を占めていた。2015年になると，第一次産業は3.5%までに低下し，第二次産業は43.7%で，ほとんど変化しなかった。それに対して，第三次産業は52.8%まで増加し，第二次産業を上回り，最大の割合を占めるようになった。成都のGDPにおける第三次産業の割合の増加は，経済発展とともに，成都市民の生活が豊かになり，サービス業への支出が拡大していることを意味する。

かつて沿海部に出稼ぎ労働者を送り出し続けた成都は，人々が豊かになるに

図表 5-4 成都市・四川省・中国の1人当たり可処分所得の変遷（1985-2015）

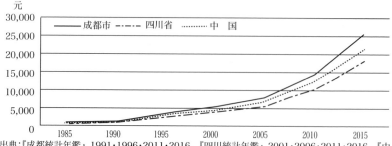

出典：『成都統計年鑑』1991・1996・2011・2016,『四川統計年鑑』2001・2006・2011・2016,『中国統計年鑑』2011・2016 より筆者作成。

図表 5-5 成都市・四川省・中国の1人当たり消費支出の変遷（1985-2015）

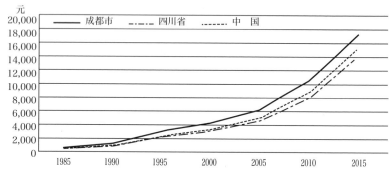

出典：『成都統計年鑑』1991・1996・2011・2016,『四川統計年鑑』2001・2006・2011・2016,『中国統計年鑑』1986・1996・2011・2016 より筆者作成。

つれて，働き手のプールから，現在，巨大な消費市場に変貌している。この巨大な消費市場にビジネスチャンスを感じ，2010年以降は大規模なショッピングモールが相次いで建設され，投資が激増している。本節の第2項では，統計データを用いて成都市場の特徴を概観する。

2 成都の小売市場

（1）成都市民の所得と消費

図表5-4は，成都市，四川省および中国の1人当たり可処分所得の変遷を示したものである。1985～2015年までの30年間の間に，全国，省，市のいずれのレベルにおいても，1人当たり可処分所得は急増してきた。成都市民

第 5 章　現地市場における成都イトーヨーカ堂の発展プロセス（1）　159

図表 5-6　成都市社会消費小売総額の変遷（1985 ～ 2015）

億元

（縦軸：0, 1,000, 2,000, 3,000, 4,000, 5,000, 6,000）

（横軸：1985 1987 1989 1991 1993 1995 1997 1999 2001 2003 2005 2007 2009 2011 2013 2015）

出典：『成都統計年鑑』2016 より筆者作成。

図表 5-7　成都市民の消費支出内訳の変遷（1990 ～ 2015）

	1990	1995	2000	2005	2010	2014	2015
可処分所得（元）	1,322	3,362	5,288	7,922	14,522	23,572	25,583
消費支出（元）	1,187	3,073	4,312	6,358	10,654	15,704	17,268
食品	57.5%	55.1%	45.0%	40.9%	38.8%	37.3%	36.3%
衣料	10.6%	10.3%	7.9%	8.0%	9.3%	10.0%	9.3%
住居	8.0%	8.1%	7.0%	5.2%	6.1%	5.8%	5.6%
保険・医療	1.9%	2.5%	5.5%	6.0%	5.5%	6.4%	5.8%
交通・通信	1.5%	3.1%	5.7%	15.4%	15.6%	16.5%	11.9%
教育文化・娯楽	7.5%	6.6%	11.2%	11.3%	10.8%	10.3%	9.4%
住宅	10.7%	11.3%	13.2%	10.3%	9.0%	9.5%	17.9%
その他	2.2%	3.0%	4.6%	3.0%	3.5%	3.6%	3.9%

出典：『成都統計年鑑』1996・2006・2016 より筆者作成。

の 1 人当たり可処分所得は，1985 年の 633 元から 2015 年の 2 万 5,583 元へと，40 倍までに拡大し，四川省と中国全国の平均水準を上回っている。同様の傾向は 1 人当たり消費支出にも観察される。図表 5-5 で示されているように，成都市の 1 人当たり消費支出は 1985 年の 589 元から 2015 年の 1 万 7,268 元へと約 30 倍に達した。これも四川省および中国全国の平均水準より高い。

　経済発展にともなう成都市民の購買力[2]の上昇によって，成都市における消費財の売上高総額も激増してきた。図表 5-6 は，成都市社会消費小売総額

2)　経済発展にともなって，成都市民の購買力が上昇しているとはいえ，その上昇率は均一なものではない。都市部と農村部は大きな格差が存在している。本研究では，都市部と農村部のデータを統合し，全体の平均値を用いている。都市部と農村部を分けて考えた場合，成都都市部の 1 人当たり可処分所得は農村部の約 2.4 倍であり，1 人当たり消費支出は農村部の約 2.5 倍である（『成都統計年鑑』1991・1996・2011・2016 より算出）。

の変遷を示したものである。1985 年における成都市社会消費小売総額はわず
か 40 億元であったが，2015 年は 120 倍以上の 4,946 億元に達した。1985
～ 2015 年までの 30 年間に，18% の平均成長率を記録している。

　所得の上昇とともに，消費支出が増大しているだけではなく，消費支出の内
容も変化している。図表 5-7 は，1990 ～ 2015 年の間，成都市民の消費支出
内訳の変遷を示したものである。1990 年の消費支出における食品，衣料品お
よび住居品の割合は，それぞれ 57.5%，10.6%，8.0% であった。2015 年に
なると，それぞれ，36.3%，9.3%，5.6% に低下した。食品，衣料品および住
居品の割合が低下したのに対して，保険・医療，交通・通信，教育文化・娯楽
などの割合が上昇した。1990 年の消費支出における保険・医療，交通・通信，
教育文化・娯楽の割合は，それぞれ 1.9%，1.5%，7.5% であったのに対して，
2015 年には，5.8%，11.9%，9.4% に拡大した。

　近年では不動産価格の上昇によって，住宅のための支出は急増している。そ
の影響を受け，2015 年の消費支出における保険・医療，交通・通信，教育文
化・娯楽の割合は 2014 年に比べ，低下した。とはいえ，成都市民の消費は食
品，衣料品，家電，家具などの住居品といったモノを中心とする消費から，保
険・医療，交通・通信，教育文化・娯楽といったサービスを中心とする消費へ
シフトしているということに変わりはない。

(2) 成都の小売競争

　成都市民が豊かになるにつれて，成都は消費市場としても注目されるように
なった。内資と外資に関係なく，多くの小売企業が成都に進出し，小売競争
が激化している。外資系小売企業は中国の WTO 加盟後に進められてきた小売
分野の外資への開放政策によって，成都への参入が加速化した。図表 5-8 は，
1995 ～ 2015 年までの成都市における外資の直接投資の変遷を示したもので
ある。2000 年以前は，主に製造業と不動産業に投資は集中していたが，2000
年以降は，卸売業，小売業および飲食業への投資が急増した。投資件数を見ると，
2000 年にはわずか 5 件であったが，2005 年に 39 件，2010 年に 63 件に増

第5章　現地市場における成都イトーヨーカ堂の発展プロセス（1）　161

図表 5-8　成都市における外資の直接投資変遷（1995 ～ 2015）（億ドル）

		1995		2000		2005		2010		2015	
		件数	金額	件数	金額	件数	金額	件数	金額	件数	金額
	総計	252	20,321	171	22,062	298	55,504	294	485,575	256	751,995
業界別	農林水産業	4	291	2	18	12	156	7	5,867	8	3,200
	製造業	175	11,162	115	14,001	128	23,922	43	104,773	21	245,600
	卸売・小売・飲食	10	257	5	602	39	3,276	63	21,688	227	503,195
	不動産業	45	7,350	42	4,116	105	21,482	113	290,894		
	その他	18	1,261	3	3,275	14	6,668	8	25,137		
国・地域別	香港	104	10,030	65	5,418	76	28,209	125	302,155	101	435,449
	台湾	46	1,703	24	758	38	478	16	6,329	27	30,360
	シンガポール	15	1,582	10	1,978	23	5,746	23	35,785	22	79,235
	イギリス	7	2,307	5	963	5	212	4	953	2	4,292
	カナダ	5	221	6	65	11	104	5	1,524	8	225
	アメリカ	34	1,919	28	1,180	43	2,004	28	10,619	9	50,740
	日本									6	27,412
	韓国									22	6,560

出典：『成都統計年鑑』1996・2001・2006・2011・2016 より筆者作成。

加した。投資金額を見ると，2000 年には 602 億ドルにとどまったが，2005 年には約 5 倍の 3,276 億ドル，そして，2010 年には 2005 年の約 7 倍の 2 万 1,688 億ドルまでに成長した。2000 ～ 2010 年までの 10 年間では，卸売業，小売業および飲食業への直接投資は 35 倍も増加した。

2017 年現在，香港の IFS 国際金融中心，太古里，新世界百貨店や，台湾の太平洋百貨店，群光百貨店といった華人系企業を始め，カルフール，ウォルマート，オーシャン，イケアといった欧米系企業，イトーヨーカ堂，セブン・イレブン，伊勢丹百貨店といった日系企業，そして，ロッテ百貨店といった韓国企業など，数多くの国・地域の小売企業が進出している。

2010 年以降，成都の商業面積が激増し，大型ショッピングモールが相次いで建設されている。『2011 年成都小売業発展報告』によれば，2011 年における 1 万平方メートル以上の総合型商業施設は，2010 年と比較して，23.3% も急増し，53.2 万平方メートルに達したという[3]。また，事業用不動産リージスと投資顧問業務をグローバルに展開している CBRE 社の調査によれば，建

---

3) 「成都在建購物中心　規模全球第三」http://cdtb.mofcom.gov.cn/article/shangwxw/ 201206/ 20120608187485.shtml，2017 年 5 月 18 日にアクセス。

設中ショッピングセンター面積世界ランキングにおいて，成都は2012年には約220万平方メートルをもって，天津につぎ，世界第2位にランクインした[4]。そして，2013年には約290万平方メートルで世界第1位を獲得した[5]。

2014年年末に，成都にすでに建設された総合型商業施設の面積は，1,500万平方メートルに達した。そのうち，ショッピングセンターの面積は400万平方メートルを越え，この規模は中国全国の第1位であった。商業施設はすでに過剰状態に陥り，ショッピングセンターの空き室率は16.2%に達し，中国全国第2位の高い水準であった[6]。それにもかかわらず，2014年に約300万平方メートルのショッピングセンターが建設中で，この規模は上海と深センにつぎ，世界第3位であった[7]。

卸売業，小売業，飲食業に対する外資の投資変遷や，ショッピングセンターを代表とする総合型商業施設の建設ラッシュから覗えるように，2010年前後より，成都小売業の競争が激化している。競争は実店舗を有する小売業者間にとどまっていない。インターネット通販[8]はここ数年急速に成長している。図表5-9は，2007～2015年までの間に，中国におけるインターネット通販売上高と，社会消費小売総額に占めるその割合の変遷である。2007年のインターネット通販売上高はわずか561億元であったのに対して，2015年には約70倍の3万8,285億元に激増した。社会消費小売総額に占めるインターネット通販の割合は2007年の1%未満から，2015年の約13%までに成長した。

図表5-10は，インターネット通販と百貨店などの代表的な実店舗小売企業

---

4)　「全球購物中心開発空前繁栄　半数在建購物中心位於中国」http://news.dichan.sina.com.cn/2012/06/21/514460.html，2017年5月17日アクセス。
5)　「2013全球購物中心開発増15%　中国最活躍」http://www.linkshop.com.cn/web/archives/2013/250023.shtml，2017年5月17日アクセス。
6)　「観察：成都商業面積全球第二　空置厳重発展前景堪憂」http://sc.winshang.com/news-492758.html，2017年5月17日アクセス。
7)　「全球購物中心開発最活発城市報告：在建購物中心3900万㎡」http://www.redsh.com/research/20150506/132157.shtml，2017年5月17日アクセス。
8)　本研究では，特別な説明をしない場合，インターネット通販はB to CとC to Cのみ含む。すなわち，本研究でのインターネット通販は，消費者向けのインターネット通販に限定し，B to Bのインターネット通販を含まない。

図表5-9 インターネット通販売上高と社会消費小売総額に占めるインターネット通販割合の変遷（2007～2015）

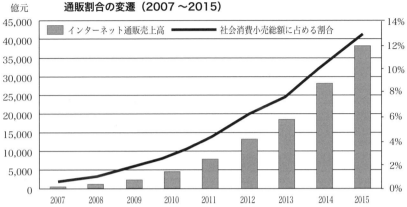

出典：『中国電子商務年鑑』2009・2010・2016『2016（上）中国電子商務市場数値監測報告』,『中国統計年鑑』2008～2016より筆者作成。

の売上高比較である。2007年に，百貨店とスーパーマーケットの売上高はそれぞれ1,625億元と3,791億元であり，インターネット通販の561億元よりはるかに多かった。しかし，2011年になると，インターネット通販はスーパーマーケットを越え，消費財を販売する最大のチャネルとなった。その後も実店舗小売企業の売上高との格差をさらに拡大している。

2008～2015年までの8年間の平均成長率を比較すると，インターネット通販は72%を記録しているのに対して，百貨店は12%，スーパーマーケットは10%，メーカーの専売店は18%，コンビニエンスストアは7%にとどまっている。また，直近の2013～2015年において，インターネット通販の成長率は43%までに鈍化している。しかし，同時期において，百貨店は6%に，スーパーマーケットは4%に，メーカーの専売店は実にマイナス6%のように，インターネット通販より著しく成長率を落としている。また，図表5-11で示されたように，中国のインターネット人口は2007年の2億1,000万人から2015年の8億8,826万人までに増大したが，インターネットの普及率はまだ50%にとどまっている。総人口を考慮に入れると，インターネット通販はさらに拡大し，実店舗にさらなる競争圧力をかけることが予想される。

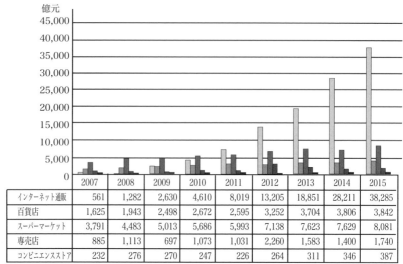

図表5-10　中国業態別売上高の変遷（2007～2015）

	2007	2008	2009	2010	2011	2012	2013	2014	2015
インターネット通販	561	1,282	2,630	4,610	8,019	13,205	18,851	28,211	38,285
百貨店	1,625	1,943	2,498	2,672	2,595	3,252	3,704	3,806	3,842
スーパーマーケット	3,791	4,483	5,013	5,686	5,993	7,138	7,623	7,629	8,081
専売店	885	1,113	697	1,073	1,031	2,260	1,583	1,400	1,740
コンビニエンスストア	232	276	270	247	226	264	311	346	387

出典：『中国電子商務年鑑』2009・2010・2016『2016（上）中国電子商務市場数値監測報告』，『中国統計年鑑』2008～2016より筆者作成。

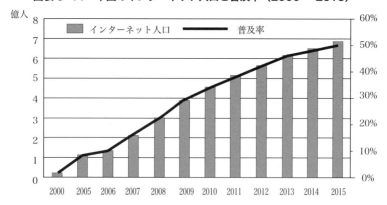

図表5-11　中国のインターネット人口と普及率（2000～2015）

出典：『中国統計年鑑』2016より筆者作成。

　本節で明らかになったように，成都の経済発展とともに，成都市民の購買力は大きく増大した。生活が豊かになるにつれて，成都市民の消費はモノを中心とした消費からサービスを中心とした消費へとシフトしている。そして，巨大

な消費市場に変貌しつつある成都市場にビジネスのチャンスを感じ，国内外企業による投資が激増した。新しい商業施設が相次いで建設されたばかりではなく，インターネット通販も急速に成長している。その結果，成都の小売業企業は未曾有の激しい競争に直面している。このような成都および成都の小売市場が時代とともに，その特徴も変化してきたことを念頭に置きながら，第2節以降は，成都イトーヨーカ堂の展開を精査する。

第2節　イトーヨーカ堂の国際展開と成都イトーヨーカ堂の概況

1　イトーヨーカ堂とその国際展開

　イトーヨーカ堂は，1920年に創業者伊藤雅俊の叔父である吉川敏雄が台東区浅草に「洋品店羊華堂」を開業したのに始まる。1956年に伊藤雅俊は，兄である伊藤譲から羊華堂を引き継ぎ，1958年に足立区千住に株式会社ヨーカ堂を設立した。設立から間もない1961年に伊藤雅俊は欧米視察でアメリカのチェーンストアに接し，帰国後，2号店となる赤羽店を開店し，チェーンストアをスタートした。

　創業当初から「経営の質」を大切にし，1970年代に店舗を急速に拡大しつつも，高収益・高効率を目指し堅実な経営を貫いてきた。1973年7月に東京証券取引所第一部市場に上場し，1977年2月期決算でチェーンストア業界初の経常利益額100億円を達成した。1980年2月期は税引き後純利益額で日本小売業トップとなり，1981年2月期には経常利益額でも小売業界日本一となった。しかし，このように「経営の質」を重視し，拡大し続けてきたイトーヨーカ堂は，1981年8月の中間決算で創業以来初の経常利益の減益に遭遇した。

　この減益をもって，イトーヨーカ堂は，日本が売り手市場から買い手市場に突入したと判断し，消費構造の一大転換に備えるために，1982年より業務改革を始動した。1980年代から1990年代にわたって，売り場，接客，商品，リービス，物流などあらゆる面で業務改革を進めてきた。業務改革において，イトーヨーカ堂の代名詞ともいえる「単品管理」や「チームマーチャンダイジング」などの取り組みが生まれた。業務改革は功を奏し，1993年まではイトーヨー

カ堂は連続増収増益を実現し，大手小売業の中では群を抜く業績であった。翌年の 1994 年にイトーヨーカ堂は，伊藤忠商事が仲介した中国政府による中国への進出打診を受けた[9]。

1990 年代，中国政府は国内の流通近代化を図るために，外国資本の卸売企業や小売企業に対して，出店地域，出資権および店舗数などの条件をつけて開放するようになった。1992 年 5 月 5 日に，浦東新区において日本ヤオハンと中国企業との合弁小売企業が設立された[10]。さらに，1994 年頃から，有力な欧米系小売業企業 1 社とアジア系小売業企業 1 社を出店地域と店舗数を制限せずに誘致することが検討された。

イトーヨーカ堂は中国で初めての全国展開，しかも「1 都市多店舗」のチェーンストア経営を認許されたアジア系 1 社として選ばれた[11]。イトーヨーカ堂が選ばれた理由については，以下のように説明される。「中国政府はイトーヨーカ堂が進めてきた科学的手法に基づいたチェーンストア経営のノウハウを高く評価した。伊藤忠商事とイトーヨーカ堂が協力することで，中国の流通近代化や国民生活の向上に大きく貢献できると確信している」[12]。

こうしたなか，イトーヨーカ堂は 1996 年 12 月に四川省成都で成都イトーヨーカ堂を，1997 年 9 月に北京で華糖洋華堂商業有限公司（以降は，華糖ヨーカ堂）を設立した。

中国はイトーヨーカ堂にとって初めての海外進出先であり，現時点では唯一の海外進出先でもある。前述したようにイトーヨーカ堂は，「経営の質」を極めて重視する会社である。一気に大量出店するよりも単店が利益を出せるような体制が構築されてから，次の店舗を展開する。そのため，イトーヨーカ堂は海外展開を慎重に進めている。また，中国での事業は必ずしも順調とも言えないため，現在は事業の選択と集中を行っている。

成都イトーヨーカ堂は現地における最も評価の高い小売企業までに成長した

---

9) 株式会社イトーヨーカ堂（2007）。
10) 陳（2005），138–139 頁。
11) 進出を巡るイトーヨーカ堂側と中国側との詳細な交渉については，邊見（2008）を参照されたい。
12) 株式会社イトーヨーカ堂（2007），473 頁。

第5章　現地市場における成都イトーヨーカ堂の発展プロセス（1）　167

のに対して，北京の華糖ヨーカ堂は一時は 10 店舗までに成長したにもかかわ
らず，2008 年以降は業績が低迷し，閉店を重ねてきた。現在，北京の事業は，
GMS 1 店舗と食品スーパーマーケット 1 店舗に縮小した。それに対して，成
都イトーヨーカ堂は 2017 年 1 月に成都の隣の眉山市に 7 号店を開店し，事業
を拡大している[13]。本研究は成都イトーヨーカ堂に注目し，その発展プロセ
スを考察する[14]。

2　成都イトーヨーカ堂の概況

　成都イトーヨーカ堂は地方政府認可を得て，1996 年 12 月に設立された。
当初，イトーヨーカ堂は 74%（後に 51%, 現在 75%）の出資比率でマジョリティ
を持ち，残りは合弁パートナーの中国糖業酒類集団公司，伊藤忠商事株式会社，
伊藤忠（中国）集団有限公司および不動産会社の永利都（成都）房地産開発有
限公司が出資した。

　現在，成都イトーヨーカ堂は成都には 6 店舗を有している。中国の多くの
都市は都心部を通過しない環状線が設置される。都心部に最も近い環状線を環
状 1 号線（中国名：1 環路）と呼び，その次を環状 2 号線，環状 3 号線と呼ぶ。
成都イトーヨーカ堂は中心部，すなわち環状 1 号線のなかに 1 店舗，2 号線上
に 3 店舗，4 号線と 5 号線の間に 2 店舗を有している。そして，2017 年 1 月
に隣接市である眉山の中心部に 7 店舗目を開店した。自社の従業員は約 4,500
人であり，店中店[15] の従業員を含めれば，その数は 2 万人を超過している。

13) さらに成都イトーヨーカ堂は 2018 年 11 月に食品スーパーマーケットを，2019 年 1 月に中国
　における初のショッピングモール(伊藤広場)を開店した。(「今日伊藤首家食品生活館亮相天府新区，
　現場人気火爆」https://baijiahao.baidu.com/s?id=1617290700833763483&wfr=spider&for=
　pc，2019 年 3 月 28 日アクセス；「伊藤首个購物中心開業　能否延続『伊藤現象』？」http://news.
　winshang.com/html/065/2890.html，2019 年 3 月 28 日アクセス)。
14) なぜ北京が順調に発展することはできなかったのか，なぜ成都が順調に発展することはできたの
　かについては，様々な原因は考えられる。例えば，消費者ニーズと競争環境の相違や，環境変化に
　対する組織対応の相違などが挙げられる。成都イトーヨーカ堂と華糖ヨーカ堂の比較研究は今後の
　課題とする。
15) 店中店，いわゆるインショップとは，百貨店などの商業施設に入居した店のことであり，高い自
　主的経営裁量権を持つ。中国ではメーカーあるいはその代理商が百貨店に入居した場合は，それを
　店中店と呼び，ショッピングセンターに入居した場合は，それをテナントと呼ぶ。店中店と比較し
　て，テナントのほうがより高い自主的経営裁量権を持つ。

168

図表 5-12　2015 年中国主要小売企業店舗あたり平均売上高（億円）[※1]

成都イトーヨーカ堂	155
スーパーマーケット・GMS 売上高上位 10 社	17
百貨店売上高上位 10 社[※2]	111
主要外資系小売企業 17 社	61

※1：1 元＝ 19.4 円
※2：ショッピングセンターの売上高も計上された百貨店を含まない。含んだ場合，百貨店
　　　売上高上位 10 社店舗あたり平均売上高は 141 億円となる。
出典：中国連鎖経営協会（2016），成都イトーヨーカ堂社内資料より筆者作成。

従業員の数と構成からも覗えるように成都イトーヨーカ堂の業態は日本の
GMS と相違点がある。まず，同社の店舗設計は日本の百貨店に似ており，最
下層に食品，その上に化粧品や貴金属，次に婦人服，紳士服，スポーツ用品，
子供用品，住居・雑貨品，そして，最上階にレストラン街といった構造になっ
ている。売場では百貨店のように中国で人気の高いブランドが店中店の形で入
店し，その従業員が常駐し，顧客に情報やアドバイスを提供している。ただし，
百貨店と大きく異なる部分もある。例えば，食品売場は百貨店のように店中店
に任せるのではなく，日本の食品スーパーマーケットと同様に自営売場を中心
に構成され，セルフ販売を行っている。そして，主な顧客層は百貨店が狙う富
裕層でもなく，日本の GMS が狙う商圏内のすべての世帯でもなく，中間層よ
りやや上の層である。このような店舗設計，販売方法，品揃えの構成および顧
客層を鑑みれば，成都イトーヨーカ堂の業態は日本の GMS と百貨店の中間に
当たるといえるだろう[16)]。

　成都イトーヨーカ堂は 1997 年に 1 号店の春熙店を開店して以来，今年で

16）業態は小売ミックスの組み合わせの類型によって定義される場合が多い（鈴木・田村，1980）。
　小売ミックスは完全に一致した店舗がないとはいえ，一定の共通したイメージで広く認識されてい
　る業態が存在する（向山 2009）。2014 年の日本『商業統計』は，日本における百貨店と GMS に
　対する共通したイメージに基づいて，百貨店と GMS を「衣，食，住にわたる各種商品を小売して
　いて，衣，食，住の販売額比率が各々 10% 以上 70% 未満の範囲にあたる事業所で，従業員が 50
　人以上の事業所」と定義し，両者の違いをセルフサービス方式が採用されるかどうかに求める。異
　なる販売方法を用いるのは，取り扱う商品の特性が異なるからである。百貨店では販売員による情
　報提供が必要な専門品やグレードの高い買回品を中心に取り扱っているのに対して，GMS では消
　費者が熟知している最寄品を中心に取り扱う。成都イトーヨーカ堂では専門品や買回品および最寄
　品も取り扱い，販売方法も対面販売とセルフ販売を混合することで，日本の百貨店と GMS の中間
　に当たる業態と位置付けた。

第5章　現地市場における成都イトーヨーカ堂の発展プロセス（1）　169

図表 5-13　成都イトーヨーカ堂の売上高と来店客数の変遷（2001-2015）

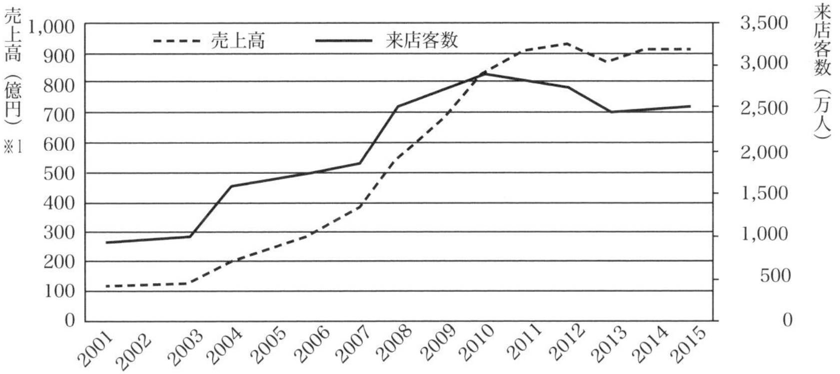

※1：1元＝19円。
出典：成都イトーヨーカ堂社内資料より筆者作成。

20周年を迎える。20年間で7店舗という出店スピードはしばしば遅いと言われる。また，店舗あたりの売場面積は3万平方メートル弱であり，10万平方メートル近くの百貨店や20万平方メートル以上のショッピングモールが急増している中，成都イトーヨーカ堂の規模は大きいとはいえない。しかし，店舗あたりの売上を見れば，長い間，中国の主要小売企業のなかで第1位を維持している。図表5-12は，2015年中国主要小売企業店舗あたりの平均売上高をまとめたものである。スーパーマーケット・GMS，百貨店売上高上位10社の店舗あたり平均売上高は，それぞれ17億円と，111億円である。イトーヨーカ堂を除いた主要外資系小売企業17社の店舗あたり平均売上高は61億円である。それに対して，成都イトーヨーカ堂の店舗あたり平均売上高は155億円であり，百貨店よりも高い水準を誇っている。

　図表5-13は，成都イトーヨーカ堂の売上高と来店客数の変遷を示したものである。売上高は2012年まで順調に成長し，2013年に一時減少したが，2014年以降回復しつつある。

　来店客数は2010年まで毎年増加し，2011年より減少しはじめたが，2014年から回復する傾向を示している。2011年頃より売上高と来店客数が減少した背景には，生活が豊かになるにともなう消費者ニーズの変化，大型商業施設

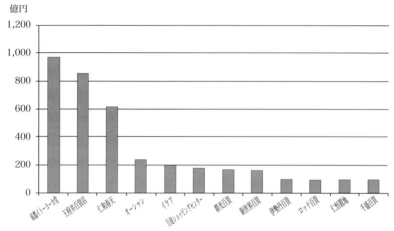

図表 5-14　2014 年成都の主要小売企業売上高ランキング

出典：成都イトーヨーカ堂社内資料より筆者作成。

の建設ラッシュやインターネット通販の急成長による競争の激化に加え，尖閣諸島（中国名：釣魚島）をめぐる日中関係の悪化で，大規模な反日デモが行われたことや，習近平政権による腐敗汚職の取り締まりの強化などがある。後述するように成都イトーヨーカ堂は，これらの変化に迅速に対応し，売上高と来店客数は次第に回復している。

　このように成長し続けられたのも，成都イトーヨーカ堂が消費者に愛顧されていることにほかならない。『成都商報』が実施した 2015 年の消費者調査によれば，成都イトーヨーカ堂は，成都市民が最もよく買物する商業施設だという。図表 5-14 は 2014 年成都における主要小売企業の売上高ランキングである。成都イトーヨーカ堂は，1 位を占めている。地元住民から絶大な支持を獲得しているため，ZARA などの人気ブランドは成都に旗艦店を出す際に，成都イトーヨーカ堂を選択する。また，西南地域ではまだ十分なブランド認知度を獲得していないメーカーも，市場を開拓するには，成都イトーヨーカ堂の店舗に商品を置かなければならないと考える。消費者や取引先に止まらず，図表 5-15 と図表 5-16 で示されたように，成都イトーヨーカ堂は小売業界や政府からも数多くの賞を受賞し，高く評価されている。

第5章　現地市場における成都イトーヨーカ堂の発展プロセス（1）　171

図表5-15　成都イトーヨーカ堂社員の受賞歴

年度	受賞者	賞の名称	賞の発行元
2004	城木信隆	労働模範賞	四川省人民政府
2008	三枝富博	中国商業サービス業改革開放30周年功績人物賞	中国国務院
2010	酈紅	金牌店長賞	中国連鎖経営協会
2010	三枝富博	模範中国メディア賞・リーダー賞 年度指導者人物賞	華西都市報
2011	三枝富博	中国商業サービス業WTO加盟10周年最具創新力人物賞	中国商報社
2011	劉虎	十佳金牌店長賞	中国連鎖経営協会
2012	董戎	十佳金牌店長賞	中国連鎖経営協会
2012	今井誠	小売業人物賞	中国連鎖経営協会
2013	三枝富博	年度人物賞	中国連鎖経営協会
2013	漆湖鋭	金牌店長賞	中国連鎖経営協会
2014	王艶	金牌店長賞	中国連鎖経営協会
2014	趙冬芸	金牌店長賞	中国連鎖経営協会
2014	三枝富博	年度人物賞	中国連鎖経営協会
2015	三枝富博	名誉市民	成都市政府
2015	三枝富博	四川経済影響力人物	四川省人民政府
2015	梁艶栄	金牌店長賞	中国連鎖経営協会
2016	龔月亨	金牌店長賞	中国連鎖経営協会
2016	三枝富博	年度人物賞	中国連鎖経営協会

出典：各種資料より筆者作成。

図表5-16　成都イトーヨーカ堂の受賞歴

年度	賞の名称	年度	賞の名称
1998	成都市再就職プロジェクト優秀企業	2008	中国商業サービス業改革開放三十年卓越企業
1999	成都市貿易業販売百強	2009	建国60周年創新先進企業
2002	成都市再就職プロジェクト優秀企業	2010	中国最具成長性商業ブランド
2003	成都市比例障害者就職手配先進企業	2011	成華区2011年度サービス業納税十強企業
2003	成都市障害者扶助先進企業	2012	天府口コミ楼上楼企業
2004	2004四川企業100強	2013	年度十強店舗
2005	創国家環境保護模範都市先進企業	2013	2013最具顧客満足度賞
2005	成都市優質サービス先進企業	2014	成都市次世代を関心する慈愛企業
2006	2006年度納税大戸	2015	年度十大小売企業
2006	2006年中国企業最具影響力賞	2016	四川人業界先駆者企業
2007	四川省優秀小売企業	2016	最強組織賞

出典：成都イトーヨーカ堂社内資料より筆者作成。

これだけ高い評価を受けている成都イトーヨーカ堂の船出は，決して順風満帆ではなかった。1号店を開店した時，日本のイトーヨーカ堂では想像できない困難に直面した。次の第3節では，進出当初に直面していた課題を概観したうえで，成都イトーヨーカ堂がどのように消費者の支持を得るようになったのかを検討する。

第3節　創業期の苦境とその打開

1　創業期の苦境

イトーヨーカ堂の強みの1つと言えば，単品管理である。周知のようにイトーヨーカ堂は株式会社設立以来の初減益を契機に，1980年代から業務改革を開始した。その中核を成したのは単品管理である。単品管理とは，POSシステムを利用した仮説検証型発注である。発注担当者が，自店の客層，天候，曜日，競合店の状況，地域イベント，過去の販売データなどの情報を参考に，自店の特性に合わせた商品の需要仮説を立て，発注と販売を行い，実際の販売結果で仮説を検証し，その結果を踏まえた新しい仮説を立てる。単品管理は，死に筋排除と在庫削減とともに，売れ筋の品切れ防止によって，顧客満足と利益を向上させる。

しかし，成都に進出した当初，技術的にも人的にも単品管理を導入できる状況ではなかった。まず，技術的に，単品管理をサポートするPOSシステムを順調に導入できなかった。POSシステムを導入するには，商品一点ずつにバーコードを付ける必要がある。しかし，当時の中国では，商品にバーコードをつけなかったり，または同じ金額であれば，商品，色，サイズが異なっても，同じバーコードを使用したりするのは普通であった。そのため，納入された商品にバーコードを付け直す作業が必要となった。しかし，従業員は単品管理の重要性を理解できなかったうえ，取引先の納品書に基づいて，商品を登録するため，一品一品の商品に正確なコードを付けることができなかった。それに加え，中国における税金の種類や税率が日本と異なったため，イトーヨーカ堂の

POSシステムそのものを大きく修正しなければ使用できない状態であった。

　技術的な問題のみならず，単品管理を実践できる従業員も存在しなかった。イトーヨーカ堂では，管理層にとどまらず，パートも含めた現場の従業員にも単品管理の思想が浸透している。その背景には，1980年代における日本の市場環境の大きな変容があった。すなわち，売り手市場から買い手市場への転換であった。しかし，1997年の成都は，依然として，モノがあれば売れる状況であり，ほとんどの小売企業は，商品を効率的に管理する必要性を感じなかった。そのため，進出当初に，単品管理を理解し，それを実践できる人材も存在しなかった。したがって，成都イトーヨーカ堂はイトーヨーカ堂の強みである単品管理を導入できなかった。

　第6章で詳しく概観するが，成都イトーヨーカ堂は進出当初，日本におけるイトーヨーカ堂の知名度が全く通用できず，仕入れでは苦戦を余儀なくさせられた。単品管理どころか，通常の仕入れでさえ順調に行うことができなかった。

　それに加え，成都市民のニーズも十分に理解することができなかった。1号店の開店準備に備えた日本人スタッフがわずか10人であり，実際に与えられた現地調査の時間は半年ぐらいしかなかった。そして，中国政府による流通近代化の要請のもとで中国進出したこともあり，現地の消費者ニーズよりも日本的な店舗作りへの拘りが優先されたのであった。1号店が開店した当時，日本の特徴を出すために，衣料品などを日本から輸入し，品揃えしていた。食品売場では寿司，天ぷら，唐揚げなど日本で慣れ親しんだ惣菜のみではなく，内陸に位置する成都では見たこともないような海鮮も並べた。

　しかし，日本から輸入した衣料品の仕様にしてもサイズにしても，成都市民に好まれなかった。一着1,000元を超えた衣料品は当時の所得水準から考えて，成都市民が購入できるものではなかった。川魚を食べ慣れた成都市民にとって海魚を食べることに抵抗感があった。その結果，成都市民のニーズをほとんど充足していない売り場となってしまった。

　「実質わずか6ヵ月の準備期間で，社員の採用，家賃の払い，現地の人はど

のような生活をしているのか。中国語，全部わからない。それはすべて自ら考えなければならない。人材市場にいったり新聞を使ったりもした。ゼロよりマイナスからのスタートですね。日本では電話１本でヨーカ堂と言ったら，メーカーも問屋さんも全部来てくれて，すぐ品揃えができて，棚割りができるが，中国では本当に全くなにもないところからのスタートですね。」

—会長Ａ氏（日本籍）

「最初の業績は悪かった。当初は日本のイトーヨーカ堂のやり方をそのまま成都に移植した。そのやり方は成都に適応しなかった。売上高はずっと低迷していた。なぜ業績が悪いのかをずっと分析していた。当時の店作りは，成都の現状を考えていなかった。ただ日本のやり方を真似しただけだった。」

—販売本部本部長Ｈ氏（中国籍）

このような背景で，工夫を重ね１号店を開店させたが，結果は惨憺たるものであった。開店初日の売上は予算の３分の１ほどの137万元であった。その後の売上は予算の10％や20％というような，より一層悲惨な状況が続いた。売上の連続低空飛行は，資金ショートの危険をもたらし，それを回避するために仕入れを控えたり，在庫を仕入れ値以下で問屋に転売までしたりした。

当時の成都イトーヨーカ堂の日本人スタッフは，イトーヨーカ堂名誉会長伊藤雅俊の「お客さんは来てくれないもの，取引先は売ってくれないもの，銀行は貸してくれないもの」という言葉を身に沁みて理解したという。

２　苦境の打開

挫折から始まった成都イトーヨーカ堂は，何をもって，進出当初の苦境を打開したのか。それは「中国に染まれ，ただし染まりすぎるな」という初代イトーヨーカ堂中国室長の塙昭彦の言葉にヒントがある。

「中国に染まれ」，すなわち成都の消費者を理解するために，成都イトーヨーカ堂の社員はこれまで以上に徹底して自らの商圏にいる顧客ニーズを調査し

第5章　現地市場における成都イトーヨーカ堂の発展プロセス（1）　175

た。ゴミあさりをはじめ，現地住民の自宅訪問，百貨店や人気レストラン，伝統市場の調査などを行った。また，1998年に初回の顧客懇談会を実施し，20人から30人ほどの顧客を集め，顧客の要望を直接聞く制度を設置した。売り場からも毎日のように顧客の声を収集し，収集した情報は毎週の会議で共有され，品揃えの修正に反映させられた。会議では，日本人幹部が指示を出し，現地社員はそれに従って実行するのではなく，成都市民のニーズに詳しい現地社員の意見が積極的に採用されるようになった。

「われわれは，成都の消費者は何がほしいのかを懸命に調査した。当時，私は衣料で，三枝会長は住居で，ゴミ箱や，冷蔵庫，靴箱，自宅を訪問し，実際にどのような生活をしているのかを繰り返し調査していた。（中略）最初は，日本人社員は意思決定をし，われわれは実行するだけだった。この段階では，われわれも1人の地元消費者として，意見を述べ，そしてわれわれの意見も実際の経営に採用されるようになった。」

—副社長L氏（中国籍）

　徹底的な市場調査に基づいた品揃えの修正によって，店頭に置かれる商品は次第に成都の消費者に選好されるようになった。しかし，これは何も消費者の顕在的ニーズさえ充足させれば良いというものではない。正確には，消費者のニーズを理解し，それに対応すると同時に，彼らに一歩先の商品やサービスを提案することであった。

　成都の消費者に一歩先の商品やサービスの提案をするためには，塙の言う「染まりすぎるな」ということが必要である。塙はのちに「中国人に染まってしまうだけでもいけない…（中略）…なぜなら，それでは外国人が中国でビジネスをする意味がないから。変革も改革もできなくなるから」[17]と回想している。この「染まりすぎるな」，すなわち中国に染まる前の色は，日本の風土や小売業，またはイトーヨーカ堂に由来する。

---

17) 塙（2012），27頁。

設立当初から在籍する中国人社員の話によれば，1号店が開店した当初，商品は全く評価されなかった。しかし，他の小売店と比較して，成都イトーヨーカ堂がまず評価されたのはオープン・ディスプレイであった。当時，外資の太平洋百貨（台湾系），パークソン百貨（マレーシア系），および内資の人民商場など，成都にある大規模小売店では，カウンターの向こうやガラスケースの中に商品が置かれ，顧客は見たい商品があれば，販売員に取らせるクローズド・ディスプレイが一般的であった。しかし，成都イトーヨーカ堂はセルフ・サービスを前提としたGMSで成都市場に参入したため，最初からオープン・ディスプレイの陳列方法を採用した。オープン・ディスプレイは，顧客にとって商品を気軽に手に取り，自由に比較することができたため，高く評価された[18]。

　オープン・ディスプレイという陳列方法に加え，トイレや床がきれいという清潔さも顧客の間に評判であった。同じく設立当初から在籍する中国人社員の話によれば，「春熙路（1号店が立地している市中心部の繁華街）に買い物で来ているお客様のなかには，他の店のトイレを使わずに，わざわざ成都イトーヨーカ堂のトイレを利用しに来る人も少なくはなかった」という。なぜならば，成都イトーヨーカ堂のトイレはきれいで臭わないのみならず，トイレットペーパーも用意されているからである。それに対して，他の小売店ではトイレットペーパーがないのは当然のことであり，それに加え，水流しが正常に働かなかったり，臭いがひどかったり，そして床が汚れていたりするのは普通であった。また，他の小売店の売り場の床にはよくゴミが散らかっていたのに対して，成都イトーヨーカ堂の床はきれいに保たれていることも評価されていた。

　さらに，親切な接客と応対も当初から評価された。周知のように，中国では長く計画経済が続いていた。計画経済の下では，小売業は基本的に，計画的に

---

18) 成都の大規模小売店ではこのようなオープン・ディスプレイが次第に普及していくのは，2000年頃を待たなければならなかった。顧客がオープン・ディスプレイを高く評価するにもかかわらず，他の小売店が直ちに真似できなかった背景には，盗難防止という顧客に対する警戒心が強かったからである。その後，生活水準，教育水準の向上や防犯対策の実施によって，盗難が減少し，オープン・ディスプレイも次第に普及したが，これまでには成都イトーヨーカ堂の陳列方法は希少性が高く，顧客に好まれていた。

第 5 章　現地市場における成都イトーヨーカ堂の発展プロセス（1）　177

生産され配給された生産物の配給機関としてしか機能していなかった。1970
年代末頃から，従来の計画経済体制が見直され，市場経済が進められた結果，
小売業も次第に市場競争の原理が導入された。しかし，供給が需要に追いつか
ない売り手市場は 1990 年代初頭まで続いていたため，小売業では販売よりも
商品の確保に力を入れていた[19]。計画経済の名残と売り手市場の影響で，小
売店の販売員は顧客に対して「買っていただく」のではなく，「売ってやる」
という感覚を持っていた。そのため，横柄な態度を取ったり，平気でおしゃべ
りをしたり，または，壁に寄りかかるのは当たり前のことであった。

　それに対して，成都イトーヨーカ堂は日本並みの接客と応対を導入しようと
していた。成都イトーヨーカ堂の親切な接客と応対に対して，しばしば顧客か
ら感謝の言葉や手紙が送られた。例えば，顧客から「成都イトーヨーカ堂で買っ
た商品が気に入らない場合，返品にしても，他の商品との取り替えにしても，
従業員が素早く親切に対応してくれる。この対応は，他店ではまずない」とい
う評価があった。

　このように成都イトーヨーカ堂は，成都の小売業界ではほとんど見られな
かったオープン・ディスプレイ，清潔な店舗環境，親切な接客と応対を提供す
ることで，成都市民の興味を引き，集客していた。そして，徹底的な市場調査
を行い，品揃えを成都市民に適応したものに修正したことで，商品も次第に売
れるようになった。その結果，成都イトーヨーカ堂は初年度の 2 億 4,000 万
元（38 億 4,000 万円）の売上から，2000 年には 6 億元（87 億円）へと大きく
成長した。利益面でも，初年度の 7,800 万元（12 億 4,800 万円）の赤字から，
550 万元（8,000 万円）の黒字へと転換した[20]。

　2001 年に 2 号店の出店地が，中心部から西へ約 5 キロが離れた環状 2 号線
沿いの，大規模マンションの開発が進む場所に決定した。都心部に立地した 1

---

19) 1995 年上半期では中国の主要消費財の 14.4% は供給が需要を下回り，67.3% は供給と需要が
　均衡し，18.3% は供給が需要を上回っていた（柳 2009, 252 頁）。中国は市場経済の導入によって，
　商品不足問題が急速に解決されていた。ただし，成都は沿海と比較して，経済発展が遅れていた内陸部
　に位置している。成都イトーヨーカ堂の現地社員の話によれば，成都イトーヨーカ堂の 1 号店が
　設立された 1997 年に，成都が売り手市場であった。
20) 湯谷（2010），200 頁，246 頁。

号店と違い，郊外に立地することで，商圏内の顧客ニーズも大きく異なる。2号店の開店に備え，1号店で蓄積した経験が存分に活かされ，綿密な商圏調査が行われた。顧客ニーズは無論のこと，商品別の価格，品揃え，レジやサービスカウンターの数，販売促進のツールなどの3,000項目において，競合相手との比較表まで作成し，劣っている項目を1つ1つ潰していった。このような競合相手との比較調査は開店後も継続され，徹底されている。入念な開店準備を経て，2003年9月30日に2号店の双楠店は開店した。売上は初年度から目標を上回る5億元（75億円）を達成し，黒字を計上した。

3　創業期の人材育成

　成都イトーヨーカ堂は，オープン・ディスプレイ，清潔な店舗環境，親切な接客と応対，そして徹底的な市場調査に基づいた品揃えによって，進出当初の苦境を次第に打開し，成都の顧客から支持を獲得するようになった。これを実現するためには，現地社員をゼロから教育しなければならなかった。なぜならば，計画経済と売り手市場が長く続いたため，親切に顧客に接する販売員もいなければ，顧客情報を収集，分析し，それらの情報に基づいた商品の仕入れを遂行できるバイヤーもいなかったためである。

　教育は「いらっしゃいませ（中国語：歓迎光臨）」「ありがとうございました（中国語：謝謝光臨）」などの挨拶，お辞儀の仕方，笑顔での対応，顧客を案内する際の手の位置や姿勢などの基本から始まった。1号店が開店する前に，イトーヨーカ堂で採用され勤務していた中国人と日本人5人の社員は成都に臨時派遣され，教育を担当した。教育担当者は講義をはじめ，ビデオや寸劇などを通じて，現地社員に対して細かな指導を行った。しかし，現地社員が誰も丁寧な礼や挨拶などを経験したことはなかったため，思うように声を出すことができず，笑顔にもなることはできなかった。挨拶をするのは恥ずかしいという理由で，採用した1,000人のうち約200人は辞職した。

　成都イトーヨーカ堂は現地社員に大量に去られたため，社員を再募集し，再びゼロからの教育を行う必要があった。これを受けて，成都イトーヨーカ堂は

第 5 章　現地市場における成都イトーヨーカ堂の発展プロセス（1）　179

人事教育部を設立し，教育を担当する専門チームを立ち上げた。そして，挨拶
やお辞儀をひたすら練習すると同時に，「お客さまから給料をもらっているから，
感謝の気持ちで接しなければならない」という，なぜ礼儀が重要なのかも教育
した。それが繰り返されるうちに，現地社員も礼儀に対する理解が進み，日本
のように親切に顧客に接し，売り場を清潔に保つことができるようになった。

　店舗の販売担当者のみではなく，バイヤーの教育もゼロから始めなければな
らなかった。成都イトーヨーカ堂は 1 号店の開店準備から仕入れの苦戦が続
いていた。1998 年 6 月に仕入れを強化するための組織改革が行われた。仕入
れと販売を分離し，商品部と販売部を設立した。衣料部，食品部，住居部の部
長と副部長はそれぞれ販売と仕入れを担当することになった。

　一般に，バイヤーは顧客情報の収集と分析，それらの情報に基づいた商品計
画，商品の仕入れ，仕入れた商品のコンセプトや陳列方法などの売り場への伝
達といった仕事をしなければならない。しかし，1990 年代における中国の主
要な小売業態といえば，百貨店であった。百貨店の売り場は基本的に店中店に
よって構成されている。店中店は自らの品揃えを決定する。それに対して，イ
トーヨーカ堂は，買取仕入を中心とする売り場であるため，日本のバイヤーは
売り場で何を売りたいのか，どのように売るのかを考えたうえで仕入れを行っ
ている。そのため，成都イトーヨーカ堂の日本人幹部から見れば，中国には本
当の意味のバイヤーはいなかった。店中店管理をしているのみであった。仕入
れを強化するために，まず，売れる商品を見極め，それを適切な価格で持って
こられる本物のバイヤーを育成しなければならなかったという。

　当時の住居部長であり，仕入れの担当を自ら申し出た三枝富博は，何人かの
バイヤー候補者を集め，毎日，中国各地を飛び回り，バイヤー育成に注力して
いた。最初は，三枝が取引先と商談をしてみせる。次に，中国人バイヤーたち
に商談をさせる。その後，どこが良くなかったのかを指導する。そして，取引
先を回ってから，夜にその日の報告書を作成させる。同じような失敗を繰り返
さないように何度も報告書を書き直させ，売れる商品を仕入れるためにどうす
ればいいのかを考えさせる。中国人バイヤーたちはこのような出張を繰り返す

180

うちに，売れる商品を仕入れるために，自分はどうすればいいのかということ
ばかり考えるようになった。このようにして，現地社員は基礎から教育された。

第4節　段階的発展

成都イトーヨーカ堂は，まず，オープン・ディスプレイ，清潔な店舗環境，
親切な接客と応対を通じて，成都市民を店舗に引きつけた。しかし，売り場に
は成都市民のニーズを充足するような商品がなく，来店させても購買させるこ
とができなかった。その後，徹底的な市場調査を行い，品揃えを成都市民に適
応したものに修正したことで，商品も次第に売れるようになった。売上高の増
加にともなって，全く相手にされなかった現地供給業者にも商品を提供させる
ことができるようになり，成都イトーヨーカ堂はようやく成都市民に好まれる
商品を提供できるようになった。また，現地社員の教育にも注力し，仕入れと
販売を担当させた。工夫の積み重ねによって，1号店は2000年度に黒字を実現し，
2003年に2号店が開店し，初年度に黒字を達成した。2004年以降，成都イト
ーヨーカ堂は創業期の想像を絶した苦境を乗り越え，急速な成長期を迎えた。

1　成長期（2004 ～ 2009 年）

2004 ～ 2009 年の間に，成都イトーヨーカ堂は年平均約33%の売上高成長率
を記録し，店舗を2店舗から4店舗に拡大した。成都市民の1人当たり可処分
所得は，2004年の7,233元から2009年の1万2,299元に増加した。そのうち，
都市住民の1人当たり可処分所得は，1万394元から1万7,589元に，農村住
民の1人当たり可処分所得は，4,072元から7,010元に増大した。所得の上昇
にともなって，成都市民は旺盛な購買意欲を見せた。2009年における都市住民
の消費支出は2004年の約1.5倍となり，1万3,143元に達した。農村住民の消
費支出も2004年の2,954元から2009年の4,894元に拡大した[21]。

所得の上昇にともなって，消費者のニーズは大きく変化したという。2007

21）数値は『四川統計年鑑』2006・2010によるものである。

年までに，成都の消費者は，他人と同じ物を持ちたいという消費特徴が顕著であったが，2008年頃になると，他人と同じ物よりも他人と違う物を追求するようになった。すなわち，生活が豊かになるにつれて，2008年頃より，成都の消費者のニーズは次第に多様化したのである。消費者ニーズの変化とともに，成都イトーヨーカ堂が顧客に提供する価値も変化した。

2004〜2006年の間に，成都イトーヨーカ堂は「新商品」「価値感」という方針で顧客に商品を提供していた。新商品とは，新しい商品のことであり，価値感とは，価格は安く品質はある程度良い商品のことである。2007年になると，「差別化」という方針を提起した。本項では2004〜2006年と2007〜2009年の2つの時期に分けて，成都イトーヨーカ堂が顧客ニーズの変化にどのように対応してきたのかを考察する。

(1)「新商品」と「価値感」

2号店が開店した2003年以前は，成都イトーヨーカ堂は商品の確保に必死であった。2004年以降になると，1号店と2号店が顧客に評価されたことで，業績が急速に成長し，成都イトーヨーカ堂は商品あるいは店舗の方針を提起し，それを具体的に売り場で反映させる余裕を持つようになった。この時期の主要な方針は，「新商品」と「価値感」であった。2004〜2006年の間，成都は大衆消費時代であったため，成都イトーヨーカ堂は価格訴求を展開していた。しかし，単に低価格だけではなく，ある程度品質の良い商品を顧客に提供した。

価値感のある商品に加え，新商品も積極的に導入した。内陸部に位置する成都にとって，沿海部で流行している商品は，これからの成都で流行する可能性がある。そのため，沿海部への出張を増やし，沿海部からの情報収集を強化した。ただし，沿海部の商品が，全て成都の顧客ニーズを充足させるわけではない。バイヤーたらは，売り場，販売データ，顧客の声といった内部情報を始め，供給業者からの情報，競合相手に関する情報，マクロ経済の変化などの外部情報をもとに，成都の顧客ニーズに答えられそうな新商品を導入した。

本部と店舗の情報共有を促進するルートは主に3つあった。1つ目は，販

売本部にある SV（スーパーバイザー）部門である。SV 部門は，商品本部が作成した商品情報などを店舗に伝達する。それと同時に，店舗での実行状況や，店舗から吸い上げた顧客ニーズ，店舗側の要望や課題などの情報を商品本部にフィードバックする。

2つ目は，水平的なコミュニケーションである。店舗の売り場担当者やマネージャー，または店長は，直接商品本部と連絡を取り合った。

3つ目は，トップダウン的なコミュニケーションである。会長，社長，管理本部長などの経営トップは，よく売り場に立ち，売り場の課題を直接確認していた。商品本部と店舗との間での調整では，対応しきれない課題について，経営トップはトップダウン的に対応していた。すなわち，経営トップは商品本部と店舗の意見を統一させ，統一した意見のもとで，商品本部と店舗は共同で顧客の不満や要望に対応したのである。これらの情報共有ルートは現在でも続けられている。

このように消費者が他人と同じような物がほしい大衆消費時代では，成都イトーヨーカ堂は新商品と価値感の方針を提起し，沿海部からの情報収集を強化した。様々なルートで収集した情報は本部と店舗の間で共有された。共有された情報をもとに，新商品と価値感の方針を具体的な商品に落とし込むことで，成都イトーヨーカ堂は顧客ニーズを充足していた。

(2)「差別化」

生活が豊かになるにつれて，消費者ニーズはやがて多様化した。成都では2008年前後より消費者ニーズの多様化傾向が顕著になりはじめた。消費者ニーズの多様化に応じて，成都イトーヨーカ堂は，2007 年に「差別化」という方針を提起した。差別化とは，他社との違いを明確にし，成都イトーヨーカ堂の独自性を確立することである。

これまでの新商品，価値感も他社との差別化を図っていたが，商品に重点を置いていた。2007 年に提起した差別化は，商品のみではなくサービス，販売方法，設備施設，売り場の雰囲気なども含めた差別化であった。同じ商品であっ

ても，導入時期や販売方法を通じて他社との差別化を行った。例えば，当時3月に売り場に春物を導入するのは当たり前であったが，成都イトーヨーカ堂では2月に導入した。

2008年後半から店舗にサービス業を導入しはじめた。双楠店店長によれば，生活水準の向上によって，これからの成都市民はレストラン，文化，教育，娯楽などのサービスを求めると予測したため，成都イトーヨーカ堂は2008年に業態開発部を設立し，2008年後半に3号店の錦華店に成都初のグルメ広場を開いた。そして，2009年に開店した4号店の建設店にレストラン，美容室，学習塾，漢方クリニックなどを導入し，物販を中心とする伝統的な百貨店の考えにショッピングセンターの考えを取り入れた。

また，2008年における消費者向けのインターネット通販売上高は，図表5-10で示されたように規模こそ大きくはなかったが，2007年と比較して128％の成長率を記録した。今後の消費者はインターネット通販をよく利用するようになると予測し，成都イトーヨーカ堂は2009年にいち早くオンラインストアを立ち上げ，実店舗とインターネットの融合に着手しはじめた。

消費者ニーズが大きく変化する時期に，顧客の変化をよりよく理解するために，2007年には本部に顧客相談室を設立した。2008年に品質監督員制度を設置し，一般から品質監督員を公募し，品質監督員を通じて収集した顧客の声を売り場の改善に活用した。さらに，確実に顧客の声に対応するために，2008年には経営企画室に顧客満足度向上委員会を設置した。前述したように，店舗と商品本部との間の情報共有のルートにはSV部門がある。しかし，SV部門を経由して，商品本部にフィードバックされた，商品に関する売り場からの要望や意見がすべて対応されるのではない。経営トップが直轄する経営企画室に顧客満足度向上委員会を設置することで，顧客の声が直接経営トップに共有され，顧客ニーズをより迅速かつ確実に対応できるようになったという。

「顧客の声を週間レポートの形で分析する。その結果をもとに，売り場を修正する（中略）解決しにくい問題については，顧客満足度向上委員会でさらに議論

する。この会議は月1回の頻度で開催される。会議には社長，副社長，各本部の部長，副部長，そして店長，副店長が参加し，議論する。そこではどのような問題が店舗自身が解決できず，本部の支援が必要なのかを明確にし，対応する。」

—販売本部副本部長J氏（中国籍）

「経営企画室は社長と副社長に直結している。ここに顧客満足度向上委員会を設置することで，顧客の声を直接経営トップに反映することができる。それによって，顧客の声に対応するスピードを早め，度合いを強めたのだ。顧客満足度委員会の設置によって，顧客の声の収集，分析，解決，実行，追跡，修正のように，より体系的に対応することができるようになった。」

—副社長L氏（中国籍）

　このように2008年前後に消費者のニーズが多様化したことで，成都イトーヨーカ堂は差別化という新たな方針を明確に提起した。それにともなって，顧客ニーズに関する情報の収集ルートを拡大し，収集した情報の共有，そして確実に対応するための仕組みも追加し，変化する顧客ニーズに応じた。

(3) 成長期の人材育成

　小売企業にとって，顧客に適合する商品を仕入れ，その商品を適切な方法で販売することは，もっとも中心的な業務である。品揃えを考案する商品計画から商品を店頭に並べて顧客に販売するまでの一連の活動をマーチャンダイジングと呼ぶ。

　消費者のニーズや購買行動は常に変化している。小売企業は消費者の変化に合わせて，マーチャンダイジングを継続的に進化させる必要がある。マーチャンダイジングを継続的に進化させるためには，社員の人材育成は極めて重要である。創業期と比較して，成長期における成都イトーヨーカ堂は，新たな人材育成の仕組みを構築した。

　前述したように2008年前後より成都の消費者のニーズが多様化した。多様化した消費者のニーズを発見し，充足するためには，自律型人材が重要となっ

第5章　現地市場における成都イトーヨーカ堂の発展プロセス（1）　185

た。これまでは，価格が安く，品質がある程度良い商品であれば，売り場で大量陳列すれば売れた。しかし，これからは，商品，サービス，販売方法などに対する消費者のニーズは多様化し，なおかつレベルアップしていく。このような消費者ニーズの変化に対応するために，自ら売り場での問題に気づき，その問題を解決するための情報を収集，分析し，そして，解決策としての仮説を立て，それを実行，検証，修正するような人材が求められるようになった。

　自律型人材像は，これまでは幹部の中に浸透していたが，売り場の販売員に必ずしも理解されてはいなかった。自律型人材をさらに育成するために，成都イトーヨーカ堂は，2008年には成果発表会，2009年には業務改善提案と技能コンテストを導入した。

　成果発表会は3ヵ月に1回開催され，社員は自ら挑戦したこと，改善したことによって，顧客満足度や業績などにどのような効果があったのかについて発表する。業務改善提案は月に1回開催される。店舗，売り場において，顧客にとってどのような不便，不満，不足があるのか，それを改善，解決するためにどのようにすればいいのか，なぜこのような提案をするのかについて社員が発表する。技能コンテストは6ヵ月に1回開催され，魚や肉の捌き方をはじめ，接客サービス，商品陳列など46項目において，社員は技能を競い合う。審査は社内および会社外部の専門家審査員，顧客審査員，特別審査員（成都イトーヨーカ堂の経営陣）の3者で公正に行われる。成果発表会，業務改善提案，技能コンテストで表彰された社員に対して，沿海部への研修機会，あるいはボーナスが与えられる。

　このような人材育成の仕組みを通じて，成都イトーヨーカ堂は現地社員の主体性を高め，現地社員のスキルおよびモチベーションの向上を図った。それと同時に会社の経営理念の理解と浸透も促進した。成都イトーヨーカ堂は，日本のイトーヨーカ堂と同じように「お客様に信頼される誠実な企業でありたい」，「取引先，株主，地域社会に信頼される誠実な企業でありたい」，「社員に信頼される誠実な企業でありたい」の経営理念のもとで，お客様第一主義を掲げている。

　人事本部本部長によれば，社員の意識を変えるのは極めて重要である。社員が

顧客を重視し，会社の経営理念をしっかり理解していれば，その行動は必ず変わるという。しかし，社員に会社の経営理念を理解させるのは，極めて時間のかかるプロセスである。最初は会社の経営理念に対して，無視，重視しない，あるいは戸惑うような態度を取る社員がいるのは当たり前である。しかし，フロアーマネージャーや店長，さらに経営トップが繰り返して伝達し続けるうちに，次第に理解し，経営理念に適合した行動を取るようになる。新しく導入された人材育成の仕組みのうち，業務改善提案は，社員には顧客の視点から日々の仕事を改善させた。このような仕組みを通じて，幹部にとどまらず，全社員に顧客の立場に立った物事の思考方式を身に付けさせ，経営理念を共有させている。

　また，2008年には初めての中国籍店長が誕生した。2009年に成都イトーヨーカ堂はさらに大規模な人事異動を行い，初めての中国籍取締役員を任命し，商品部や販売部などのトップである部長と店長にすべて中国人を登用し，日本人幹部は全面的にコーチ役に転換した。中国人を店長，部長，取締役といった管理職に任命したことは，現地社員のモチベーションを高くする上で重要な意味を持っていた。中国人のやる気を引き出すためには，その会社にいれば，自分に「発展空間」（成長し続けられること）があることを確信させなければならない。成長には能力の成長，給料の上昇と昇進の機会が含まれる。そのうち，給料の上昇と昇進の機会は，中国人のやる気を引き出すためには，最も有効な手法だという。

　成都イトーヨーカ堂の一般社員は，給料においては他社とほとんど変わらないが，仕事において他社より厳しく要求されている。厳しい要求は，自らの能力の成長につながると積極的に考える社員もいるが，能力の成長のみでは，社員のモチベーションを高く維持し続けることはできない。社員のモチベーションを高く維持し続けるためには，努力した分を給料の上昇に確実に反映させなければならない。そのため，成都イトーヨーカ堂は，日本のような年功序列制度を採用していない。その代わりに，成果を重視し，歩合給の割合を高く設定している[22]。ただし，ここは個人のみをベースにした歩合給ではなく，チー

---

22) 成果を重視する賃金制度は中国の雇用慣行とも関係している。中国では，日本のように同じ企業で長く働くことは一般的ではない。企業も日本のような終身雇用を採用しない。成都イトーヨーカ

ムの業績を前提にした歩合給である。すなわち，チームの業績とチーム内における個人の成果が自らの給与に反映されるという仕組みである。個人主義の強い現地社員のモチベーションの維持とチームワークが必要とする小売業務のバランスを取るための工夫である。

2005年に大幅な賃金制度の改革が行われ，給料は職位と大きく連動するようになった。成都イトーヨーカ堂の給料は職位が高くなればなるほど，業界においてもトップレベルとなる。そのため，中国人を店長，部長，取締役に任命したことは，現地社員に一生懸命努力し，能力が上がれば，幹部になれる，したがって，大幅な給料の上昇が期待できることを示した。そのうえで，信賞必罰を徹底し，設定した目標が達成できなければ，責任をとって選手交代となる。すなわち，実績に基づいて，昇進の機会は誰にも与えられるということである。

このように成長期における成都イトーヨーカ堂は，様々な人材育成の仕組みの修正および追加を行い，現地社員の能力とモチベーションを向上させた。そして，消費者ニーズの多様化にともなって，これからは主体性を持つ人材がますます重要となることを見込んで，いち早く自律型人材の育成仕組みを導入した。

2　調整期（2010〜2013年）

2010年に入ると，成都イトーヨーカ堂を取り巻く市場環境が大きく変化した。まずは，消費者ニーズの変化である。2008年頃には，生活が豊かになるにつれて，消費者が買い物する際に，安い価格を最も重視する傾向が弱まりはじめた。2010年に入ると，価格よりも，商品の品質，接客サービスまたは他の付随サービスを重視する傾向が一層顕著となった。

消費者ニーズの変化のみではなく，成都小売業の競争は激化しはじめた。図表5-1で示されたように中国のGDP成長率は，2010年以降低下し続けている。それを受け，内陸部の開発は本格化され，成都は大いに注目されている。本章の第1節第2項で示したように，2010年以降，成都の商業面積は激増し

堂も，日本の正社員雇用形態ではなく，契約制を採用している。契約制は，一般社員は1年，係長は3年，課長は5年，部長は7年のように職位が上位になるにつれて，契約期間が長くなるという特徴がある。

ている。競争は実店舗を有する小売企業間にとどまっていない。インターネット通販による競争も本格化しはじめた。2010 年に中国のインターネット利用者は 4 億 5,000 万人を越え，消費財のインターネット通販販売額は 4,610 億元までに成長した。2011 年になると，インターネット通販はスーパーマーケットを越え，消費財を販売する最大のチャネルとなった。

　さらには，2010 年に入ると，尖閣諸島をめぐる日中関係の悪化で，成都で大規模な反日デモが繰り返して行われたという非常事態も発生した[23]。成都における最も代表的な日系企業である成都イトーヨーカ堂は標的となり，反日デモの影響を真っ先に受けた。また，2012 年に誕生した習近平政権は，かつてないほどの大規模腐敗汚職の取り締まりを展開し，各小売店のギフトカード販売低迷までもたらしたという。

　このように成都イトーヨーカ堂を取巻く市場環境が激変したなか，これまで順調に伸びてきた売上成長率は大きく鈍化した。成長期における年間平均売上高成長率は 33% であったが，2010 年には 24% に，2011 年には 10% に低下した。強い危機感を抱いた成都イトーヨーカ堂は，2010 年に社内では「高品質 GMS」を議論するようになり，2011 年 1 月に社外に向けて「高品質 GMS」という新しい経営方針を正式に打ち出し，積極的に市場の変化に対応しようとした。

(1)「高品質」

　高品質は，日常性の高い上質を意味する。すなわち，高品質 GMS は，顧客に毎日の衣食住に必要な日常性の高い商品を提供し，顧客の生活向上を目指す。この新しい方針の下で，成都イトーヨーカ堂はまず客層を明確化した。これまでは立地によって，各店舗の商圏は自然と決まったので，商圏内の顧客ニーズは徹底的に調査するが，客層の細分化は特に意識しなかった。しかし，オーバー

---

23)「成都高校大学生爆発反日示威游行」http://www.l99.com/EditText_view.action? textId =
　78791, 2017 年 6 月 7 日アクセス。または，「成都爆発反日游行　伊藤洋華堂春熙店被迫暫定営業」
　http://news.winshang.com/html/012/3625.html, 2017 年 6 月 7 日アクセス。

第5章　現地市場における成都イトーヨーカ堂の発展プロセス（1）　189

ストアによる競争は激化し，成都イトーヨーカ堂のファンを増やすために，主
要客層のニーズをさらに深掘りする必要があった。成都イトーヨーカ堂は各店
舗の客層を整理し，選択と集中を行った。

　標的顧客に上質な日常生活を提案するために，成都イトーヨーカ堂は商品構
成と販売方法を大きく修正した。商品は需要適応型商品と需要誘導型商品に大
別することができる。需要適応型商品は，顧客の顕在的ニーズを満たす商品で
あり，需要誘導型商品は，顧客の潜在的ニーズを満たす商品である。成都イ
トーヨーカ堂は需要適応型商品を中心としたこれまでの商品構成を改め，需要誘導
型商品の割合を増やした。また，需要適応型商品においても，上質な商品の割
合を増やした。

　「調整期ではたくさんの出来事があった（中略）顧客の生活も豊かになり，
豊かになると，顧客の選択肢は広がる。新しいモノ，高品質なモノを追求する
ようになった（中略）成長期では，7割，8割は顧客ニーズを充足させる商品で，
2割，3割は顧客ニーズを誘導する商品だった。調整期では，需要誘導型商品
の割合を高くした。
　需要誘導型商品を増やすことは，需要適応型商品を変更しなくてもいいとい
う意味ではない。需要適応型商品も変更しなければならない。高品質なので，
その質をどのように表すのか。例えば，ティッシュは需要適応型商品だ。ティッ
シュには，様々な材質や加工方法がある。そのうち，例えば，無添加・環境に
やさしいティッシュの商品を強化する。だから，需要誘導型商品と需要適応型
商品の割合を変更し，それぞれの内部も変更しなければならない。これらの変
化の原点はすべて顧客のニーズにある。」

　　　　　　　　　　　　　　　　　　　　　　　―販売本部副本部長 E 氏（中国籍）

　商品構成のみではなく，販売方法も大きく変化した。大衆消費時代の成長期
では，消費者は価格を最も重視するため，成都イトーヨーカ堂は価格訴求を展
開していた。そして，消費者は価格よりも品質を重視するようになるにつれて，

成都イトーヨーカ堂は価格訴求よりも価値訴求を重視するような販売方法に変更した。顧客に商品の材質，商品の使い方，商品が顧客の生活にどのように役立つのかなどの情報伝達に注力するようになった。とはいえ，価格訴求から価値訴求への転換は簡単にできるものではなかった。なぜならば，成長期で大きな成功を収めたやり方は簡単に変更できるものではなかったからである。それゆえに，高品質という方針は，バイヤーや販売員の発想を変更する上で重要であった。

　「価格訴求はだんだんやらなくなった。顧客にとってあまり魅力的じゃなくなったから（中略）価格を下げても顧客はもう買わない。なぜならば，顧客はその商品の品質はよくない，あるいは普通と思うようになったから。成都イトーヨーカ堂の客層はカルフールと違うので，もっといいモノを求める。つまり価格訴求のようなやり方はもうだめだ。

　顧客は生活が豊かになるにつれて，価格ばかり求めなくなった。このような傾向は 2007 年，2008 年頃から現れた。それに対して，われわれも修正したが，市場の変化に遅れを取った。だから，2010 年にはやり方の修正ではなく，発想を変えなければならない。価格ではなく，高品質という概念の提起で，商品構成から販売方法まで大きな変更をした。」

—販売本部副本部長 E 氏（中国籍）

　顧客に上質な日常生活を提案するために，顧客ニーズを理解するための情報収集ルートにも変化は見られた。これまでは，顧客の自宅訪問，販売データ，顧客の声などを通じて顧客の顕在的ニーズを徹底的に調べ，成都にとって流行のバロメーターともいえる沿海部への出張によって，顧客の潜在的ニーズの発見に取り組んできた。2011 年 1 月に高品質 GMS の方針を提起してから，従来の情報収集ルートに加え，海外研修が増加した。日本はもちろんのこと，香港，台湾，韓国，シンガポール，アメリカ，ヨーロッパなどへの視察が毎年のように行われるようになった。バイヤーたちは海外研修で得られた情報をもと

第5章　現地市場における成都イトーヨーカ堂の発展プロセス（1）　191

に，近い将来における成都の顧客ニーズを予測する。そして，予測したニーズに合わせた商品を揃え，顧客に提案していた。

　また，2008年以降のメラミン入り粉ミルクを飲んだ乳児が次々と腎臓結石になった事件を契機に，下水道の汚水を精製した下水溝オイル事件や，腎機能の低下，骨の激痛などをもたらすカドミウムを含んだ米が中国全土に流通されていたことのような食品安全スキャンダルが相次いで報道された。これらの報道を受け，食品の安全・安心に対する消費者の関心は著しく高まった。消費者ニーズに対応するために，成都イトーヨーカ堂は2013年3月より日本で取り扱っている「顔が見える食品」と同様のコンセプトで「看得見的放心」というPB商品の販売を開始した。「だれが」「どこで」「どのように」作った商品なのかなどの生産履歴を顧客に公開し，子供を持つ顧客や妊娠中の顧客など特に安全・安心に関心の高い顧客から高く評価された。

（2）調整期の人材育成

　顧客ニーズに適応した上質な日常生活を提案することは簡単ではない。需要適応型商品の場合，顧客の顕在的ニーズを徹底的に調査すれば，達成することができる。しかし，需要誘導型商品の場合，顧客自身はまだそのニーズに気づいてない。そのため，顧客の声を収集しても発見することはできない。成都イトーヨーカ堂は顧客の潜在的ニーズを予測し，一歩先進んだ商品提案をしなければならない。すなわち，不確実性の高い潜在的ニーズを的確につかむ必要がある。そのため，現地社員，特にバイヤーに，近い将来の消費傾向に対する正確な察知力を身に付けさせることは極めて重要である。成都イトーヨーカ堂は，このような察知力を鍛える取り組みを新たに導入した[24]。

　それは独特な海外研修の実施である。前述したように海外研修は，調整期における顧客ニーズを理解するための情報収集ルートとして活用された。それと同時に，バイヤーの察知力を鍛える仕組みでもある。一般的な海外研修は，店舗視察や経営者との交流を中心とする。それによって，参加者は視察先の市場

---

24) 成都イトーヨーカ堂のバイヤー育成の詳細については，成田（2016）を参照されたい。

や品揃えに対する考えを理解していく。しかし，視察先の市場や品揃えに対する考えを理解し，品揃えをそのまま自社の売り場に導入しても自社の顧客に適応しないリスクは高い。なぜならば，視察先の品揃えに対する考えが視察先の顧客ニーズにしか適応していない可能性は高いからである。

それに対して，成都イトーヨーカ堂は海外研修に派遣した社員に，店舗視察のみではなく，視察先住民の自宅も訪問させ，その生活まで体験させる。そのうえで，成都市民の目線になり体験した生活に憧れるかどうかを自問させる。もし，成都でも視察先住民のような生活を送りたい，かつそれは実現可能だとすれば，その生活に関連するニーズは成都における近い将来の消費傾向として見込む。そして，その生活に必要な商品を揃え，顧客に提案する。

また，高品質GMSにいち早く転換するために，2010年に成都イトーヨーカ堂はCIY職業教育学院を設立し，体系的な人材育成の仕組みの構築に取り組みはじめた。CIY職業教育学院では，幹部および幹部候補者を中心に，幹部共通教育と職務別技能教育に分けて体系的な教育が行われている。幹部共通教育では，会長による経営理念および思考方式の伝授，消費者行動，マーケティング，経営学などに関する基礎知識の学習，社内および外部環境に関する情報の共有が行われる。職務別技能教育では，フロアーマネージャー，マネージャー，店長，バイヤーなどに各職務に必要な知識や能力を身に付けさせる。さらに，2013年にコーチング教育を導入し，質問を中心とする教育の形で，主体性をもつ人材育成をさらに促進した。

このように相次ぐ人材育成の仕組みの導入は，現地社員の能力向上に貢献するのみではない。それと同時に，成都イトーヨーカ堂の発展性を示し，現地社員に成都イトーヨーカ堂で努力すれば，自身も成長していくことを確信させ，現地社員のモチベーションも高めたという。実際に2008年に初めての中国籍店長が誕生して以来，人材現地化は急速に進行した。2009年に部長，店長などの重要な管理職はすべて中国人が担当するようになった他，2012年に常勤役員7人のうち3人が中国人となった。

第5章　現地市場における成都イトーヨーカ堂の発展プロセス（1）　193

「やっぱり売り場の一人ひとり含めてどういう教育をやっていくのは鍵ですよ。*(中略)* 人材育成に力を入れている。一番投資しているね。売上の 2~3% ぐらい使っている。*(中略)* 海外研修もいろんなことをやっています。勉強でもやはり体験させようと。いいモノを体験させたら，次にやっぱりイメージができるから。*(中略)* コーチング教育っていうのもやっています。いろんな質問をやりながら，考えさせる。これもまる 2 年間（2013 年に導入）やっている。幹部社員からいろんな現場社員に至るまでのコミュニケーションの仕方を変えて，上意下達ではなくて，どうやって自分で考えるか。*(中略)* いろんな手法を取り入れながら，どうやったらみんなは主体的に動けるか。僕らのビジネスは，所詮中国人の積極性をどう引き出せるかにかかっています（中略）やっぱりみんなが考えてどうしたらいいかと，そういう体質をどう作れるかですよ。体質っていうのは一度できたら崩れないじゃないですか。そういうところにものすごく力を入れている。*(中略)* 日本人は十何名，17 名ぐらいいまして，基本的にはコーチ役としていて，主役はすべて中国人です。*(中略)* 自分からこうしたいと言ってくれれば，どんどんさせますしね。」

—会長 A 氏（日本籍）

　現地社員のモチベーションを高めるために，他の取り組みも導入した。2011 年より店中店の社員も含む全社員が参加する運動会は毎年のように開催するようになった。事前の練習，本番での奮闘，協力，そして感激を受け，社員のモチベーションや団結力が高まったという[25]。また，2012 年に従業員相談室を設立し，社員の悩みに対して，人事課員は耳を傾け，アドバイスするようになった。それによって，仕事に対する社員の不満の解消，モチベーションと定着率の向上を図った。

　2010 年以降，成都イトーヨーカ堂を取り巻く市場環境は大きく変化した。価格よりも品質を重視するようになった顧客ニーズに対応するために，成都イ

---

25) 運動会に顧客，取引先の幹部，成都イトーヨーカ堂が支援している地域の小学校の生徒も参加し，社内外の交流を促進する場ともなっている。

トーヨーカ堂は高品質 GMS という方針を提起し，商品構成から販売方法まで
大きな変更をした。顧客に上質な日常生活の提案においては，顧客の潜在的ニー
ズを的確に察知する力を持ち，自ら考え行動するような自律型人材は一層重要
となる。そこで，成都イトーヨーカ堂は自律型人材を育成する新たな仕組みを
導入し，激変している環境に積極的に対応しようとした。

3　変革期（2014~2017 年 8 月現在）

　2014 年になると，成都イトーヨーカ堂を取り巻く環境は調整期につづき大
きく変化した。生活水準のさらなる向上にともなって，成都の消費者は日本の
ように物質的満足よりも精神的満足を追求するようになった。そして，海外や
沿海部に旅行および買い物をする機会が増加し，消費者がアクセスできる商品
や売場に関する情報は急増した。そのため，商品および売り場に対する要求も
高度化した。

　また，競争は一層激化し，2014 年年末に，成都にすでに建設された総合型商
業施設の面積は，1,500 万平方メートルに達した。そのうち，ショッピングセン
ターの面積は 400 万平方メートルを越え，この規模は中国全国の第 1 位であっ
た [26]。2016 年になると，ショッピングセンターの数は 78 箇所までに増加し，
営業面積は 2014 年の約 2 倍の 800 万平方メートルまでに激増した。成都イトー
ヨーカ堂の 6 店舗それぞれ 3 キロ商圏内の競合店が，合わせて 90 店舗までに急
増し，その営業面積は実に 580 万平方メートルを上回った [27]。実店舗小売企業
同士の競争のみではなく，消費者向けのインターネット通販は急成長し，イン
ターネット通販による競争圧力も著しく増大した（図表 5-10）。

　小売企業は主に商品の販売によって収益を獲得する。そのため，標的顧客の
ニーズに適応した商品を取り揃え，適切に販売するのは小売企業にとって最も
重要な業務である。これまでの実店舗小売企業は品揃えの差別化，買いやすい

26）「観察：成都商業面積全球第二　空置厳重発展前景堪憂」http://sc.winshang.com/news-492758.
　　html，2017 年 5 月 17 日アクセス。
27）成都イトーヨーカ堂社内資料。

売場作りを中心に工夫してきた。このような政策は商圏内の競合他社との差別化が可能だとしても，インターネット通販の競争には通用しない。なぜならば，消費者の情報処理能力の向上，物流システムや電子商取引に対する法規制の整備にともなって，消費者にとって無限大の品揃えを持つインターネットでの買い物コストは著しく低減している。さらに，消費者は商品を購入するために，わざわざ実店舗に行かなくなる傾向が強まっている。

　すなわち，主に商品の販売によって収益を獲得する小売企業は，インターネット通販と差別化するためにも，心の豊かさを追求する消費者のニーズの質的な変化に対応するためにも，機能と便利性を越え，実店舗ならではの新しい価値を消費者に提供しなければ生き残れないのである。

　このような消費者ニーズの質的変化と競争の激化に対応するために，成都イトーヨーカ堂は顧客に「楽しい体験」を提供するための体験重視型店舗作りに力を入れ，大きな組織変革を行った。それと同時に，インターネットでの買い物が当たり前の消費者ニーズに対応するために，越境EC事業に本格的に取り組みはじめ，実店舗とインターネットの融合を目指している。

(1)「楽しい体験」

　成都イトーヨーカ堂は様々な方法で実店舗でしか味わえない体験を顧客に提供しようとしている。1つ目は，物販ではなく，サービス業の導入である。前述したようにこの取組みはすでに2008年より力を入れはじめた。そして，物販を中心とする大型店として店舗に成都初のグルメ広場を導入した。店舗へのサービス業の導入は2008年以降の店舗改装や新店オープンのときに継続的に実施されており，消費者ニーズの質的な変化を迎えた変革期では，より本格的に展開されるようになった。2016年に成都イトーヨーカ堂は業態開発部を業態開発本部に昇格し，店舗におけるサービス業の組み合わせの最適化やサービス業自体の収益性改善に取り組んでいる。

　2つ目は，物販と直接関係しない数多くのイベントの開催である。これらのイベントは店舗を子供の遊び場や学習の場，または地域の社交の場や文化発信

の場に変化させた。例えば，夏休みに，子供が店舗内で一日楽しく有益な時間を過ごせるようなイベントや，サンバ大会，七夕祈願，歌合戦などのイベントが数多く開催されている。

　サービス業の導入とイベントの開催はいずれも直接商品の販売と関係しない。しかし，これらの取り組みは，顧客が店舗で楽しく長時間滞在することを可能にし，商品の売上高増加にも貢献している。さらには，これらの取り組みは楽しい体験を求める顧客のニーズに対応することで，成都イトーヨーカ堂に対する顧客の評価も高めた。その結果，顧客の来店頻度は高くなり，商品の売上高増加にもつながったという。

　「サービス業は消費者ニーズの変化に対応するために導入された。消費者はもっと勉強したいため，教育関連を導入した。もっと綺麗になりたい，自信を持ちたいため美容室，ネイルサロンを導入した。家族と一緒に楽しい時間を過ごしたいため，レストラン，グルメ広場を導入した（中略）われわれのサービス業の主な目的は消費者に便利を提供し，消費者に楽しく過ごせてもらうことだ。今のわれわれのサービス業の規模だと全く採算に合わない。」

—双楠店店長Ｇ氏（中国籍）

　「（非物販イベント）試みてやってみたら，確かに催事場の売上高を失った。しかし，顧客の間の評判はとても高かった。こんなたくさんのイベントがあって，楽しかったという。しかも，顧客はもっと来店したくなるようになった。店舗全体から見れば売上高は下がったことがなく，かえって上昇した。」

—販売本部本部長Ｈ氏（中国籍）

　小売企業は主に商品の販売によって収益を獲得する。モノの豊かさよりも心の豊かさを追求する，あるいは，モノをインターネットで買うというような消費者のニーズおよび購買行動の変化は，物販が収益の基盤となっている小売企業にとってかつてない挑戦である。

第5章 現地市場における成都イトーヨーカ堂の発展プロセス（1） 197

レストラン，学習塾，写真館，クリニックなどのサービス業の導入や非物販イベントの開催は，顧客の体験を楽しくし，集客および来店頻度の向上につながり，商品の販売を間接に促進する。しかし，これらの取り組みは直接収益につながらない。成都イトーヨーカ堂は商品の販売を間接に促進するような取り組みのみではなく，消費者が商品を購買する際に，消費者の体験を楽しくし，消費者ニーズに対応しようとしている。すなわち，物販に体験の要素を組み入れるのである。

2014年1月に成都イトーヨーカ堂では初めての「ライフスタイル提案型」店舗として，6号店温江店が開店した。現在はすべての店舗は顧客へのライフスタイル提案に注力している。ここでいう「ライフスタイル提案」とは，単に1つ1つの商品を販売するのではなく，商品を組み合わせて様々の生活シーンを演出し，顧客にライフスタイルを提案することである。これまでは衣食住のように商品カテゴリー別で売り場を編集していた。ライフスタイル提案型の店舗では，消費者の生活シーンに合わせ，テーマ別で売り場を編集するようになった。

例えば，ピクニックというテーマであれば，実際にピクニックを行うようなシーンを演出し，そこでピクニックに必要とされる食べ物，道具，紫外線に対応するための衣料品や化粧品などを組み合わせて提案する。顧客は昔のように商品別の各売り場に行き，商品を購入する必要はない。その生活シーンに関連する商品は集中的に陳列されるため，顧客はその場で様々な商品を合わせて購入することができる。

顧客へのライフスタイル提案を実現するために，成都イトーヨーカ堂はこれまでの社内情報共有および売り場作りの方法を大きく変更しなければならなかった。なぜならば，これまでは，食品，住居，衣料部門別で本部と店舗は情報を共有し，共同で売り場を作り上げてきたが，食品，住居，衣料部門を横断した情報共有と売り場作りは少なかったからである。しかし，ライフスタイルを顧客に提案するために，衣食住の組み合わせが不可欠であり，部門横断での本部と店舗の連携が必要となった。

部門横断での本部と店舗の連携を加速化するために，2016年より成都イトー

ヨーカ堂は大きな組織変革を行った。2016年に販売企画室と商品企画室を設立し，2017年に住居事業部と衣料事業部を統合し，住居衣料事業部を設立した。それと同時に，児童事業部も新設した。

　販売企画室と商品企画室はイベントを中心に衣食住の部門間の壁を打破しようとしている。販売企画室は顧客の声や店舗の要望をもとに，店舗が希望する店舗全体のイベントテーマを商品企画室に伝達する。商品企画室は衣食住の商品部長やバイヤーと議論し，顧客の声をもとに，店舗全体のイベントテーマおよびそれに必要な商品を決定する。また，住居衣料事業部の設立によって，住居と衣料に関する情報の共有や，売り場での陳列，スペースの調整はより効率的に行うことができるようになる。新設された児童事業部は，これまで様々な部門で分散していた児童に関する衣食住，遊び，教育などを統括し，より効果的・効率的に児童のライフスタイルに基づいた売り場作りを目指そうとしている。

　「昔，われわれは縦割りのコミュニケーションを中心としていた。商品本部には衣料商品部，住居商品部，食品商品部がある。販売本部にはSV部，衣料SV部，住居SV部，食品SV部がある。店舗に衣料品マネージャー，住居品マネージャー，食品マネージャーがいる。情報は衣料商品部，衣料SV部，そして衣料品マネージャーのように縦割りに伝達する。しかし，衣料，住居，食品部門の横の情報共有は少ない。そうすると，衣料，住居，食品部門はそれぞれ統一したテーマがあるが，3者を連動した店舗全体のテーマは欠如していた（中略）商品企画部と販売企画部を設立することで，横のコミュニケーションを促進したい。」

—販売本部副本部長J氏（中国籍）

　「昔は，住居商品部対店舗の住居売り場，衣料商品部対店舗の衣料売り場，そして食品商品部対店舗の食品売り場でのコミュニケーションだけで，消費者のニーズに対応することはできた。しかし，消費者のニーズは大きく変わった。昔は，消費者はモノが欲しかった。今は，消費者は物質的に何か足りないことはな

第5章　現地市場における成都イトーヨーカ堂の発展プロセス（1）　199

い。モノよりも一種のライフスタイルを追求している。ライフスタイルは総合的
なことだ。単なる1つの商品カテゴリーでは統合的なことを実現することはでき
ない。体系的に対応しなければならない。体系的な対応の効率性と効果性を最大
化するために，われわれは部門間の壁を無くし，組織改革をしなければならない。
それによって素早く消費者のニーズに対応することが可能となる。」

—副社長L氏（中国籍）

　このように衣食住の商品を組み合わせ，顧客にライフスタイルを提案するこ
とで，顧客の買い物体験を楽しくするのみではなく，衣食住の商品は個別を販
売する際にも，様々な工夫をし，顧客の買い物体験を楽しくしている。

　成都イトーヨーカ堂は臨場感のある売り場を作るために，顧客の五感に訴え
る販売方法を展開している。例えば，2014年より徹底的に展開している「試食，
試着，試用」という「三試運動」はその1つである。果物の美味しさを知って
もらうために，顧客に食べさせる。服の素材や着心地を体感してもらうために，
顧客に試着させる。フェイスオイルの良さを実感してもらうために，オイルマッ
サージを体験させる。そして，試食，試着，試用を通じて，顧客との会話のきっ
かけを増やし，販売員による接客で成都イトーヨーカ堂のファンを作る。

　また，情報発信の内容も変化した。これまでは商品の機能を中心に顧客に情
報を伝達していた。顧客に商品の新しさ，面白さを感じさせるために，生産過
程や流通過程に関する情報まで発信する。例えば，羽毛布団の羽毛を店頭で入
れて販売することや，流通過程における果物の糖度変化とその管理過程をパネ
ルにして見せる。

　さらに，物販イベントにおいても，楽しさの演出に努めている。例えば，フ
ライトジャケットの販売促進を行うために，アメリカからそのブランドと関わ
る人型の飛行機模型を調達し，イベント場に展示し，顧客をあっと驚かせる。

　このような物販に体験の要素を組み入れる販売は，1つ1つ見ると必ずしも
珍しいことではない。しかし，成都イトーヨーカ堂のように数えられないほど
の数で同時にかつ統一感をもって，全店舗で継続的に展開していることは一般

的ではない。このような体験重視型の販売方法によって，成都イトーヨーカ堂は活気のある楽しい売場を作り出している。

実店舗での買い物体験を楽しくするのみではなく，インターネットでの買い物は当たり前になっている消費者ニーズに対応するために，成都イトーヨーカ堂は 2016 年より EC 事業に本格的に取り組みはじめた。2016 年 8 月に社内で EC 会社を設立するためのプロジェクトを立ち上げ，EC に関する政府政策や，EC 業界の既存モデル，既存 EC 事業の経験と教訓を分析したうえで，事業計画を作成し，11 月に EC 会社の設立を決裁した。2017 年 4 月に EC 会社を正式に設立した。現在は正式運営に向けてシステム構築や取引先との契約，物流会社の確保，実店舗での展示スペースの確保などの準備を行っている。

海外旅行をする成都市民は年々増えている中，海外の上質な商品を求める消費者も年々増えている。成都イトーヨーカ堂はこれらの消費者ニーズに対応するために，EC 事業を越境 EC に絞る。そして，7＆ i グループが持っている資源を活用し，日本の上質な商品を中心に，四川省全域に提供する。オンラインストアの商品に関する情報を顧客により的確に伝達するために，実店舗で展示スペースを設ける予定である[28]。

モノの豊かさよりも心の豊かさを追求する，あるいは，モノをインターネットで買うというような消費者のニーズおよび購買行動の変化によって，実店舗小売企業は顧客ニーズに適応した商品を取り揃えるのみでは，顧客に来店し，買ってもらえなくなった。すなわち，消費者ニーズに適応した商品が取り揃っているのみであれば，消費者の来店動機や購買動機にならない時代に突入した。このような消費者のニーズおよび購買行動の変化を背景に，成都イトーヨーカ堂は自社の標的顧客に合わせた商品を取り揃えたうえで，サービス業の導入，非物販イベントの展開に加え，物販そのものに体験の要素を組み入れることで，店舗に滞在する時の顧客の体験を楽しくする。さらに，越境 EC 事業にも本格的に取り組み，実店舗とインターネットの融合で顧客ニーズの変化に積極的に

---

28) 実際に 2018 年 8 月 31 日に正式運営となった（「伊藤电商正式上線 推出三大重点運営模式」http://www.ebrun.com/20180904/295623.shtml，2019 年 3 月 28 日アクセス）。また，2019 年 1 月 25 日に開業した伊藤広場にオンラインストアの商品を体験できる実店舗も開店した。

対応している。

（2）変革期の人材育成

　消費者ニーズの質的変化にいち早く対応し，激化した競争に勝ち残るには，自ら考え，自ら行動する自律型人材が大量に必要となる。2014年に成都イトーヨーカ堂はこれまでの人事教育部を人事本部に昇格し，自律型人材育成の効率化と体系化に注力している。人事本部は労働保障部，人事部，従業員相談室の3つの部門によって構成される。労働保障部は，社員の給料，賞与などの人件費を管轄する部門であり，人事部は，社員の募集，訓練，教育などを担当する部門である。そして，従業員相談室は社員の悩み相談などの心理カウンセリングを行う部門である。

　自律型人材育成の効率化と体系化をするための仕組みとして，2015年4月に「自己推薦制度」，7月に「インターネット教育プラットフォーム」を導入した。自己推薦制度は，入社1年以上経過した社員が対象で，変更を希望する職場に自己推薦することができる。審査を通過した応募者は，研修を経て希望の職場に配属される。2015年年末までに45人が応募し15人が希望の職場に配属されたという。社員の自主性を重視する制度によって，社員の学習意欲や仕事へのモチベーションを高めている[29]。

　インターネット教育プラットフォームでは，オフラインで行われた教育が録画，あるいは文章化され，オンラインで社員に公開されている。その内容は3つのセッションに大別することができる。1つ目は経営理念の教育である。イトーヨーカ堂の経営理念や，成都の事業で積み重ねて得られた行動規範や思考方式，現時点における会社の方針を中心とした内容である。2つ目は業務技能教育である。職務別，職級別で必要とされる知識や技能を教育する。3つ目は全体共通教育である。最新の社内外に関する情報の共有，基本的な知識の伝達を中心とした内容である。各教育セッションの目標を明確に定め，目標を達成

29）「中国スーパーストア事業」https://www.7andi.com/csr/overseas/cn-iy.html，2017年6月18日アクセス。

するための具体的な学習内容も明記し，必要に応じてその内容を更新している。

　社員にインターネット教育プラットフォームの活用を促進するために，ログインの追跡や試験の他，自己推薦制度と連動させている。例えば，マネージャーになりたい人は，インターネット教育プラットフォームを活用し，マネージャーにはどのような資質や能力が求められるのか，何を学習しなければならないのかを事前に学習することができる。学習の目標と内容は明確であるため，学習の効果と効率は高まる。

　インターネット教育プラットフォームにはどこでもいつでもアクセスできるため，教育を受けられる社員の範囲も広がる。そして，インターネット教育プラットフォームで予習したうえで，対面の座学やOJT教育に臨むと，重要なところやわからないところをポイントよく聞くことができるため，社員の学習の効果と効率は向上する。

　「社員数はますます多くなったため，集中教育は難しくなった。インターネット教育プラットフォームを通じて，会社の理念，方針，必要とする人材の素質と能力を各店舗に明確に伝達する。人材育成の全体図を可視化にすることによって，各職務の責任と目標はより明確になった（中略）インターネット教育プラットフォームは教育を受けられる人の範囲を拡大した。例えば，生鮮教育指導部は日常の業務で生鮮を扱う技能教育を実施している。この記録をインターネット上で公開することで，指導を受けられなかった人でも学習することができる。あるいは，指導を受ける前にインターネットで予習することで，魚をさばく際に何を注意しなければならないのかについて，事前に知ることができる。そうすると，実際に指導を受ける際の効果と効率は高まる。このようなやり方で社員の自律性も学習の効率性も向上する。
（中略）社員は基礎と学習の方向性についてはインターネットで学習し，その改善とイノベーションについては現場で行う。そして，成果発表会と技能コンテストという，改善とイノベーションを披露するプラットフォームを提供し，さらなる改善とイノベーションを促進する（中略）また，自己推薦制度という

第5章　現地市場における成都イトーヨーカ堂の発展プロセス（1）　203

制度を設けている。インターネット教育プラットフォームで自分が希望する仕事にどのような知識が必要なのかを事前に学習することで，その仕事に合うかどうか，また，なろうとすれば何が必要なのかについてはある程度把握することができる。それによって，社員教育の効率を高める。」

—人事本部本部長 I 氏（中国籍）

　このようにインターネット教育プラットフォームの構築は，これまで会社全体および店舗各自で行っていた人材育成の取り組みを体系化，可視化し，人材育成の効率化を促進している。そして，自己推薦制度と連動させ，社員の自律学習のモチベーションも高めた。また，顧客にとって楽しい売り場作りを促進するために，2016 年に優秀売り場づくり表彰制度を導入した。

　新しい取り組みの導入で自律型人材育成の効率化を促進するのみではなく，既存の仕組みも進化させている。2016 年より成都イトーヨーカ堂は全社の技能コンテストに出場するチームの選抜コンテストを顧客の前で行うイベントに変更した。技能コンテストのイベント化は，顧客に成都イトーヨーカ堂の専門性をアピールし，楽しい売り場作りに寄与すると同時に，技能を高めようとする社員の日々のモチベーションの維持と向上にも積極的な影響を与えたという。

　流通過程における技術は，例えば，切り方を間違えれば味は全く異なってしまう鮮肉の加工技術や刺身に菌を付着させないためのわた取り技術などが挙げられるが，これらは裏方の地道な作業である。普段顧客にほとんど知られない技術を顧客の前で競い合い，披露することで，社員に顧客に必要とされている喜びと見られている緊張感，および自らの仕事の重要性を再認識させる。それによって，社員は日常的に技能向上を努力するようになる。

　2014 年になると，生活水準のさらなる向上にともなって，成都の消費者は日本のように物質的満足よりも精神的満足を追求するようになった。そして，インターネット通販の急成長や内陸部への大規模な投資にともなって，競争も激化した。変化した消費者ニーズと競争環境に対応するために，成都イトーヨーカ堂は「体験重視型店舗作り」という方針を出した。顧客にとって楽しい，面

白い，新しい売り場を作るために，全社員は自ら考え，提案しなければならない。このような自律型人材をより早くより多く育成するために，成都イトーヨーカ堂はこれまで構築した自律型人材育成の仕組みをさらに進化させた。

4　経営者の影響力

　小売業は人間産業であり，そこで働いている一人ひとりが価値を作り出す。どのような笑顔で接客するかによって，消費者は他店で買える商品でもその店で買おうとなる。成都イトーヨーカ堂が設立された 1996 年に，計画経済の名残と長年の売り手市場の影響で，小売店の販売員は顧客に対して「買っていただく」のではなく，「売ってやる」という感覚が当たり前であった。このような現地社員を，自ら顧客の声に耳を傾け，顧客目線で商品，サービス，販売方法を考えるように育成するのは容易ではなかった。

　消費者ニーズの変化に対応するために，成都イトーヨーカ堂は創業当初から今日に至るまで，様々な人材育成の取り組みを通じて，現地社員の能力とモチベーションを高めてきた。現地社員の成長において，経営者は重要な役割を果たした。

　成都イトーヨーカ堂の経営者はイニシアチブを取り，現地人材育成に注力してきた。例えば，成都イトーヨーカ堂を長く統率してきた三枝富博である。三枝は成都イトーヨーカ堂の創業メンバーであり，住居商品部部長，春熙店店長，双楠店店長を歴任した後，2006 年に成都イトーヨーカ堂の社長となった。2009 年に成都イトーヨーカ堂の会長に就任し，2012 年より成都イトーヨーカ堂のみではなく，中国におけるイトーヨーカ堂の事業を統括するようになった[30]。

　三枝は 2006 年に社長に就任した直後，現地人材育成を自身の最も重要な仕事であると位置付けた。当時の三枝をインタビューした『成都晩報』によれば，三枝は日本人が主役ではなく，現地社員の中から店長クラスの上位管理職に適

---

30) 2017 年 3 月 1 日より，イトーヨーカ堂社長兼中国事業部管掌に就任することになった。

第5章　現地市場における成都イトーヨーカ堂の発展プロセス（1）　205

任するような人材を育成したいと強く希望したという[31]。現地人材育成に対する経営者の重視は，人材育成の仕組みづくりや人材育成への投資を促進した。人事本部本部長によれば，成果発表会，業務改善提案，技能コンテストという全社員の自律性を高める仕組みの導入をはじめ，CIY職業教育学院の設立，コーチング教育の導入，インターネット教育プラットフォームの構築などにおいては，三枝は積極的な影響を果たしたという。

　また，成都イトーヨーカ堂の経営者は，現地社員に経営理念と戦略方針を具体的に理解，実践させるために，現地社員に伝わりやすいスローガンを活用してきた。例えば，初代成都イトーヨーカ堂の会長であった塙昭彦は，「遠くの美人より，隣のおばあさん」や，「感動する商品，売り場」，「感激する接客，サービス」，「感謝する心情，礼節」という三感の実践を考案した。遠いところに住み，たまに買い物しかこない金持ちよりも，たとえ買う量が少ないとしても，近くて頻繁に買い物する顧客を最優先する。すなわち，これは一次商圏の顧客ニーズに徹底的に対応することを意味する。そして，商品と売り場で感動を，接客とサービスで感激を顧客に提供し，来店した顧客に対して心より感謝して礼を述べる。これらは今日でも成都イトーヨーカ堂で実践されている。

　また，三枝は日本の「和顔愛語」，「花を見て，根を思う」，「一人の百歩より百人の一歩」，「一燈照隅，万燈照国」などを活用し，顧客に親身で接することや，全員が主体性を持って努力することの重要性と可能性を現地社員に伝えようとしている。

　成都イトーヨーカ堂の経営者は，経営理念や戦略方針の考案者，伝達者であると同時に，その実践者でもある。率先垂範しているからこそ，経営理念と戦略方針は単なるスローガンにとどまらず，現地社員に浸透し，実践させることができた。例えば，1号店が開店してから，初代社長の麦倉弘や副社長の城木信隆，当時住居商品部部長の三枝は，約3年にわたってほとんど休みを取っていなかった。7時前に出社し，閉店を終えた12時近くになったら店を出る

---

31)「『偸心』的超級采購」『成都晩報』2006年2月21日。

という毎日を過ごした。このような姿を見た中国人社員も自発的に休日出勤を繰り返し，夜遅くまで商品構成や陳列方法の変更を実施した。

　三枝の一日を見ると，朝6時45分に出勤し，まず成都の地元新聞をチェックする。そこから，消費者の動向や売り場作りに関する有効な記事を切り貼りし，コメントをする。新聞からの情報をもとに，朝の店舗巡回を行う。売り場で顧客の最新動向に十分に対応していなければ，厳しく指摘する。その際に，必ず指摘した背景や理由を説明する。なぜならば，1つは，現地社員に論理的に考える習慣を身に着けさせる狙いがあり，もう1つは現地社員は納得したら，行動は速いからである。閉店後に，一日のまとめを行い，深夜12時近くに退社する。

　中国の経営者がほとんど店舗に行かないのに対して，成都イトーヨーカ堂の経営者や幹部は毎朝顧客を迎え，毎晩顧客を送るようにしている。店頭に立つことで，普段強調している経営理念や戦略方針が現場で実践されているかどうかを確認する。成都イトーヨーカ堂と長年取引している現地供給業者の話によれば，他の小売企業，またはショッピングセンターと比較して，成都イトーヨーカ堂の最大の強みは，経営理念と戦略方針が社員に浸透し，社員が高い実行力を持って実行することである。

　「成都イトーヨーカ堂はコンセプトを的確に具体化させるのが強い（中略）経営トップは明確な長期ビジョンを持っているかどうか，言行一致しているかどうかは，社員のやる気を引き出すには極めて重要だ。ほとんどの企業はよい戦略をもっているが，実行できない問題を持っている。その一因は，経営トップの言行不一致だ。多くの企業の経営トップは，実行したときのコストを見ると，ブレーキをかける。そうすると，下の幹部も社員も実行しない，あるいは実行できない。」

　　　　　　　　　　　　　　　　—現地供給業者G販売マネージャーU氏（食品・メーカー）

　「三枝氏，国見氏，黄氏らの経営トップは売り場を巡回し，率先して売り場

第 5 章　現地市場における成都イトーヨーカ堂の発展プロセス（1）　207

の問題点を探し，それを修正している。経営トップは率先垂範でやっているので，社員も影響される。」

—現地供給業者 H 社長 V 氏（住居・代理商）

　「もちろん，他の企業も経営理念の重要さを強調している。しかし，多くの場合，それは壁に張っている一枚の紙に過ぎない。すべての社員に経営理念を理解させ，受け入れさせていない。でも，成都イトーヨーカ堂はできる。何年間の取引を通じて，成都イトーヨーカ堂は一貫して社員の教育に注力していることを感じ取れる。様々な手法を通じて，社員に成都イトーヨーカ堂はどのような企業になりたいのか，目標は何であるのかを理解させようとしている。」

—現地供給業者 I 販売マネージャー Y 氏（衣料・代理商）

　このように成都イトーヨーカ堂の経営者は自らの行動をもって，現地社員に常に顧客目線で売場づくりに取り組まなければならないことを示してきた。率先垂範のもとで，現地社員は次第に自ら顧客の声に耳を傾け，顧客目線で商品，サービス，販売方法を考えるようになった。その結果，成都イトーヨーカ堂は継続的に消費者ニーズの変化に対応することができたのである。

第 5 節　成都イトーヨーカ堂の市場志向構築プロセス

　成都イトーヨーカ堂は 1997 年に 1 号店を開店し，2017 年に 20 周年を迎えた。20 年間を通じて，成都イトーヨーカ堂は成都で最も評価の高い小売企業に成長し，また中国で最も成功した外資系小売企業とも言われている。図表 5-17 で示したように 1997 ～ 2017 年の間に，成都イトーヨーカ堂は「物不足時代」，「大衆消費時代」，「多様化時代」，そして「体験重視型消費時代」を経験してきた。それぞれの時代における消費者ニーズの変化に応じて，成都イトーヨーカ堂は顧客に異なる価値を提供し，また，価値提供を実現するための様々な取り組みをしてきた。

このように，消費者ニーズの変化に応じて，様々な取り組みを展開してきた
プロセスは，成都イトーヨーカ堂の市場志向構築プロセスであり，成都イトー
ヨーカ堂の発展プロセスそのものでもある。図表5-18は顧客に提供した価値
の時系列にしたがい，成都イトーヨーカ堂がどのようにして市場志向を構築し
てきたのかを示したものである。アンダーラインの部分は前段階と比較して，
新しく追加された取り組み，あるいは既存の取り組みの強化を意味する。次に，
第4章で説明した本研究における市場志向の概念を踏まえながら，図表5-17
と図表5-18をもとに，成都イトーヨーカ堂の市場志向構築プロセスを検討する。

1997～1999年の創業初期において，成都はモノが不足しており，安いモ
ノがあれば何でも売れる時代であった。しかし，現地供給業者に信用してもら
えず，商品を売ってもらえなかったことや，開店準備に必要な時間と人手の不
足，現地消費者のニーズに対する理解が不十分なことが重なり，当初の成都イ
トーヨーカ堂は顧客ニーズに適合した商品を提供できなかった。

業績の低迷と1998年度の大赤字を受け，成都イトーヨーカ堂はゴミあさり
をはじめ，現地住民の自宅訪問，他の百貨店，人気レストラン，伝統市場の調
査のように徹底した商圏調査や，顧客懇談会の設置，売り場からの販売データ，
顧客の声などあらゆる手段を使い，顧客ニーズに関する情報を収集した。

収集した情報は会議で共有され，日本人幹部が意見を述べるだけではなく，
現地消費者のニーズに詳しい現地社員も意見を述べ，徹底的な議論が繰り返さ
れてきた。議論と分析によって析出した顧客ニーズをもとに，商品構成と販売
方法の修正を行った。あるいは，本部のバイヤー，部長または他の幹部は直接
売り場で販売員や店長とコミュニケーションをし，本部と店舗が各自で持って
いる情報を共有し，商品構成と販売方法の修正に活用していた。

第6章で改めて詳細に述べるが，創業当初の成都イトーヨーカ堂は全く現
地供給業者に信用してもらえなかった。そのため，取引先の開拓に難航し，商
品をなかなか集められなかった。仕入れを強化するために，成都イトーヨーカ
堂は1998年6月に商品部を設立し，仕入れと販売を明確に分けることにした。
また，中国の大型小売店は買取り仕入ではなく，店中店に入居させる取引慣行

第 5 章　現地市場における成都イトーヨーカ堂の発展プロセス（1）　209

図表 5-17　成都イトーヨーカ堂の発展段階

発展段階	消費者ニーズの変化	顧客に提供した価値	成都イトーヨーカ堂の年表
創業期 (1997 ～ 2003)	物不足↓大衆消費	商品なし (1997)	1997：①1 号店春熙店開店 1998：①大赤字 　　　②商圏内顧客ニーズの徹底的調査 　　　③顧客懇談会実施 　　　④商品部設立
		商品あり (2000)	2000：①1 号店単年度黒字 2003：①2 号店双楠店開店
成長期 (2004 ～ 2009)	大衆消費↓多様化	新商品・価値感 (2004)	2004：①2 号店初年度黒字 　　　②沿海部出張増加 　　　③沿海部現地供給業者の開拓に注力 2005：①大規模な賃金体制改革
		差別化 (2007)	2007：①3 号店錦華店開店 　　　②顧客相談室設立 2008：①品質監督員制度設立 　　　②顧客満足度向上委員会設置 　　　③業態開発部設立 　　　④成果発表会導入 　　　⑤最初の中国籍店長誕生 2009：①4 号店建設店開店 　　　②店舗にサービス業の本格的な導入 　　　③オンラインストアの導入 　　　④業務改善提案と技能コンテスト導入 　　　⑤最初の中国籍役員誕生，主要上位管理職に 　　　　中国人登用，日本人はコーチ役へ
調整期 (2010 ～ 2013)	多様化	高品質 (2010)	2010：①市場細分化，高品質 GMS 提起 　　　②海外研修増加 　　　③CIY 職業教育学院設立 2011：①5 号店高新店開店 　　　②現地供給業者との連合運動会開催 2012：①従業員相談室設立 　　　②2 人の中国人社員を常任役員に昇格 2013：①コーチング教育導入 　　　②「顔の見える安心」という PB 商品導入

改革期 (2014～2017 年8月現在)	体験重視型消費	楽しい体験 (2014)	2014：①6号店温江店開店，ライフスタイル提案 　　　　　型店と位置付け 　　　　②人事教育部を人事本部へ昇格 2015：①自己推薦制度導入 　　　　②インターネット教育プラットフォームの公開 2016：①販売企画室設立 　　　　②商品企画室設立 　　　　③業態開発部を業態開発本部へ昇格 　　　　④優秀売り場作り表彰制度導入 2017：①7号店眉山店開店，成都以外の都市への 　　　　　初進出 　　　　②住居商品部と衣料商品部を統合し，衣料 　　　　　住居事業部設立 　　　　③児童事業部設立 　　　　④越境EC会社設立

出典：筆者作成。

図表5-18　成都イトーヨーカ堂の市場志向構築プロセス

顧客に提供した 価値	成都イトーヨーカ堂の市場志向プロセス	
商品なし （1997）	市場知識の生成	商圏内顧客ニーズの収集
	市場知識の共有	会議 売場での確認
	市場知識への対応	商品構成と販売方法の修正 取引慣行の適応 商品部設立 販売員とバイヤーの基礎教育
商品あり （2000）	市場知識の生成	商圏内顧客ニーズの収集 <u>沿海部出張</u>
	市場知識の共有	会議 売場での確認
	市場知識への対応	商品構成と販売方法の修正 販売員とバイヤーの基礎教育
新商品・価値感 （2004）	市場知識の生成	商圏内顧客ニーズの収集 <u>沿海部出張の増加</u>
	市場知識の共有	会議 売場での確認 <u>SV部による店舗と本部の情報共有</u>
	市場知識への対応	商品構成と販売方法の修正 <u>沿海部供給業者の開拓</u> <u>大規模な賃金体制改革</u>
	市場知識の生成	商圏内顧客ニーズの収集ルートの<u>拡大</u> <u>（＋顧客相談室，品質監督員制度設立）</u>

差別化 (2007)		沿海部出張
	市場知識の共有	会議 売場での確認 SV部による店舗と本部の情報共有 顧客満足度向上委員会設置
	市場知識への対応	商品構成と販売方法の修正 業態開発部設立とサービス業導入 オンラインストア開始 自律型人材育成制度の導入
高品質 (2010)	市場知識の生成	商圏内顧客ニーズの収集 沿海部出張 海外研修
	市場知識の共有	会議 売場での確認 SV部による店舗と本部の情報共有 顧客満足度向上委員会
	市場知識への対応	商品構成と販売方法の修正 サービス業 オンラインストア PB商品の導入 自律型人材育成制度の強化 （＋海外研修，CIY職業教育学院設立，現地供給業者との連合運動会開催，従業員相談室設立，コーチング教育）
楽しい体験 (2014)	市場知識の生成	商圏内顧客ニーズの収集 沿海部出張 海外研修の増加
	市場知識の共有	会議 売場での確認 SV部による店舗と本部の情報共有 顧客満足度向上委員会 販売企画室設立 商品企画室設立 衣料住居事業部設立 児童事業部設立
	市場知識への対応	商品構成と販売方法の修正 サービス業 （＋業態開発部の業態開発本部への昇格） オンラインストア （＋越境EC会社の設立） 自律型人材育成制度の効率化 （＋人事教育部の人事本部への昇格，自己推薦制度導入，インターネット教育プラットフォームの公開，技能コンテストのイベント化，優秀売り場作り表彰制度導入）

出典：筆者作成。

212

であったため，成都イトーヨーカ堂は 1998 年後半以降，日本 GMS のような
買取仕入をやめ，店中店を本格的に導入し，現地取引慣行に対応しようとした。

　小売企業の場合，販売員が提供したサービス，および苦情対応の良し悪しに
よって，顧客の満足度が決定される。したがって，顧客の接し方または苦情対
応の仕方などについて，従業員を訓練しているかどうかも市場知識への対応に
関する重要な部分である[32]。市場知識への対応のみではなく，市場知識の収集，
共有の担い手も，言うまでもなく人である。挨拶したり，笑顔を作ったりする
ことでさえできなかった現地販売員や，顧客ニーズに基づいた商品を仕入れる
発想でさえなかった現地バイヤーに対して，成都イトーヨーカ堂の日本人幹部
およびイトーヨーカ堂から派遣された臨時社員は，入社教育と OJT を通じて
徹底した基礎教育を行っていた。

　創業初期における市場知識の生成，共有，そして市場知識への対応が功を奏
し，成都イトーヨーカ堂の業績は少しずつ改善するようになった。2000 年に
1 号店は単年度黒字を実現し，成都イトーヨーカ堂はようやく現地の顧客ニー
ズに適応した商品を提供できるようになった。創業初期と比較して，2000 〜
2003 年の創業期後半では，沿海部出張による顧客ニーズの収集が行われるよ
うになった。創業初期でも沿海部への出張を繰り返してきたが，その時には顧
客ニーズを収集するよりも，ひたすら商品を集めていた。それに対して，創業
期の後半では成都の顧客ニーズを理解したうえで，沿海部の消費動向や商品情
報を収集し，特に近い将来における顧客ニーズの収集が行われていた。

　2004 年になると，成都イトーヨーカ堂は成長期に入った。この時期に成都
は完全な大衆消費時代を迎え，消費者は価格を重視し，安価なモノを追求して
いた。このような顧客ニーズに対して，成都イトーヨーカ堂も価格訴求を行っ
ていたが，価格が安いというだけではなく，品質のある程度良い商品を顧客に
提供していた。それと同時に，沿海部から成都の顧客に好まれそうな新商品も
積極的に導入していた。

　2004 年以降では，沿海部出張による顧客ニーズおよび商品に関する情報収

---

32) Elg (2003), pp.111-113, p.115.

第5章　現地市場における成都イトーヨーカ堂の発展プロセス（1）　213

集が増加した。なぜならば，これまでは成都あるいは四川省の地元供給業者を中心に商品を調達していたが，消費者は地元供給業者が提供するような商品だけでは満足しなくなったためである。

　市場知識の共有においても，新しい取り組みが追加された。2003年の2号店の開店にともない，成都イトーヨーカ堂は多店舗チェーンストア経営に向かって第一歩を踏み出した。それによって，店舗と本部の情報共有を促進する公式な制度が整備された。商品本部には食品商品部，住居商品部，衣料商品部が，販売本部にはSV部，食品SV部，住居SV部，衣料SV部が，そして，店舗には食品SV課，住居SV課，衣料SV課があるようになった。SV部門は，商品本部が作成した商品情報などを店舗に伝達する。それと同時に，店舗での実行状況や，店舗から吸い上げた顧客ニーズ，店舗側の要望や課題などの情報を商品本部にフィードバックする。ただし，ここで注意しなければならないのは，店舗と本部との情報共有は食品，住居，衣料のように部門別を中心に行われていたことである。

　市場知識への対応において，沿海部の新しい商品を追求する顧客ニーズに対応するために，沿海部供給業者の開拓に注力し，沿海部から積極的に新商品を導入した。そして，2005年には現地社員のモチベーションを高めるために，賃金体制を大幅変革した。既存の賃金制度では，部下が上司より賃金が高い現象が発生しうるため，上司は不満を溜めていたという。

　生活が豊かになるにつれて，2008年前後から消費者ニーズは次第に多様化した。このような消費者ニーズの変化に答えるために，2007年より成都イトーヨーカ堂は商品のみではなく，販売方法，サービス，設備施設，売り場の雰囲気などの差別化も重視するようになった。

　そして，2007～2009年の間，市場知識の生成，共有，市場知識への対応において大きな変更が行われた。まず，市場知識の生成においては，多様化しはじめた顧客ニーズをより的確に理解するために，2007年に顧客相談室，2008年に品質監督員制度を設立し，商圏内顧客ニーズを収集するルートを拡大した。

市場知識の共有においては，顧客の声が経営トップにも常に届くようにするために，成都イトーヨーカ堂は 2008 年に社長，副社長が直轄する経営企画室に顧客満足度向上委員会を設置した。顧客満足度向上委員会の設置は，顧客ニーズに関する情報の共有を促進するのみではなく，顧客の声への対応も促進した。なぜならば，商品構成や販売方法において，本部と店舗だけでは調整しきれなかった場合，経営トップが議論して，顧客ニーズにより迅速に対応できるようになったためである。

市場知識への対応においては，数多くの取り組みが導入された。まず，成都市民が豊かになるにつれて，消費者はレストラン，文化，教育，娯楽などのサービスも求めると予測したため，成都イトーヨーカ堂は 2008 年に業態開発部を設立し，物販の大型小売店としていち早く店舗にレストランなどのサービス業を導入した。また，インターネット通販の急成長をもとに，消費者はインターネット通販をよく利用するようになると予測し，2009 年にいち早くオンラインストアを立ち上げ，実店舗とインターネットの融合に着手しはじめた。サービス業とオンラインストアの導入は，当時の物販の大型小売店にとって，珍しいことであり，多様化した顧客ニーズに対応したと同時に，他社との差別化も実現した。

さらに，多様化した顧客ニーズに対応するために，自ら売り場での問題に気づき，その問題を解決するための情報を収集，分析し，そして，解決策としての仮説を立て，それを実行，検証，修正するような人材が求められるようになった。そのため，成果発表会，業務改善提案および技能コンテストを相次いで導入し，自律型人材の育成に注力した。また，現地社員のモチベーションを高めるために，十分に能力を高めた中国人を店長，部長，取締役員という上位管理職に登用するようになった。

成長期につづく調整期では，消費者ニーズはさらに変化し，2010 年には価格よりも商品の品質や接客サービスなどを重視する傾向が一層顕著となった。消費者ニーズの変化のみではなく，実店舗の激増やインターネット通販の急成長によって，成都の小売競争は一気に激化した。市場環境の激変にともなって，

第5章　現地市場における成都イトーヨーカ堂の発展プロセス（1）　215

成都イトーヨーカ堂は客層を絞り，標的客層に上質な日常生活を提案するようになった。

2010～2013年の調整期においては，顧客が求めている日常性の高い上質とは具体的に何を意味しているのかについてのヒントをバイヤーや店長に与えるために，海外研修も市場知識の生成の一翼を担うようになった。市場知識の共有においては，従来のルートを活用していた。

市場知識への対応においても，新たな取り組みを導入した。まず，この時期の中国では食品安全問題が相次いで報道された。これらの報道を受け，食品の安全・安心に対する消費者の関心は著しく高まった。成都イトーヨーカ堂は2013年に日本で取り扱っている「顔が見える食品」と同様のコンセプトで「看得見的放心」というPB商品の販売を開始し，顧客に安全・安心という上質な食品を提案した。

また，顧客に上質な日常生活を提案するために，商品構成においては，顧客の潜在的ニーズを満たす需要誘導型商品の割合を増やさなければならなかった。すなわち，顧客の潜在的ニーズを的確に予測し，顧客に一歩先進んだ提案を従来と比べてより多くしなければならなくなった。このような人材を育成するために，成都イトーヨーカ堂は独特な海外研修を実施しながら，2010年にCIY職業教育学院を設立し，2013年にはコーチング教育を導入した。さらに，能力のみではなく，現地社員のモチベーションを高めるために，2011年に店中店社員も含む全社員1万6,000人超の連合運動会を開催し，2012年には，従業員相談室を設立し，現地社員の心のケアをする専門部署も整備した。

2014年に入ると，消費者ニーズは質的な変化が起きた。生活水準のさらなる向上にともなって，成都の消費者は日本のように物質的満足よりも精神的満足を追求するようになった。また，競争は一層激化し，特にインターネット通販の成長は著しかった。モノの豊かさよりも心の豊かさを追求する，あるいは，モノをインターネットで買うというような消費者のニーズおよび購買行動の変化は，物販が収益の基盤となっている小売企業にかつてないほどの挑戦をもたらした。

このような消費者ニーズの質的変化に対応するために，成都イトーヨーカ堂は顧客に「楽しい体験」を提供するための体験重視型店舗作りに注力しはじめた。顧客に新しい価値を提供するために，成都イトーヨーカ堂は2014～2017年8月現在に至るまでの市場知識の収集，共有および市場知識への対応を大きく修正している。

市場知識の収集においては，海外研究の頻度および回数が増加した。ヨーロッパ，アメリカ，東南アジアなど毎年10人から20人の現地社員を少なくとも5から10ヵ国の先進小売企業や現地住民の住宅訪問に派遣し，成都の顧客が求める近い将来のライフスタイルを具体的にイメージさせている。

市場知識の共有においては，従来の縦割り組織を変革し，部門間を越えた本部と店舗のコミュニケーションを促進するための体制を構築した。すなわち，顧客にライフスタイルを提案するために，食品，住居，衣料部門別で本部と店舗は情報を共有し，共同で売り場を作り上げるだけではなく，食品，住居，衣料部門を横断した情報共有と売り場作りをしなければならないのである。衣食住部門を横断する本部と店舗の連携を促進するために，2016年に販売企画室と商品企画室を設立した。2017年に住居事業部と衣料事業部を統合し，住居衣料事業部を設立した。それと同時に，児童事業部も新設した。

そして，市場知識への対応においては，衣食住品の組み合わせによって，物販に体験の要素を入れ，顧客の買い物体験を楽しくしている。また，サービス業の導入で顧客に楽しい体験を提供することが本格化した。2016年にサービス業態の開発を管轄する業態開発部は業態開発本部に昇格され，店舗におけるサービス業の組み合わせの最適化に取り組んでいる。

実店舗での買い物体験を楽しくするだけではなく，インターネットでの買い物が当たり前になった消費者ニーズに対応するために，越境EC事業に本格的に取り組みはじめ，2017年に越境EC会社を設立した。

さらに，顧客に楽しい体験を提供するために，自律型人材をより迅速で，より大量に育成しなければならなかった。そのため，2014年より人事教育部を人事本部に昇格し，自律型人材育成制度の効率化に取り込んでいる。そして，

第5章 現地市場における成都イトーヨーカ堂の発展プロセス（1） 217

図表 5-19 市場志向における成都イトーヨーカ堂と他の小売企業の比較表

	成都イトーヨーカ堂	他の小売企業
市場知識の生成	制度化した情報収集と的確な分析	気まぐれな情報収集と不適切な分析
市場知識の普及	スムーズなコミュニケーション	不十分なコミュニケーション
市場知識への対応	高い実行力	低い実行力

出典：筆者作成。

2015年には自己推薦制度，インターネット教育プラットフォームを，2016年には優秀売り場づくり表彰制度を導入した。同じ2016年には2009年から行われている技能コンテストの予選を顧客の前で行われるようにし，イベント化した。

　インターネット教育プラットフォームの構築は，これまで会社全体および店舗各自で行っていた人材育成の取り組みを体系化，可視化し，人材育成の効率化を促進している。自己推薦制度や優秀売り場づくり表彰制度，技能コンテストのイベント化を通じて，現地社員のモチベーションを向上させている。

　以上のように，成都イトーヨーカ堂は，顧客ニーズの変化とともに，市場知識の生成ルートを拡大し，市場知識の共有を衣食住という部門内の共有から部門間の共有へと転換させ，さらには市場知識への対応を部門内での対応から部門横断での対応へと展開してきた。このような市場志向の度合いを高めながら，成都イトーヨーカ堂は顧客ニーズの変化に対応し続けることが可能となり，現地で発展してきたのである。また，発展につながる市場志向を高めるためには，失敗経験と成功経験からの学習や，現地社員の人材育成，継続的な組織変革，および経営者の市場志向重視が大きな役割を果たすことも読み取れる。これらについては第7章では改めて検討する。

　加えて，成都イトーヨーカ堂のような市場志向は現地小売企業では一般的ではない（図表5-19）。成都イトーヨーカ堂だけではなく，中国国営系の百貨店や他の外資系小売企業との取引をしている現地供給業者によれば，成都イトーヨーカ堂は他の小売企業と比較して大きな相違点をいくつか持っているという。①他の小売企業は成都イトーヨーカ堂のように的確に消費者ニーズを分析，理解していない。また，成都イトーヨーカ堂のようにバイヤーや幹部を頻繁に沿海

部と海外に出張させない；②他の小売企業は管理層と現場の担当者や責任者との意思疎通や，部門間のコミュニケーションを十分に取らず，売場に関して一貫した方針を持っていない；③他の小売企業と比較して，成都イトーヨーカ堂の一番の強みは高い実行力である。優れた戦略や考えを持っていても実行できなければ意味はない。他の小売企業は現場の実行力が弱いのに対して，成都イトーヨーカ堂は現場で迅速にコンセプトを具体化し，実行することができる。

　「(川上の供給業者が開催する) 商品注文会に行く前に，他の小売店と情報交換する場合もあるが，成都イトーヨーカ堂のような交流は少ない。多くの小売店は消費者のトレンドについて詳しく理解していないからだ。」

—現地供給業者 I 販売マネージャー Y 氏（衣料・代理商）

　「成都イトーヨーカ堂の基層幹部は，国内の工場，展示会に出張し，情報収集に行く。中堅幹部は世界中に飛び回って，情報収集に行っている。こんなに投資するのは，すごいことだ。(中略) 他の小売店は，制度として定着していない。気まぐれでたまには海外にいく。(中略)

　成都イトーヨーカ堂は経営トップから一般社員まで一貫している。例えば，何かに対応するような連絡がきたら，それは絶対トップから下まで共通の了承を得ている。他のところではあり得ない。バイヤーはバイヤーの考えがあり，総経理はもしかしたら異なる考えを持っている。われわれ供給業者としては一貫性をもっている会社に協調しやすい。」

—現地供給業者 E の社長 S 氏（食品・代理商）

　「部門間と部門間のコミュニケーションにおいて，成都イトーヨーカ堂は比較的に良い方だ。もちろん，改善するところもあるが，われわれが接してきた小売企業のなかで，成都イトーヨーカ堂の部門間のコミュニケーションがスムーズのほうだ。」

—現地供給業者 G 販売マネージャー U 氏（食品・メーカー）

第5章　現地市場における成都イトーヨーカ堂の発展プロセス（1）　219

「成都イトーヨーカ堂の中堅幹部や現場従業員の実行力が非常に強い。西南
地区における百貨店の実行力を見ると，成都イトーヨーカ堂に勝てるものはな
いと思う。（中略）最も勝てない点はチームの団結力とチームの実行力だ。と
くに成都イトーヨーカ堂の実行力は素晴らしい。（中略）他の企業もよい仕事
をしようとしているが，なかなか実行することができない。」

　　　　　　　　　　　　　　　　—現地供給業者F社長T氏（衣料・代理商）

　すなわち，成都イトーヨーカ堂のような市場志向は現地小売企業の間では当
たり前のことではない。そのため，成都イトーヨーカ堂は市場志向によって顧
客ニーズの変化に継続的に対応してきたのみではなく，他の小売企業より優れ
て顧客ニーズの変化に対応することもできたのである。

第6章　現地市場における成都イトーヨーカ堂の発展プロセス（2）

―現地供給業者との企業間市場志向構築プロセスを中心にして―

　小売企業，特に総合小売企業は数多くの供給業者から商品を仕入れ，売り場を作る。消費者ニーズを充足させるために，小売企業は供給業者からの協調を獲得しなければならないのは言うまでもない。第4章で述べたように小売企業は国際化した際に，本国と異なる流通システムを持つ現地で様々な商品調達課題に直面する。

　本章では，成都イトーヨーカ堂はどのようにゼロから現地供給業者を開拓したのか。自社の標的顧客のニーズを充足させるために，現地供給業者とどのように協調してきたのかを概観する。すなわち，現地供給業者との企業間市場志向構築プロセスに注目し，成都イトーヨーカ堂の発展プロセスを考察する。

第1節　日中流通構造の相違

　欧米諸国と比較して，日本の卸売流通構造は多段階性という特徴があると言われている[1]。卸売の多段階性を測る尺度としてW/R比率というものがある。Wは卸売業の販売額であり，Rは小売業の販売額である。W/R比率が大きいことは，同一商品が卸売販売において，複数の段階に分かれて重複取引されることを意味する[2]。図表6-1は，成都イトーヨーカ堂が1号店を開店した

---

1)　欧米諸国と比較して，日本の小売流通構造は零細性，過多性，生業性という特徴が，卸売流通構造は多段階性という特徴があると言われている。ただし，消費者の購買行動の変化，大規模消費財メーカーのチャネル戦略の変化，流通規制の緩和などによって，日本の流通構造が大きく変化している。零細小売企業の店舗数の減少と大規模小売企業の店舗数の増加，流通段階の短縮化はその変化である（北島・小林 1998, 195-211 頁）。

2)　卸売販売額に生産財と貿易財も含まれるので，国内の消費財流通経路の長さを厳密に測定することができない。

図表6-1　1997年日本における商品別卸売・小売販売額

(100億円)

	商品総売上高	うち卸売	うち小売	W/R比率
商品全種類[※1]	62,756	47,981	14,774	3.2
食品・飲料	14,067	9,785	4,282	2.3
タバコ	437	395	42	9.4
衣服・身の回り品	2,745	1,849	897	2.1
家具・建具・什器	1,361	885	476	1.9
家電	1,968	1,241	727	1.7
医薬品	1,717	1,376	341	4.0
化粧品	521	371	150	2.5
スポーツ・娯楽用品・玩具	767	404	364	1.1
ジュエリー	295	162	133	1.2

※1：本表では商品全種類の一部のみ取り上げた。
出典：経済産業省「産業細分類別（産業4桁分類）（昭和47年～平成19年）」より筆者作成。

1997年の日本における商品別卸売・小売販売額およびW/R比率を示したものである。商品全種類の平均W/R比率は3.2であるが，商品別で見ると，流通経路の長さは様々である。総合小売企業が取り扱う食品，衣料品，日用雑貨品に限って言えば，食品と衣料品の流通経路が長く，W/R比率が2を上回っている。それに対して，スポーツ・娯楽用品・玩具の流通経路は比較的に短いのである。

　これらの卸売業者は日本の小売企業に対して様々な流通機能を果たす。一括配送などの優れた物流機能はもちろんのこと，多数のメーカーの商品情報や競合情報などの提供，品揃え，売り場および店作りの提案，従業員の教育・派遣など幅広いリテールサポートも行う。

　一方，日本の小売企業は自らの商圏特徴，重点方針，開店計画，または必要に応じて一部の販売データなどの情報を卸売業者に開示し，より自社に適合するような提案を促進する。このように小売企業は自社に関する様々な情報を開示し，卸売業者は開示された情報を参考にし，小売企業の特性に適応した様々な機能を果たす。これは日本における小売企業と卸売業者の協調の典型であり，日本の小売企業はこのような流通システムの中で成長してきたのである。

第 6 章　現地市場における成都イトーヨーカ堂の発展プロセス（2）　223

図表 6–2　1998 年中国における限額以上[1] 卸売・小売企業の商品別卸売・小売販売額

（億元）

	商品総売上高	うち卸売	うち小売	W/R 比率
商品全種類[2]	31,628	26,417	5,211	5.1
食品・飲料・タバコ・酒	6,411	5,476	936	5.9
衣服・靴帽子	1,540	910	630	1.4
針・紡織品	866	667	199	3.4
日用品	721	401	319	1.3
家電	1,435	783	652	1.2
医薬品	1,020	550	471	1.2
化粧品	199	97	102	1.0
文化スポーツ用品	108	61	47	1.3
ジュエリー	196	60	136	0.4

※ 1：「限額以上」とは，卸売なら年間売上高 2,000 万元以上，小売なら年間売上高 500 万元
　　　以上の企業を指す。

※ 2：本表では商品全種類の一部のみ取り上げた。

出典：『中国統計年鑑』1999・2000 より筆者作成。

図表 6–3　1995 年成都市における商品別卸売・小売販売額

（千万元）

	商品総売上高	うち卸売	うち小売	W/R 比率
商品全種類[1]	5,300	4,313	987	4.4
食品・飲料・タバコ・酒	1,051	815	236	3.4
衣服・靴帽子	262	145	118	1.2
針・紡織品	201	163	38	4.2
日用品	248	137	112	1.2
家電	279	153	126	1.2
医薬品	181	121	61	2.0
化粧品	48	27	20	1.3
文化スポーツ用品	80	44	36	1.2
ジュエリー	33	4	29	0.1

※ 1：本表では商品全種類の一部のみ取り上げた。

出典：『成都統計年鑑』1996 より筆者作成。

　日本の卸売流通構造の多段階性と比較し，中国の卸売流通構造の多段階性が
より顕著である。図表 6–2 は 1998 年の中国における限額以上卸売・小売企
業の商品別卸売・小売販売額および W/R 比率を示したものであり，図表 6–3
は 1995 年の成都における商品別卸売・小売販売額および W/R 比率を示した

ものである。商品全種類の平均 W/R 比率は中国全体では 5.1 であり，成都で
は 4.4 である。いずれも日本の水準を上回っていた。

　しかし，総合小売企業が取り扱う食品，衣料品，日用雑貨品に限って見ると，
食品を除き，衣料品や日用雑貨品の流通経路は日本の流通経路より短い。それ
は，中国の消費財メーカーのチャネル戦略と大きく関係する。中国では，消費
財メーカーによるチャネルのコントロールが強い。消費財メーカーは全国また
は地域ごとに代理商を立てる。北京，上海，広州，深センという一線都市や，
成都のような四川省の省都都市では，小売企業は全国代理商と地域代理商から
商品を調達するため，流通経路が比較的に短くなる。全国代理商と地域代理商
の下には二次代理商，三次代理商が存在し，地方都市での販売を担う。地方市
場の場合，流通経路が比較的長くなる。

　図表 6-2 で示された中国全国レベルの W/R 比率は大規模の卸売企業と小売
企業に限定したものであるため，流通経路が成都より短いが，卸売企業と小売
企業の規模を限定しなければ，中国全国レベルの流通経路は成都より長くなる
はずである。ただし，いずれにしても，消費財メーカーによる自社製品のチャ
ネルのコントロールが強いことに変わりはない。例えば，衣料品メーカーの場
合，商品企画から，生産，販売まで垂直統合するのは主流である。卸売業者を
通さず，衣料品メーカーが直営する「専売店」，あるいはフランチャイズ式の「専
売店」の割合は高いため，衣料品の流通経路は短いのである。

　代理商は特定の消費財メーカーの商品しか販売しないため，日本の卸売業者
のように，小売企業に対して様々な流通機能を果たしていない。なぜならば，
特定の消費財メーカーの商品しか取り扱わない代理商は，多数のメーカーの商
品を買い取り，小売企業に幅広い品揃えを提供する商的流通機能や，多数のメー
カーの商品情報を収集し，小売企業に伝達する情報流通機能，そして，多数の
メーカーの商品を一括配送する効率的な物的流通機能を果たすことはできない
からである。多くの代理商は特定のメーカーが設定した価格のもとで販売を行
い，そのメーカーが企画した販売促進活動を実行することしか行わない。

　代理商の他に，中国では食品を始め，衣料品，日用雑貨，建築資材などの卸

売市場も存在する。そこには数多くの卸売業者が集積している。しかし，これらの卸売業者はほとんど中小零細規模であり，リテールサポートなどの日本でよく見られる卸売業者の機能を果たしていない[3]。

中国の代理商および卸売業者は日本の卸売業者と大きく相違するのみではない。中国の小売企業の方も日本の小売企業のように，自らの商圏特徴や自社方針および目標を定期的に取引先に説明しない。それは小売企業が情報収集・分析能力に欠けていることや，取引先への情報提供を望まないこと，あるいは最初からこのような説明会の必要性を認識していないことに由来する[4]。

以上のように日本では，小売企業は自社に関する様々な情報を開示し，卸売業者は開示された情報を参考にし，小売企業の特性に適応した多様な流通機能を果たす。それに対して，中国では，小売企業は代理商や卸売業者に情報をほとんど開示しない。一方の代理商は特定のメーカーの商品しか販売せず，多数のメーカーの商品を取り扱う日本の卸売業者のような流通機能を果たすことはできない。また，多数のメーカーの商品を取り扱う中国の卸売業者の多くは中小零細規模であり，日本の卸売業者のような専門性の高い流通機能を実践することはできない。

このように日本と全く異なる流通構造を持つ中国では，成都イトーヨーカ堂は現地供給業者を開拓し，彼らと緊密な協調関係を構築するために，いくたびもの試練を乗り越えてきた。次節以降は成都イトーヨーカ堂の標的顧客のニーズを充足させるために，成都イトーヨーカ堂と現地供給業者はどのように協調してきたのかを概観する。

第2節　創業期における現地供給業者開拓の難航とその打開

1　創業期における現地供給業者開拓の難航

進出当初，日本のイトーヨーカ堂の知名度は全く通用せず，成都イトーヨー

---

3)　曹（2008）。
4)　現地供給業者のインタビューに基づいている。

カ堂は仕入れでは苦戦を余儀なくさせられた。1997年のイトーヨーカ堂といえば，日本国内で158の店舗を持ち，売上規模が1兆5,287億円に達し，国内2位，世界34位の大規模小売企業であった[5]。日本では，イトーヨーカ堂を知らない供給業者は当然存在しなかった。しかし，中国ではその状況は全く異なった。1号店の開業に合わせて開催された取引先説明会では，400社以上に案内状を送付したのに対して，出席したのはわずか120社であった。しかもそのなかには，日系企業や合弁パートナーである伊藤忠商事の関係で，義理で出席した企業も少なくなかった。

　成都イトーヨーカ堂のバイヤーたちは仕入先の開拓に奔走していたが，中国ではあまりにも知名度が無かったため，相手にされないことが多かった。また，前述したように中国では，消費財メーカーによるチャネルのコントロールが強くて，メーカーは専売店あるいは代理商を通じて商品を販売する。それと関係し，中国の大型店では，メーカーあるいはその代理商に売場を貸し，品揃えと販売を相手に委託する商慣行が定着していた。そのため，成都イトーヨーカ堂がイトーヨーカ堂のように商品を買い取り，自ら販売しようという試みは，現地供給業者からの理解を得られなかった。仕入れが思うように進まなかったなか，成都イトーヨーカ堂はイトーヨーカ堂の取引先である輸出メーカーも訪問した。しかし，最低購入ロット数に達成できないことや中国国内向けに販売する商品ではないなどの理由から，取引が断られた。商品を何とか集め，売り場を埋めるために，広州，東莞などの沿海部の生産基地に行き，現金で商品を買い集めた。様々な努力をしたにもかかわらず，結果として，1号店が開業した際の品揃えはイトーヨーカ堂の10分の1にも満たなかった。

　「創業期はとても苦しかった。当時は供給業者を誘致しようとしても，全く来てくれなかった。われわれは新しい会社なので，供給業者はわれわれに対する信用はなかった。当時，私はバイヤーで，靴を仕入れるために上海に行った

5）　株式会社イトーヨーカ堂(2007),616頁;「世界小売業売上高ランキング97年度」『日経流通新聞』
　　1999年1月12日。

第6章　現地市場における成都イトーヨーカ堂の発展プロセス（2）　227

が，現金での購入を要求された。(中略) 商品を提供してもらえなかったため，私たちは東莞の卸売市場に行って，良さそうな商品を買って，持ち帰り，売り場に置くようなことをしていた。」

―食品商品部部長Ｋ氏（中国籍）

「当時の成都イトーヨーカ堂は，同業他社の太平洋百貨店，パークソン百貨店，そして，国営の人民商場と比較して，影響力も知名度も低かった。当時，私は衣料品のバイヤーで，供給業者の誘致は極めて難しかった。われわれは何度も足を運び，相手にお願いしていた。日本人の同僚と一緒に，四川省地元の紳士服供給業者を訪問したことがある。そのときに3時間ぐらい待たされた。ちょうど先方の昼休みの時間だった。昼休みが終わってから，やっと会ってくれた。(中略) 当初はすべて買取仕入で商品を調達していた。地元の供給業者に商品を売ってもらえなかったので，やむをえずに沿海部の生産基地，例えば，広州，東莞などに行って，現金で商品を買い集め，日帰りで買った商品を手持ちで成都に持ち帰った。これが創業期だった。」

―副社長Ｌ氏（中国籍）

2　難航の打開

　仕入れを強化するために，成都イトーヨーカ堂は1998年6月に仕入れと販売を分離し，商品部と販売部を設立した。衣料部，食品部，住居部の部長と副部長はそれぞれ販売と仕入れを担当することになった。同じ1998年の後半から，中国の大型店の取引慣行に適応し，店中店を本格的に入れるようになった。その結果，店中店社員は初期の50人ほどから300人以上まで急増した。店中店社員の急増にともなって，人事教育部が設立され，成都イトーヨーカ堂の現地社員は指導役となり，店中店社員に対しても挨拶，お辞儀の仕方，笑顔での対応など自社社員と同じ教育を実施するようになった。人気の店中店を成都イトーヨーカ堂に入居させることはできなかったとはいえ，中国の取引慣行に適応したことで，ようやく現地供給業者に商品を提供させることができるように

なった。

　現地供給業者は成都イトーヨーカ堂に商品を販売し，あるいは店中店として入居したくなかった背後には2つの懸念が存在した。1つは，成都イトーヨーカ堂が仕入代金を払わないことであり，もう1つは，そこで商品が売れないことであった。

　しかし，成都イトーヨーカ堂は資金ショート寸前の時期でも支払い期限を厳守してきた。これは中国ではあまり見られない行動であった。中国における小売業と供給業者との取引関係に関する中国連鎖経営協会の2015年度報告によれば，支払いは供給業者が小売企業を評価する際に最も重要視される要素の1つである[6]。そして，その報告は，支払い期限の厳守が小売企業と供給業者との安定的な取引関係を促進する中核の要素であるため，小売企業が可能な限り，支払い期限を守るべきだと提言している。20年ほど遡る1990年代における成都イトーヨーカ堂による支払いの厳守は，現地供給業者からの信用を獲得するのに大きな役割を果たした。長く成都イトーヨーカ堂と取引してきた現地供給業者によれば，支払いの厳守は，成都イトーヨーカ堂を他の小売企業と比較した時大きく違う点であり，供給業者の間で高く評価された点でもあった。

　「信用があることは最も基本で重要だ。成都イトーヨーカ堂は支払い締切日を守る。他の小売店は数多くのミスや問題で支払いのトラブルが発生した。そして，支払いが延期されてしまう状況も多かった。（中略）いまでも（2016年）トラブルが発生した際に，他の小売店とのコミュニケーションがスムーズにできない。」

　　　　　　　　　—現地供給業者G販売マネージャーU氏（食品・メーカー）

　「他の小売店とも取引している。信用体制が脆い。個別事例だけど，予定どおりに決済してくれない場合がある。個別事例であれ，一般事例であれ，このようなことが発生してほしくはない。成都イトーヨーカ堂はこのようなことは

6）　中国連鎖経営協会＆徳勤編著（2015）。

ない。他の小売店からいまでも（2016年）お金を回収できない場合もある。」

—現地供給業者H社長V氏（住居・代理商）

しかし，支払期限の厳守だけでは，現地供給業者に商品を提供させることはできない。現地供給業者にとって，支払期限の厳守以上に売上高が重要であった。最初は，現地供給業者の多くは成都イトーヨーカ堂では商品が売れないと思っていた。そのため，成都イトーヨーカ堂に商品を提供したくなかった。

実際に1号店が開店した当初，成都イトーヨーカ堂はこれまで成都で見たことのないオープン・ディスプレイ，親切な接客と応対および清潔な店舗環境によって，顧客を店舗に惹きつけることができた。しかし，顧客ニーズに適合した商品がなかったため，顧客に来店させたとしても，購買させることに至らなかった。その後，徹底的な商圏調査を通じて，顧客ニーズを次第に理解することができた。顧客ニーズへの理解に加え，中国人バイヤーが成長したこともあり，売り場には成都の顧客ニーズを充足させる商品が多く揃えられるようになった。その結果，売上は堅調に成長した。売上の成長にともない，現地供給業者は成都イトーヨーカ堂の販売力に対する信用を持つようになり，成都イトーヨーカ堂に商品を提供しようとするようになった。

また，限定的とはいえ，商品構成においても現地供給業者は成都イトーヨーカ堂の調整に協調するようになった。2003年に2号店が開店した。1号店の都心型店舗と違い，2号店は郊外に立地した地域コミュニティ型店舗であり，商圏内の顧客ニーズも当然1号店のそれと異なった。2号店の商圏内顧客ニーズに適応した商品構成を行うために，既存の現地供給業者とコミュニケーションを取り，2号店に合わせた商品構成の修正に部分的に協力させた。

現地供給業者が部分的にしか協調しなかった理由は，最初は2号店の成功を見込まなかったためであった。2号店の出店地が決定した2001年には，その周りはまだ畑ばかりであった。郊外に大型店を開店する前例もなかった。大規模マンションの開発が行われていたとはいえ，2003年に開店した際に，周辺にバス路線さえなかった。このような2号店に対して，現地供給業者の多

くは売上実績を様子見し，商品構成の調整に対する協力は限定的であった。

　しかし，入念な開店準備をはじめ，開店後のチラシの配布，近くの住宅地5ヵ所を5台の無料巡回バスを走らせるというような様々な工夫によって，2号店は9月開店してから12月までのわずか3ヵ月間で1.1億元の売上を記録した。この売上実績は，顧客が定着するには最低1年間かかるはずだと見ていた他の小売店や流通専門家を驚かせた[7]。2号店の大成功によって，成都イトーヨーカ堂は現地供給業者からの信用を一気に獲得することができた。2004年以降，成都イトーヨーカ堂は高度な成長期を迎えた。売上高の急成長を背景に，顧客ニーズの変化に対応するための成都イトーヨーカ堂による様々な調整においては，現地供給業者は積極的に協調するようになった。次節は顧客ニーズの変化に対応するために，成都イトーヨーカ堂と現地供給業者との協調はどのように深化してきたのかを精査する。

第3節　現地供給業者との協調の段階的深化

1　成長期における協調

　第5章で述べたように2004〜2009年の間に，成都イトーヨーカ堂は年平均約33％の売上高成長率を記録し，急速な成長期を迎えた。2004年の成都は完全なる大衆消費社会となり，消費者は旺盛な購買意欲を見せた。そして，所得の上昇にともなって，2008年前後より成都の消費者のニーズは次第に多様化した。消費者ニーズの変化とともに，成都イトーヨーカ堂は現地供給業者と協調しながら，2004〜2006年の間には，「新商品」「価値感」という方針で，2007〜2009年の間には，「差別化」という方針を追加し，顧客ニーズの変化に対応していった。

(1)「新商品」と「価値感」

　2003年まで，成都イトーヨーカ堂の主な現地供給業者は，四川省あるいは

---

7)　湯谷（2010），300頁。

第6章　現地市場における成都イトーヨーカ堂の発展プロセス（2）　231

成都市の地元供給業者であった。しかし，生活水準の上昇にともなって，地元供給業者の商品だけでは成都の消費者のニーズを充足させることはできなくなった。そこで，成都イトーヨーカ堂は沿海部の新しい現地供給業者を開拓するとともに，既存の地元供給業者を沿海部に連れて行き，共同で新商品の発掘を行うようになった。

　1997年の入社で，長年住居用品のバイヤーを担当し，店長や住居商品部部長を経験した後，2016年に販売本部副本部長になったE氏によれば，2003〜2006年の間にバイヤーたちが最も力を入れたのは，既存供給業者の商品構成の変更と，沿海部の新しい現地供給業者の開拓であった。

　沿海部の新しい現地供給業者に新商品や価値感のある商品を提供させたとしても，安定的な供給を確保するのは簡単ではなかった。なぜならば，成都は内陸部の中心都市とはいえ，2004年には沿海部と比較して経済発展が遅れていたため，成都に営業所あるいは代理商を置いていなかった消費財メーカーが数多くあったからである。成都に営業所や代理商がなければ，再発注してもリードタイムが長く，欠品率が高かった。

　そのため，沿海部の新しい現地供給業者を開拓すると同時に，既存の地元供給業者に成都イトーヨーカ堂の顧客ニーズに適応した商品を取り扱わせるよう協力させる必要があった。地元供給業者の多くは中小企業であった。中には，経営資源が乏しく，専門性が高くなかった供給業者も数多くいた。このような地元供給業者が顧客ニーズの変化に適応できるように，成都イトーヨーカ堂は最初の指導役を果たした。

　取引先説明会や，売り場でのバイヤーによる直接確認などを通じて，日頃から成都イトーヨーカ堂の方針や顧客ニーズの変化に関する情報を共有した。また，近い将来における成都の消費者のトレンドを地元供給業者と共同で発見した。あるいは，地元供給業者にそれらのトレンドを具体的にイメージさせるために，バイヤーたちは地元供給業者との沿海部への共同出張を繰り返していた。このような情報共有や共同出張によって，地元供給業者の多くはそれまで取り扱ってきた商品の構成を修正し，成都イトーヨーカ堂の顧客ニーズに適応した

新商品や価値感のある商品を提供するようになった。一方，古い商品を抱え，成都イトーヨーカ堂の顧客ニーズの変化に適応しようともしなかった現地供給業者はやがて淘汰された。

　成都イトーヨーカ堂は売上高の急成長にともない，現地供給業者に大いに信用されるようになり，商品構成の調整においても現地供給業者に協調させることができるようになった。

　こうしたなか，現地供給業者との信頼関係を損なうような事例もあった。中国では，供給業者は小売店のバイヤーに個人的にリベートを提供し，そのかわりにバイヤーは当該供給業者の商品を売り場に導入することが横行していた。個別現象とはいえ，成都イトーヨーカ堂には個人的に供給業者にリベートを要求するバイヤーもいた。このような行為は，「取引先，株主，地域社会に信頼される誠実な企業でありたい」という成都イトーヨーカ堂の経営理念に真っ向から反したものであった。現地供給業者の不信感を招くだけではなく，顧客ニーズに適応しない商品が売り場に導入されることにもつながり，やがて顧客にも支持されなくなるという恐れもある。このような不正行為を撲滅するために，2006 年に成都イトーヨーカ堂は「密告制度」(告発制度) を設立した。バイヤーが現地供給業者にリベートなどを求めた場合，管理本部本部長に直接告発することができるようになった。密告制度を通じて，成都イトーヨーカ堂は公正性の維持と現地供給業者との信頼関係の促進を図った。

(2)「差別化」

　生活が豊かになるにつれて，2008 年前後より成都の消費者のニーズが次第に多様化した。多様化したニーズに対応するために，2007 年に成都イトーヨーカ堂は「差別化」という方針を提起した。商品だけではなく，サービス，販売方法，売り場の雰囲気などを通じて，他社と差別化し，多様化した顧客ニーズに対応しようとした。差別化の提起によって，現地供給業者との協調はさらに深化した。

　本章第 1 節で述べたように，中国では消費財メーカーによるチャネルのコ

第6章　現地市場における成都イトーヨーカ堂の発展プロセス（2）　233

ントロールが強い。メーカーは，直売店あるいは代理商を通じて，自社商品を
販売する。それと関連して，中国の百貨店では，買取仕入ではなく，店中店を
入居させる形で商品構成をするのが一般的である。店中店の従業員が小売店に
常駐して自社商品の販売を担当する。成都イトーヨーカ堂も1998年後半以降
この商慣行に適応し，店中店を本格的に導入した。

　成都イトーヨーカ堂と現地供給業者との取引形態は主に4つある。第1に
買取仕入である。成都イトーヨーカ堂は商品を買い取り，返品せずに売れ残り
のリスクを負う。成都イトーヨーカ堂の社員が販売を担当する。第2に委託
仕入である。現地供給業者から商品の販売が委託される仕入形態である。成都
イトーヨーカ堂は一度商品を仕入れるが，返品が可能であり，売れ残りのリス
クは現地供給業者が負う。現地供給業者は販売員を派遣し，販売を担当する。
第3に消化仕入という形で，店中店に入居させる。商品が販売された瞬間に
帳簿上でその商品が仕入れたことになる。売上高の何パーセントかが成都イ
トーヨーカ堂に分配される。現地供給業者の社員が販売を担当する。第4に
家賃という形で，店中店に入居させる。これは成都イトーヨーカ堂に入居した
飲食店という，サービス業との取引形態である[8]。家賃という形を取った店中
店は全体の売上高において1%未満に過ぎないため，本研究では特別の断りが
ない場合，店中店を消化仕入の形を取った店中店を指す。

　中国の百貨店のように店中店を入居させ，商品構成を形成する商慣行は同質
化を引き起こしやすい。物不足時代や大衆消費社会では消費者はモノがあれば
何でも良い，あるいは他人と同じようなモノを追求する。このような時代では，
店中店による商品構成の形成は消費者ニーズに対応することができる。しかし，
消費者ニーズが多様化すると，このような商慣行は同質化の原因となる。なぜ
ならば，中国の百貨店は店中店の商品構成，価格，プロモーションおよびサー
ビスという小売ミックスに関して，ある程度管理するとはいえ，店中店は高い

8）　中国の百貨店では，商品所有権は百貨店に移転されるかどうか，いつ移転されるかによって百貨
　店の経営方式を「自営」（買取仕入），「代銷」（委託仕入），「聯営」（消化仕入），「出租」（家賃）に
　大別することができる（李，2010）。各経営方式における商品構成の決定，商品の価格設定，プロ
　モーション，サービスなどに対する百貨店と供給業者の主導権は異なる。

自主的経営裁量権を持つからである。

　また，店中店は百貨店に入居するだけではなく，ショッピングセンターにテナントという形で出店する。ショッピングセンターのディベロッパーはテナントから家賃を徴収し，小売ミックスをテナントに一任する。中国の百貨店とショッピングセンターは小売経営を店中店やテナントに任せているため，百貨店とショッピングセンターは同質化に陥りがちである。

　2007年における成都イトーヨーカ堂の利益の9割以上は，店中店によって創出されたものであった。中国の商慣行のもとで，多様化しはじめた顧客ニーズに対応するために，成都イトーヨーカ堂ならではの店中店を作らなければならなかった。そこで，成都イトーヨーカ堂は現地供給業者との調整を強化するようになった。緊密な調整によって，他の百貨店やショッピングセンターと同じ店中店が入居しても，競合相手と差別化した価値を顧客に提供しようとした。

　現地供給業者との調整は商品構成をはじめ，価格，プロモーション，およびサービスという小売ミックス全般に及ぶようになった。

① 商品構成

　店舗の立地によって，商圏内の顧客ニーズが異なる。成都イトーヨーカ堂は，まず各店舗の顧客ニーズに適応した店中店を選択する。店中店の選択にとどまらず，契約を結ぶ際，商品計画のもとで，店中店同士および店中店と自営商品の構成を考え，商品カテゴリー，さらには単品の色，サイズ，数量まで店中店と調整するようになった。また，契約にはないが，人気商品の優先提供や新商品について，1週間から2週間の独占期間を設定することも，店中店からの協力を得た。店中店との情報システムが一元化していないなか，フロアーマネージャーを通じて，店中店の人気商品や重点商品を把握する。このような取組みを通じて，他の百貨店やショッピングセンターと同じ店中店が入居しても，顧客はいち早く成都イトーヨーカ堂で新しい商品と出会うことができた。

② 価格

　店中店は売れ残りのリスクを持つため，商品の価格決定権を有している。成都イトーヨーカ堂の店中店も同じである。ただし，成都イトーヨーカ堂は店中店を選択する際に，価格帯を考慮するため，各店中店の価格帯が商品計画に応じて組み合わせられてきた。価格は顧客価値を創造するうえで重要な一要素である。これまでは，成都の消費者は安い物を追求していたため，成都イトーヨーカ堂は価格訴求を行っていた。しかし，顧客ニーズの多様化にともなって，成都イトーヨーカ堂は店中店に価格訴求を行わないように要求しはじめた。値下げで集客するよりも，商品や陳列，接客，サービスなどを通じて，付加価値の向上に力を入れてもらうようになった。

③ プロモーション

　一般に中国の百貨店とショッピングセンターでは，店中店やテナントに対して，陳列の場所を指定するが，什器や陳列方法については，深く関与しない。それに対して，成都イトーヨーカ堂はどのような什器を使うのか，どのようなボリュームや組合せ，または演出方法で陳列するのかに関して，常に店中店とコミュニケーションを取る。例えば，気温や時間帯，曜日，季節または地域催事に応じて，陳列の場所，内容を変更させた。陳列における現地供給業者との調整は，成都イトーヨーカ堂の特色作りを促進した。

　イベントは小売店にとって，重要な集客ツールである。成都イトーヨーカ堂では，売り場の1つのコーナーから，「周年祭り」のような店舗をあげたイベントを常に仕掛けてきた。イベントの開催においても，成都イトーヨーカ堂は他の百貨店やショッピングセンターと異なり，現地供給業者と緊密な調整を行い，差別化を図った。

　「他の小売店でイベントをやる場合，向こうは，開催の時間，必要な場所，そして企画だけを確認する。それに対して，成都イトーヨーカ堂は，イベントのテーマ，イベントを通じて顧客に何を伝えたいのか，新商品の拡販イベント

であれば，新商品の特徴，セールスポイント，顧客のどのニーズに応えるのか
などを聞く。場合によっては，サンプルをもって，成都イトーヨーカ堂と一緒
に新商品の特徴について議論しなければならない。われわれのイベントの企画
に対して，成都イトーヨーカ堂は全面的な理解を試みる。例えば，場所は60
平方メートルが必要とする。そうすると，什器や資材をどのように置くのか，
1つ1つの細部まで把握したうえで，それについて（成都イトーヨーカ堂は）
意見を言う。(中略) こうしたコミュニケーションは，他の小売店はほとんど
できない。いま (2016年) でもほとんどできない。」

—現地供給業者I販売マネージャーY氏（衣料・代理商）

　小売業では販売員の接客力によって，同じ商品を販売しても顧客満足度が異
なる。成都イトーヨーカ堂は開店して以来，その接客サービスが高く評価され
てきた。高い接客サービスを提供するために，自社社員の教育は無論のこと，
店中店社員の教育も極めて重要である。なぜならば，成都イトーヨーカ堂の店
舗あたりの社員が3,000人であり，そのうちの約2,500名は店中店社員だか
らである。
　店中店社員は成都イトーヨーカ堂で働く前に基礎教育を受けなければならな
かった。成都イトーヨーカ堂の経営理念や現段階の方針，基本規則，接客基準
などについて学習する。基礎教育を経て，正式に働くようになったら，店長，
フロアーマネージャーは日々のOJTを通じて，店中店社員を教育する。2008
年以降導入された自律型人材育成制度は，店中店社員も対象としている。自社
社員のように店中店社員を教育することによって，店舗全体の接客力を高い水
準で維持することができた。他の百貨店やショッピングセンターにおける接客
サービスも年々高まってきた。しかし，他の百貨店やショッピングセンターは
小売経営を店中店に任せているため，店中店によって接客サービスのばらつき
が大きかった。それに対して，成都イトーヨーカ堂は店中店社員に自社社員と
同じ水準の接客力を求め，店中店社員をマネジメントすることによって，顧客
に常に高い水準の接客サービスを提供することができた。

第6章　現地市場における成都イトーヨーカ堂の発展プロセス（2）　237

④ サービス

　成都イトーヨーカ堂は店中店社員に自社社員と同じ水準の接客サービスを提供させただけではなく，商品の返品や取り替え，販売中あるいは販売後の諸サービスに関しても，一定の基準を設置し，店中店と調整した。

　生活は豊かになるにつれて，成都の消費者ニーズが多様化した。これまでの安価なモノの追求に加え，買物する際の店舗までのアクセスや，売場の雰囲気，イベント，接客およびサービスなども重視するようになった。店中店を中心とした売場構成の商慣行のもとで，百貨店やショッピングセンターが小売経営を店中店に任せるのに対して，成都イトーヨーカ堂は小売ミックスの全般にわたって，店中店と調整し，顧客に差別化した価値の提供を可能にした。

2　調整期における協調

　2010年に入ると，成都イトーヨーカ堂を取巻く市場環境は大きく変化した。価格よりも品質を重視する消費者の傾向が一層顕著となった。商業施設の急増とインターネット通販の急成長で成都小売業の競争は激化しはじめた。市場環境の激変に対応するために，成都イトーヨーカ堂は「高品質GMS」という方針を提起し，現地供給業者との協調を一層強化し，標的顧客への上質な日常生活の提案に注力するようになった。

(1)「高品質」

　第5章で述べたように高品質GMSの提起によって，成都イトーヨーカ堂は商品構成と販売方法を大きく変更した。商品構成においては，顧客の潜在的ニーズを満たす需要誘導型商品の割合，および顧客の顕在的ニーズを満たす需要適応型商品における上質な商品の割合を増やした。販売方法においては，2007年頃に取り組み始めた価格訴求を回避し，価値訴求を重視する販売方法への転換が本格化した。

　商品構成と販売方法の変更を実現するには，現地供給業者の協力を抜きにしては語れない。新しい方針を現地供給業者に理解させるために，成都イトー

ヨーカ堂は現地供給業者とのコミュニケーションを強化した。全取引先向けの取引先説明会を年に1回から年に2回に増やした。そこで中国市場環境の変化，成都市場環境の変化，成都イトーヨーカ堂の現状，市場環境に応じた成都イトーヨーカ堂の方針，重点政策などを説明し，現地供給業者に成都イトーヨーカ堂の方向性と，この方向に向かわなければならない理由を理解させる。全取引先向けの説明会が終了した後，衣食住の部門別の説明会が開催される。全社の方針と重点政策をもとに，各部門の具体的な商品計画が説明される。それによって，現地供給業者は成都イトーヨーカ堂が具体的にどのような商品を求めているのかについての概要を把握することができる。

　取引先説明会を通じて，成都イトーヨーカ堂は現地供給業者に自社の方針，重点政策，具体的な商品計画の概要に関する情報を伝達する。また，それらを実行するために，日々の商談における現地供給業者とのコミュニケーションも強化しなければならなかった。バイヤーと現地供給業者が中心となり，テーマ別で取引先説明会を月1回開くようになった。そこで過去のデータ，顧客トレンドについての情報が共有され，商品計画の実行についての議論がなされる。さらに，各課室も月1回，テーマ別で商品構成について現地供給業者と議論する。重点取引先と週に1回の頻度で商品構成について交流し，非重点取引先に関しては，説明会の開催頻度が低くなるが，直接売り場で頻繁にコミュニケーションを取る。

　2010年頃になると，成都イトーヨーカ堂と現地供給業者とのコミュニケーションに大きな変化があった。これまでは成都イトーヨーカ堂が主導して顧客ニーズの変化，成都イトーヨーカ堂の方針や政策を説明し，現地供給業者がそれを実行するような一方向のコミュニケーションが多かった。しかし，2010年頃になると，現地供給業者は自らの情報や経験をもとに，成都イトーヨーカ堂と議論し，成都イトーヨーカ堂に商品や販売方法を提案することも多くなりはじめた。すなわち，コミュニケーションは一方向から双方向に転換したのである。

　一方向のコミュニケーションから双方向のコミュニケーションに転換した背

第6章　現地市場における成都イトーヨーカ堂の発展プロセス（2）　239

景には，現地供給業者の専門性の向上があった。成都イトーヨーカ堂が設立した当初，中国では日本のような優れた流通機能を果たせる供給業者はほとんどいなかった。成都イトーヨーカ堂の現地供給業者のうち，専門性が低い企業も数多くいた。しかし，成都イトーヨーカ堂は商品構成，価格，プロモーション，サービスなどにおいて，現地供給業者と緊密に調整してきたため，現地供給業者はこれらの調整を通じて，情報収集をはじめ，商品管理，イベントの企画，陳列，さらに食品の生産加工技術まで幅広く学習することができた。成都イトーヨーカ堂からの学習などを通じて，現地供給業者は自社が担当する商品カテゴリーにおいては，成都イトーヨーカ堂に提案できる専門性を身につけるようになった。他方，成都イトーヨーカ堂は，顧客に上質な日常生活を提案するために，自社が到底かなわない現地供給業者が持っている川上の資源をより活用したかった。そのため，現地供給業者とコミュニケーションするルートと頻度を増やし，互いに持っている情報を迅速に共有しようとした。

　　「成都イトーヨーカ堂と継続的に取引する過程において，最初は成都イトーヨーカ堂から学習したところが多かった。一定の時点になると，われわれから提案することができるようになった。それは1つのゆっくりとしたプロセスだ。最初は成都イトーヨーカ堂が陳列や販売方法について指示するところが多かった。われわれは受動的だった。しかし，そのうちにわれわれも学習し，経験を積み，より多くの提案ができるようなった。われわれの意見もより多く採用されるようになった。」

　　　　　　　　　　　　　　　　　　　　—現地供給業者H社長V氏（住居・代理商）

　　「全体の取引先説明会が終わってから，食品，住居，衣料別の説明会があり，そこでより具体的な話しが出てくる。今年のMD（マーチャンダイジング）の方向性，商品カテゴリーやカテゴリー中の商品の増加と削減，供給業者に協調してもらいたいこと。ただし，全体の説明会だけでは，実際の実行を十分にガイドすることはできない。成都イトーヨーカ堂の部長，バイヤーとのコミュニケーショ

ンを取らなければならない。そこで，われわれは業界で蓄積した情報や経験を
もとに，話し合い，成都イトーヨーカ堂が求めている売り場を具体化していく。」

―現地供給業者 E 社長 S 氏（食品・代理商）

「顧客の生活が豊かになると，顧客の選択肢が広がる。昔はなかったモノへ
の追求，高品質商品への追求の割合が高まる。（中略）そうすると，われわれ
も供給業者もまた変化しなければならない。どうやってわれわれの変化と供給
業者の変化を通じて，共同成長を実現するのか。それも，また顧客のニーズを
原点にしなければならない。（中略）供給業者とコミュニケーションを強化し
なければならない。（中略）われわれは一方的にリードするのではなくなった。
われわれは自社の考え，方向性を示す。供給業者はそれに適応した商品情報を
提案してくる。彼らの提案をわれわれが審査する。ときにはわれわれの予想を
越えて，より優れた提案を持ってくる。そうすると，互いに補うことができ
る。（中略）何度もコミュニケーションと議論を重ね，思考方式と行動を一致し，
MD を実行する。」

―販売本部副本部長 E 氏（中国籍）

　生活が豊かになるについて，成都の消費者は価格よりも品質を重視するよう
になった。成都イトーヨーカ堂は現地供給業者とのコミュニケーションを強化
し，自社の顧客ニーズや，方針，政策に対する現地供給業者の理解を高めた。
そして，現地供給業者は専門性の向上によって，成都イトーヨーカ堂が提供し
た情報をもとに，成都イトーヨーカ堂に適合した商品や販売方法を提案するよ
うになった。このような双方向のコミュニケーションをもとに，成都イトーヨー
カ堂は現地供給業者と協調し，自社の標的顧客に上質な日常生活の提案を可能
にした。

3　変革期における協調

　成都の消費者のニーズは目まぐるしく変化する。商品の価格よりも品質を重

視する消費傾向は，さらに変化し，2014年に入ると，日本とほとんど変わらず，モノの豊かさよりも心の豊かさを追求するようになりはじめた。他方，モノをインターネットで買うのは当たり前の時代になった。実店舗小売企業は顧客ニーズに適応した商品を取り揃えるだけでは，顧客に来店し，買ってもらえない傾向が現れた。

第5章で述べたように，消費者のニーズと購買行動の変化に対応するために，成都イトーヨーカ堂は顧客に「楽しい体験」を提供するという方針を提起した。新しい方針のもとで，成都イトーヨーカ堂は自社の標的顧客に合わせた商品を取り揃えたうえで，飲食，美容室，学習塾というサービス業導入の本格化，非物販イベントの展開，物販そのものに体験の要素を組み入れるなどを通じて，店舗に滞在する時の顧客の体験を楽しくし，顧客ニーズの変化に積極的に対応している。顧客に楽しさ，面白さ，感動を与える売場づくりには，現地供給業者との協調がさらに深化している。

(1) 「楽しい体験」

モノの豊かさよりも心の豊かさを追求する消費者のニーズは具体的に何を意味しているのか。楽しい体験を提供する売り場は具体的にどのような売り場であるのか。消費者ニーズの変化傾向，自社が目指している売場づくりを抽象的な概念にとどまらず，具体的に現地供給業者と共有するために，成都イトーヨーカ堂は現地供給業者を海外視察に連れていくようになった。

例えば，日本の実店舗小売企業は，消費者の「モノ消費」から「コト消費」への転換や，インターネット通販の急成長を背景に，中国より早く消費者の買い物体験を重視する店舗作りに力を入れてきた。現地供給業者に日本の先端的な小売企業を視察させることによって，成都イトーヨーカ堂が考えている消費者ニーズの変化と自社の方針，方向性を現地供給業者と具体的に共有する。

成都イトーヨーカ堂は現地供給業者に海外の品揃えや販売方法をそのまま成都に導入させたいわけではない。日本の消費者のニーズと成都の消費者のニーズが異なるため，そのまま導入しても成都の消費者のニーズを充足することは

できない。共同の海外視察を通じて，成都イトーヨーカ堂は現地供給業者に自社の方向性，および自社の標的顧客に合わせた商品情報や販売方法の提案を促進したいのである。すなわち，現地供給業者の思考方式と行動の方向性を自社のそれに一致させることで，現地供給業者と協調して自社の顧客ニーズにより迅速に対応することを図っているのである。

　目まぐるしい消費者ニーズに迅速に対応し，「楽しい体験」という新しい方針を確実に売り場に反映させるために，情報共有も緊密に迅速で行わなければならなくなった。沿海部への共同出張をスピードアップした他，重点取引先に対して1対1の交流会や四半期反省会が開催されるようになった。

　また，成都イトーヨーカ堂の元会長で，イトーヨーカ堂の現社長である三枝富博の尽力で，2014年9月に成都市工商業聯合会が直轄する形で成都市供給業者商会（中国語：成都市供応商商会）が設立された。成都市供給業者商会は，消費者ニーズの質的変化，インターネット通販の急成長を背景に，実店舗小売企業とその供給業者がいち早く情報を共有し，行動の方向性を一致させ，資源を補いあうことで，消費者ニーズをよりよく満足させるために設立されたものである。

　三枝は成都市供給業者商会の生涯名誉顧問であり，設立以来，商会のワークショップでよく講師として登場し，中国小売業や成都小売業の変化，消費者の変化，これらの変化に対応するために供給業者に求められる変化，成都イトーヨーカ堂の方針，または成都イトーヨーカ堂の経営管理ノウハウを隠すことなく話し，その情報を商会のメンバーと共有していた。

　成都市供給業者商会に加盟した供給業者には，成都イトーヨーカ堂の現地供給業者が数多くいる。ある食品の現地供給業者によれば，三枝の講演会であれば，いくら忙しくても聞きに行くようである。なぜならば，「三枝氏は学習において極めて無私であり，内部の人だけ教育することを考えていない。供給業者にも全部教える。（中略）成都イトーヨーカ堂だけのことではなく，より大きなスケールで長いスパンで話をするので，とても勉強になる」からである。

　経営トップはこのような場で繰り返し講演することによって，小売業を取り

巻く環境の変化，成都イトーヨーカ堂の方向性，その方向に向かった理由に対する現地供給業者の理解を促進した。それによって，現地供給業者が成都イトーヨーカ堂と同じ方向を目指し，顧客ニーズにスピーディーに対応することを容易にしたと考えられる。

このような様々な形で，成都イトーヨーカ堂は現地供給業者と情報を共有し，現地供給業者に自社の顧客ニーズの変化，それに対する自社の方針を理解させる。それを受けて，現地供給業者は成都イトーヨーカ堂の顧客ニーズと方針に適応した商品情報と販売方法を提案する。そして，提案をめぐって，互いに議論しあい，スピードを持ちながら最善の形で売り場を具体化していく。

「楽しい体験」という方針が提起されて以降，売り場で最も変化が大きいのは販売方法である。第5章で述べたように2014年以降，成都イトーヨーカ堂は，①「試食，試着，試用」という「三試運動」の導入，②機能を中心とする商品情報発信から新しさと面白さを重視する商品情報発信への転換，③楽しさの演出に努める物販と非物販イベントの開催，④商品カテゴリー別ではなく「健康」，「美容」，「旅行」，「癒やし」，「余暇」のようなテーマ別での編集売場の構築を展開してきた。このような販売方法の変更を実現するには，現地供給業者の協力を抜きにしては語れない。

「三試運動」を実行するために，現地供給業者はサンプルや販促人員を提供する必要がある。商品情報発信やイベント開催方法を変更するには，現地供給業者は新しさ，面白さ，楽しさを重視するような提案をしなければならない。テーマ別で売り場を編集するには，衣食住のそれぞれの現地供給業者は，衣食住の商品の組み合わせを容認しなければならない。成都イトーヨーカ堂は現地供給業者からの協力を獲得し，現地供給業者とともに顧客に楽しい体験という新しい価値の提供に挑戦している。

ここまでは成都イトーヨーカ堂は現地供給業者に全く信用されなかった状況からどのように現地供給業者に信用させるようにしたのか，そして，顧客ニーズの変化に対応するためにどのように現地供給業者と協調してきたのかを概観した。次項ではなぜ現地供給業者は成都イトーヨーカ堂の絶えない変革に協調

244

し続けてきたのかを検討する。

4 成都イトーヨーカ堂に継続的に協調した要因

製造業者，卸売業者，小売業者は商品を消費者に販売するという点において
は共通の利害を持ち，集合的目標を持っている。商品を消費者に販売するとい
う集合的目標を達成するには，三者が機能的に相互依存し，協調しなければな
らない。しかし，一方，製造業者，卸売業者，小売業者は独立した組織であり，
利潤分配や機能認識の相違でコンフリクトが発生する[9]。

成都イトーヨーカ堂と現地供給業者は成都イトーヨーカ堂の顧客ニーズを満
足させ，商品を販売する点においては共通の目標を持ち，互いに機能的に依存
しあい，協調する必要がある。他方，独立した企業であるため，各自の方針や
考えがあり，協調しながらもコンフリクトが全くないわけではない。本項では
コンフリクトを確認したうえで，現地供給業者はなぜ成都イトーヨーカ堂に継
続的に協調してきたのかを検討する。

(1) 協調におけるコンフリクト

本章第2節で述べたように成都イトーヨーカ堂は中国の取引慣行に応じて，
店中店を中心に売り場を構成している。そして，成都イトーヨーカ堂ならでは
の店中店を作るために，他の百貨店やショッピングセンターと違い，店中店の
小売ミックス全般にわたって，店中店と緊密に調整している。それによって，
同じブランドの店中店が入居したとしても，成都イトーヨーカ堂の顧客に他店
と差別化した商品やサービスの提供を可能にする。

---

9) Alderson (1957)；Ridgeway (1957)；Mallen (1963)；Berg (1967)；風呂 (1968)；Stern
and Brown (1969)；Stern and El-Ansary (1977)．マーケティング・チャネルにおけるコンフリ
クトをいかに制御し，協調をいかに構築・維持するのかに関して，アメリカではチャネル拡張組織
論，チャネル・システム論，協調関係論，日本ではチャネル交渉論のように様々なパラダイムで論
じてきた。利潤のパイの増大によるコンフリクトの自然解消，あるいは内部組織の管理方法の適用，
チャネル・リーダーによるパワー行使，信頼に基づいた共同的調整，機会主義的行動の制御メカニ
ズムの設置，絶えざる交渉のように様々なコンフリクトの管理方法と協調の構築・維持方法が提起
されてきた。マーケティング・チャネルにおける取引関係管理の詳細については拙稿，秦 (2016a)
を参照されたい。

第6章　現地市場における成都イトーヨーカ堂の発展プロセス（2）　245

しかし，これらの調整は店中店が自社の立場だけに立つと，成都イトーヨーカ堂との利害が一致しない場合もある。例えば，成都イトーヨーカ堂は店中店の商品構成を管理している。新商品の導入と旧商品の改廃はすべて成都イトーヨーカ堂と事前に情報共有する必要がある。成都イトーヨーカ堂は顧客ニーズ，自営商品および他の店中店とのカニバリズムを考慮し，店中店の希望どおりに商品構成を変更させない場合も数多くある。

成都イトーヨーカ堂は店中店の販売方法も管理している。顧客の便利さや顧客の買い物体験を考慮し，店中店の商品を他のブランドの商品と組み合わせて陳列することは一般的である。そうすると，店中店から見れば，他の百貨店やショッピングセンターのように自社の統一したブランドイメージを持てなくなる。

成都イトーヨーカ堂は気温や時間帯によって来店する顧客のニーズが異なるため，売り場を頻繁に変更している。それに加え，年に2回の店舗改装を行い，顧客に飽きられない売り場作りに注力している。その際に場所の移動と再配置などをめぐって，店中店と成都イトーヨーカ堂との意見相違が発生する。

利潤分配においても成都イトーヨーカ堂と現地供給業者は意見が一致しないこともある。成都イトーヨーカ堂にとって，店中店の商品構成および販売方法の管理，店中店の販売員教育などに費用が発生するため，歩合率を高く設定する必要がある。一方の店中店は放任主義の百貨店やショッピングセンターと比較するため，成都イトーヨーカ堂の歩合率を高く感じる。

成都イトーヨーカ堂は現地供給業者と協調する過程においては，上記のような商品管理や販売方法の主導権という役割行動に関するコンフリクトもあれば，利潤分配に関するコンフリクトもある。これらのコンフリクトについては成都イトーヨーカ堂も現地供給業者も熟知している。コンフリクトが避けられないなか，成都イトーヨーカ堂と現地供給業者にとって重要なのは，交渉プロセスを経て，お互いが納得できる合意点を見つけることと，合意点がもたらす実績のことである。次は，協調におけるコンフリクトがあるにもかかわらず，現地供給業者はなぜ成都イトーヨーカ堂に協調し続けてきたのかを検討する。

246

(2) 継続的に協調した要因

　成都イトーヨーカ堂と長く取引をしてきた現地供給業者によれば，成都イトーヨーカ堂に継続的に協調してきた要因は主に次の3点である。第1に約束の厳守であり，第2に緊密かつオープンなコミュニケーションであり，第3に現地供給業者の専門性と業績を継続的に成長させたことである。

① 約束の厳守

　成都イトーヨーカ堂と長く取引している現地供給業者たちに「なぜこのように長く取引するのか」を質問すると，答えとしてまず挙げられたのは成都イトーヨーカ堂が約束を守る点である。例えば，成都イトーヨーカ堂が支払い期限を厳守することは業界でも評判となっている。10年前，20年前と比べて，支払い期限を守る中国小売企業や他の外資系小売企業も増えてきた。しかし，理由を説明せずに支払いを伸ばしたり，支払いのトラブルが発生した際に処理に時間がかかったりするケースは相変わらずよく見られる。

　支払い期限の厳守のみではなく，話し合いで決まった事を翻すことがないのも現地供給業者に評価された点である。商品や店中店の位置，イベント開催の仕方，費用の負担などを巡って，現地供給業者は成都イトーヨーカ堂と厳しい交渉を行わなければならない。しかし，一旦交渉で合意すれば，合意した内容は素早く実行される。それに対して，他の小売企業や商業施設では，交渉は素早く終わるが，実行する際に，キャンセルされたり，新しい条件がつけられたりする。こうした約束を守らない小売企業に対して，供給業者は協調するどころか，取引を継続したくない。したがって，約束の厳守は成都イトーヨーカ堂が現地供給業者の信用を勝ち取り，現地供給業者に協調させた基礎である。

　「取引なので，場所，利潤分配，費用負担などに対して意見が対立する時はある。成都イトーヨーカ堂は自分の考えがあり，われわれも自分の方針を持っている。そうすると，交渉が必要だ。交渉がとても厳しい。しかし，一旦合意が達成できたら，その通りに実行する。この点は極めて重要だ。多くの企業は，

第6章　現地市場における成都イトーヨーカ堂の発展プロセス（2）　247

交渉する際にはとても簡単だが，実行する際に，交渉した内容と全く違う。そうすると，騙されたという感情が生まれる。こうした小売店と取引したい供給業者はいないと思う。」

―現地供給業者Ｆ社長Ｔ氏（衣料・代理商）

② 緊密かつオープンなコミュニケーション

　成都イトーヨーカ堂は全取引先向けの取引先説明会，個別取引先との交流会や反省会，沿海部および海外への共同出張，売り場での高頻度な交流などを通じて，現地供給業者と緊密なコミュニケーションを取っている。それに対して他の小売企業は取引先説明会を開催しない，あるいは不定期にしか開催しない。日常業務上でも，供給業者とコミュニケーションをあまり取らず，小売ミックスは供給業者に一任しているところが多い。

　現地供給業者はこの点に関して成都イトーヨーカ堂との協調において，これらのコミュニケーションが極めて重要だと指摘している。なぜならば，これらのコミュニケーションを通じて，現地供給業者は成都イトーヨーカ堂の方針，方向性，そして具体的に現地供給業者に協調してほしいことを理解することができるからである。小売企業は自社の方針や商品計画，販売方法に関する具体的なガイドラインを明確に示してはじめて，供給業者はどのように協調すればいいのかがわかる。しかし，中国における多くの小売企業は，専門性の欠如などによって自社の方針を供給業者に明確に示すことができない。そのため，供給業者は小売企業が何をやりたいのかを把握することができず，協調することも難しい。

　「コミュニケーションは絶対必要だ。例えば，取引先説明会では，成都イトーヨーカ堂が今後の方針をしっかり説明する。われわれはそれを通じて，成都イトーヨーカ堂の方針を理解し，協調することができる。他の小売店は，開いたりやめたりする。（中略）（成都イトーヨーカ堂の）取引先説明会では管理層がリレー式で発言する。それは一貫性をもつもので，例えば，三枝氏が言う方向性

は，MD の方向性にも反映される。もしこの説明会がなければ，われわれは小売店が何をやりたいのかを自分で推測しなければならない。そうすると，かなりの問題が発生する。例えば，売場の責任者は了承しても，翌日その責任者の上司はそれがだめだと言い出す。計画性と連続性がなく，効率性がない。

（中略）成都イトーヨーカ堂は専門性が高い。他の小売店は，専門性が高くはないので，明確に何をやりたいのかは自分でもわからない。そして，成都イトーヨーカ堂は経営トップから一般社員まで一貫している。例えば，何かに対応するような連絡がきたら，それは絶対トップから下まで共通の了承を得ている。他のところではあり得ない。」

—現地供給業者 E の社長 S 氏（食品・代理商）

　緊密なコミュニケーションは協調の方向性を明示することで，現地供給業者との協調を促進するのみではなく，コンフリクト，あるいは意見の相違が発生した場合に，合意点を見出すためのルートでもある。なぜならば，現地供給業者とコンフリクトが発生した場合，緊密なコミュニケーションによって，いち早く合意を達成し，同じ方向を目指して行動することが可能になるからである。

「提案する場合は，2 つの結果がある。1 つ目は合意し，共同でその提案を実行する。2 つ目は意見の不一致が発生する場合だ。そうすると話しあい，両者が納得するところまで合意する必要がある。成都イトーヨーカ堂は話し合うルートを用意してくれている。例えば，一緒に工場視察に行くとか，ブランドの所有者を訪問するとか。それを通じて，成都イトーヨーカ堂はわれわれが代理しているブランドに対する理解を深める。」

—現地供給業者 H の社長 V 氏（住居・代理商）

　現地供給業者はコミュニケーションが緊密に行われるのだけではなく，透明性のあるオープンな形で行われることも高く評価している。顧客ニーズを充足させ，商品を販売するという共通の目標を達成するためにどうすれば一番よい

第6章　現地市場における成都イトーヨーカ堂の発展プロセス（2）　249

のかをオープンに議論することができるため，たとえコンフリクトが発生したとしても，不満が残らない形での合意に達成しやすいのである。

「成都イトーヨーカ堂では供給業者が，自由に意見を言える。（中略）仕事の目標，進捗をストレートに議論することができる。他の小売店では好き嫌いの感情が優先される場合があるので，言葉遣いに気を付けなければならない。（中略）成都イトーヨーカ堂は彼らの立場で意見を言う。われわれはわれわれの立場で意見を言う。これは正しいことだと思う。もし意見が不一致の場合には，コミュニケーションを取り，互いに受け入れられる妥協点を見つける。オープンなコミュニケーションは，長年にわたって成都イトーヨーカ堂と取引して，変わっていない素晴らしい長所だと思う。

（中略）中国の他の小売企業はこのようなコミュニケーションがあまりない。（中略）国営小売企業は，多くのことがアンダーザテーブルが必要だ。そして，目標や進捗，売り場で（商品が）展示された効果については，あまり気にしない。」

—現地供給業者D成都子会社社長R氏（住居・メーカー）

「成都イトーヨーカ堂とのコミュニケーションは，商業の原則に基づいている。個人的な好き嫌いで，特定の供給業者が優先されるようなやり方ではない。コミュニケーションはwin-winの原則にも基づいている。例えば，成都イトーヨーカ堂にある提案をした場合，売り場の担当者から，フロアーマネージャー，部長まで，全員がその提案を真剣に受け止める。他のところでは，自分の担当領域ではないので，他の責任者を探すように言われる。」

—現地供給業者G販売マネージャーU氏（食品・メーカー）

③ 専門性と業績の向上

　緊密かつオープンなコミュニケーションは現地供給業者に対する協調の方向性を明示し，コンフリクトが発生した場合，合意が素早く達成されることを促進した。このようなコミュニケーションは現地供給業者にとって，自社の専門

性を高めるための学習プロセスでもある。学習の内容は顧客第一主義の経営理念をはじめ，消費者の需要予測方法，商品の選択・管理，販売促進の方法，従業員の育成，生産技術の向上まで実に幅広いものである。

「なぜ成都イトーヨーカ堂はずっと小売業をリードし続けてきたのか，それは三枝氏の理念だ。『消費者に近づこう，消費者の変化に対応しよう』，これは三枝氏がずっと強調していることだ。(中略) 三枝氏の講演であれば，私はどんなに忙しくても時間を作って参加する。(中略) 彼が提起した理念をわれわれの会社も活用している。例えば，昔はどのような商品を導入するのかについては，消費者のことを考えなかった。私の個人的な考えで決めていた。(中略) 消費者がモノをなんでも持っている時代では，私個人の考えで商品を導入してはいけない。消費者の変化に対応しなければならない。」

―現地供給業者 E 社長 S 氏（食品・代理商）

「(成都イトーヨーカ堂との) コミュニケーションのなかで，少しずつ学習し，ともに成長してきた。例えば，2006 年か 2007 年かの春節に，成都イトーヨーカ堂のバイヤーが春節に向けての商品を準備するために，弊社に来た。その場で在庫を確認し，成都イトーヨーカ堂向けの商品を準備した。その時に，成都イトーヨーカ堂のバイヤーはどの商品を，どれぐらいを用意する必要があるのかに参考になるデータも持ってきた。そこで一緒に議論し，商品とその量を決めた。そのプロセスでは，小売業のバイヤーとしてはどのようにデータを分析するのか，例えば，どのようなデータが重要なのか，商品発注のタイミングをどうすればいいのかを学習した。」

―現地供給業者 I 販売マネージャー Y 氏（衣料・代理商）

「われわれはもともと感覚で (果物の) 糖度を判断していた。成都イトーヨーカ堂は機械で糖度を測定し，そして，採った時の糖度と貯蔵してからの糖度の変化を計算に入れて収穫するのだ。成都イトーヨーカ堂の専門家から糖度，安

第6章　現地市場における成都イトーヨーカ堂の発展プロセス（2）　251

全性，農薬や種の管理に関して様々な指導を受けてきた。」

　　　　　　　　　　　　　　　　―現地供給業者 C 社長 Q 氏（食品・卸売業者）

　「成都イトーヨーカ堂は関連商品や生活シーンに合わせた陳列を強調する。例えば，赤ちゃんが生まれた場合，ズボン，服，ナプキンなど全部必要なので，それらを組み合わせて，生活シーンを演出する。これはとてもよいところだ。成都イトーヨーカ堂で学んだ陳列を私が担当している専門店にも活用する。例えば，商品の組合せやパッケージの仕方などだ。こういったところは大変勉強になる。」

　　　　　　　　　　　　　―現地供給業者 A 地域マネージャー O 氏（住居・メーカー）

　緊密かつオープンなコミュニケーションは，成都イトーヨーカ堂と現地供給業者との協調における中核的な部分といえる。コミュニケーションを通じて，成都イトーヨーカ堂の考え方，方針，具体的な政策を理解させる。それと同時に，方針と具体的な政策を実行するために必要とされる専門性も現地供給業者に身に付けさせる。

　現地供給業者の専門性の向上につれて，これまで成都イトーヨーカ堂が指示，説明または手本をみせなければできなかったことを，現地供給業者が次第に主体性をもって行うようになる。それと同時に，成都イトーヨーカ堂の顧客ニーズにより適合した商品や販売方法を提案するようになる。すなわち，成都イトーヨーカ堂は緊密でオープンなコミュニケーションを通じて，現地供給業者の専門性を高め，現地市場における日本型卸売業者の不在によってもたらされた課題を少しずつ解消してきた。

　しかし，専門性の向上だけでは，現地供給業者に協調させ続けることはできない。コミュニケーションを通じて生み出された新しい商品構成や販売方法，あるいは現地供給業者の専門性の向上は最終的に現地供給業者の業績向上に貢献しなければ，継続的に協調させることはできない。

　新しいことに挑戦することはリスクもともなう。顧客ニーズの変化に対応するための挑戦であっても，直ちにすべての現地供給業者から協力を得られるわ

けではない。また，顧客ニーズの変化に対応した新しい取り組みであっても，直ちに売上が高まるとは限らず，時間をかけて育成する場合もある。その場合に，成都イトーヨーカ堂と現地供給業者はリスクを共に分担する。最終的には新しい取り組みを現地供給業者の業績向上に貢献させ，現地供給業者の積極的な協調を引き出すのである。

　「現地供給業者に一緒に挑戦してもらうには，最も有効なのは業績だ。われわれは日本の経験を持ってきたが，そのまま使っているわけではない。（中略）大きな理念のもとで，各現地供給業者に合わせて，新しい取り組みを提案してきた。そして，現地供給業者は新しいやり方で成長できると納得した時に，新しい挑戦に一緒に全面的に取り組む。（中略）最初は半信半疑だったが，今はほとんど協調してくれるようになった。それはやはりこれまでの実績だと思う。」

—会長Ａ氏（日本籍）[10]

　「どんなことでも第1歩が難しい。いくら（現地供給業者に）変化するようにお願いしても第1歩が一番難しい。しかし，一旦成功したら，第2歩，第3歩を踏み出すようになる。その成功は，自分だけではなく，他の現地供給業者の経験の場合もたくさんある。（中略）もちろん第1歩に失敗しても，恐れることはない。第1歩，第2歩，第3歩失敗し，第4歩から成功したケースもある。その時はリスクを共に分担する必要がある。」

—販売本部副本部長Ｅ氏（中国籍）

　「成都イトーヨーカ堂では消費者にどのように食べるか，どのように作るか，様々な提案をしている。最初は試食に協調したくない供給業者もいた。しかし，実際にやってみたら利益が上がったので，より積極的に試食を提供するようになった。」

—現地供給業者Ｇ販売マネージャーＵ氏（食品・メーカー）

---

10)「伊藤洋華堂目標：成為商界『普羅米修斯』」『天府早報』，2007年6月18日。

第6章　現地市場における成都イトーヨーカ堂の発展プロセス (2)　253

　「コンフリクトはただ1つだ。成都イトーヨーカ堂での経営コストが高い。
それは成都イトーヨーカ堂の管理コストが高いのだということを理解している
が，この利益分配はずっと解決していない問題だ。ただし，前も言ったように
成都イトーヨーカ堂の影響力を考え，よい顧客，新しい顧客の開拓，新商品認
知度の向上を考えると，成都イトーヨーカ堂はわれわれにとって重要な取引先
だ。」

—現地供給業者 D 成都子会社社長 R 氏（住居・メーカー）

　実際に数多くの現地供給業者は成都イトーヨーカ堂とともに成長してきた。
例えば，取引を始めた際に，1つのブランドしか代理していなかったが，成都
イトーヨーカ堂における実績をもって，数多くのブランドの地域総代理商まで
に成長した現地供給業者がいた。また，成都イトーヨーカ堂が消費者および業
界の間に高く評価されているため，成都イトーヨーカ堂に商品を置くことで，
消費者の信用獲得および他の小売店への商品の売り込みが促進された現地供給
業者もいた。あるいは，成都イトーヨーカ堂から顧客第一主義の経営理念や，
消費者の需要予測方法，商品の選択・管理，販売促進の方法，従業員の育成，
生産技術などを学習，活用することで，消費者ニーズに対応する能力が高まり，
業績が向上した現地供給業者も多かった。

　このように成都イトーヨーカ堂はまず約束の厳守で現地供給業者の信用を獲
得した。そして緊密かつオープンなコミュニケーションを通じて，現地供給業
者に協調の方向性の明示，方向性を具体化するために必要とされる現地供給業
者の専門性の向上，または，コンフリクトが発生した場合も，合意の素早い達
成を促進してきた。さらには顧客ニーズの変化に対応するための新しい取り組
みを最終的に現地供給業者の売上高や利益という業績向上に貢献させること
で，成都イトーヨーカ堂の絶えざる挑戦に対する現地供給業者の信用を高め，
協調を獲得してきた。

　すなわち，成都イトーヨーカ堂は約束の厳守，緊密かつオープンなコミュニ

ケーション，現地供給業者の専門性と業績を向上させたことで，現地供給業者との協調においてコンフリクトがあるにもかかわらず，現地供給業者に継続的に協調させることができたのである。

第4節　現地供給業者との企業間市場志向構築プロセス

　第5章で述べたように成都イトーヨーカ堂は1997年に1号店を開店して以来，20年間の間に成都の消費者のニーズの変化に応じて，顧客に異なる価値を提供してきた。価値提供を実現するための様々な取り組みを行った結果，顧客ニーズの変化に継続的に対応し，成都で最も評価の高い小売企業に成長した。

　顧客ニーズの変化に対応するための様々な取り組みを展開してきたプロセスは，成都イトーヨーカ堂の市場志向構築プロセスであり，成都イトーヨーカ堂の発展プロセスそのものでもある。それと同時に，成都イトーヨーカ堂と現地供給業者との企業間市場志向構築プロセスでもある。なぜならば，これらの取り組みを実行するには，成都イトーヨーカ堂は現地供給業者と協調しなければならなかったからである。図表6-4は顧客に提供した価値を時系列にしたがい，成都イトーヨーカ堂がどのようにして企業間市場志向を構築してきたのかを示したものである。アンダーラインの部分は前段階と比較して，新しく追加された取り組み，あるいは既存の取り組みの強化を意味する。次に，第4章で説明した本研究における企業間市場志向の概念を踏まえながら，図表6-4をもとに，成都イトーヨーカ堂と現地供給業者との企業間市場志向構築プロセスを検討し，成都イトーヨーカ堂の発展プロセスのもう1つの側面を精査する。

　1997〜1999年の創業初期において，成都イトーヨーカ堂と現地供給業者との企業間市場志向はほとんどなかった。日本のイトーヨーカ堂の知名度は全く通用せず，成都イトーヨーカ堂は現地供給業者に信用してもらえなかった。取引説明会を開催しても，現地供給業者はほぼ出席しなかった。この時期，成都イトーヨーカ堂はひたすら商品の確保に奔走していたが，多くの現地供給業者に商品を売ってもらえなかった。

第 6 章　現地市場における成都イトーヨーカ堂の発展プロセス（2）　255

図表 6-4　成都イトーヨーカ堂と現地供給業者との企業間市場志向構築プロセス

顧客に提供した価値	企業間市場志向の構築プロセス	
商品なし （1997）	市場知識の 共同生成	なし
	市場知識の 企業間普及	ほぼなし
		成都イトーヨーカ堂： 取引先説明会
		現地供給業者： 取引先説明会にほぼ欠席
	市場知識への 共同対応	ほぼなし
		成都イトーヨーカ堂： 商品確保に奔走
		現地供給業者： ほぼ非協調
商品あり （2000）	市場知識の 共同生成	なし
	市場知識の 企業間普及	あり
		成都イトーヨーカ堂： 取引先説明会，商談
		現地供給業者： 取引先説明会への参加，商談
	市場知識への 共同対応	あり
		成都イトーヨーカ堂： 2 号店に合わせた商品構成の修正
		現地供給業者： 部分的に協調
新商品・価値感 （2004）	市場知識の 共同生成	少ない
		成都イトーヨーカ堂： 沿海部への共同出張
		現地供給業者： 沿海部への共同出張
	市場知識の 企業間普及	あり
		成都イトーヨーカ堂： 取引先説明会，商談，沿海部への共同出張
		現地供給業者： 取引先説明会への参加，商談，沿海部への共同出張
	市場知識への 共同対応	あり
		成都イトーヨーカ堂： 新商品の早期導入，価値感のある商品構成への変更
		現地供給業者：変更への協調

差別化 (2007)	市場知識の 共同生成	少ない
		成都イトーヨーカ堂： 沿海部への共同出張
		現地供給業者： 沿海部への共同出張
	市場知識の 企業間普及	あり
		成都イトーヨーカ堂： 取引先説明会，商談（＋店舗マネージャーによる販売方法 の説明），沿海部への共同出張，
		現地供給業者： 取引先説明会への参加，商談，沿海部への共同出張
	市場知識への 共同対応	あり
		成都イトーヨーカ堂： 新商品の早期導入，価値感のある商品構成，店中店の商品 構成および販売方法の調整
		現地供給業者： 変更への協調
高品質 (2010)	市場知識の 共同生成	少ない
		成都イトーヨーカ堂： 沿海部への共同出張
		現地供給業者： 沿海部への共同出張
	市場知識の 企業間普及	あり
		成都イトーヨーカ堂： 取引先説明会（＋年に２回へ），商談（＋頻度とルートの 増加），沿海部への共同出張
		現地供給業者： 取引先説明への参加，商談（＋商品情報と販売方法の提 案），沿海部への共同出張
	市場知識への 共同対応	あり
		成都イトーヨーカ堂： 高品質の商品構成と販売方法への変更，提案の採択
		現地供給業者： 変更への協調，提案の実行

第 6 章　現地市場における成都イトーヨーカ堂の発展プロセス（2）　257

		少ない
楽しい体験 （2014）	市場知識の 共同生成	成都イトーヨーカ堂： 沿海部への共同出張（＋スピードアップ），海外への共同出張
		現地供給業者： 沿海部への共同出張（＋スピードアップ），海外への共同出張
	市場知識の 企業間普及	あり
		成都イトーヨーカ堂： 取引先説明会，商談（＋1対1の重点取引先交流会と四半期反省会），沿海部への共同出張（＋スピードアップ），<u>海外への共同出張，成都市供給業者商会での交流会</u>
		現地供給業者： 取引先説明会への参加，商談（＋1対1の重点取引先交流会と四半期反省会），沿海部への共同出張（＋スピードアップ），<u>海外への共同出張，成都市供給業者商会での交流会</u>
	市場知識への 共同対応	あり
		成都イトーヨーカ堂： 提案の採択，<u>テーマに合わせた編集売場への変更</u>
		現地供給業者： 変更への協調，提案の実行

出典：筆者作成。

　取引先の開拓に難航し，商品をなかなか集められなかったので，成都イトーヨーカ堂は 1998 年半ば以降，仕入れと販売の分離，店中店の本格的な導入を通じて，仕入れを強化しようとした。また，同時期に現地顧客ニーズに対する理解の深まりとバイヤーの成長によって顧客ニーズに適応した商品を多く揃えられるようになった結果，業績が改善しはじめた。現地取引慣行への適応，業績の向上に加え，成都イトーヨーカ堂は支払い期限を厳守してきた。そのため，2000 ～ 2003 年の創業後期では，現地供給業者は次第に商談に応じるようになった。ここでいう商談は，現地供給業者との取引に関わるすべての交渉と相談を意味する。売り場で現地供給業者と直接話し合い，契約を結ぶための交渉まで含む。商談では成都イトーヨーカ堂は自社の顧客ニーズを，現地供給業者は商品情報を共有し，市場知識が企業間に広がっていた。

2000年に1号店は単年度黒字を実現し，2001年には2号店の開店準備を行った。1号店の都心型店舗と違い，2号店の地域コミュニティ型店舗の商圏に合わせ，成都イトーヨーカ堂は商品構成を大きく変更した。市場知識の共同対応においては，部分的とはいえ，現地供給業者は1号店での実績を考慮し，商品構成の変更に協調するようになった。

そして，2号店が開店して間もなく大成功を収めた。2号店の大成功は成都イトーヨーカ堂と現地供給業者との企業間市場志向構築プロセスにおいて，大きな分岐点となった。それを契機に成都イトーヨーカ堂は現地供給業者の信用を一気に獲得し，様々な調整において現地供給業者は協調するようになった。

2004年に入ると，市場知識の共同生成において大きな変化があった。これまでは現地供給業者と共同で顧客ニーズに関する情報を収集しなかったが，2004年頃から沿海部に現地供給業者と共同出張を行うようになった。成都イトーヨーカ堂はこれまでは成都市あるいは四川省の地元供給業者を中心に商品を調達していた。しかし，消費者は地元供給業者が提供するような商品だけでは満足しなくなった。他方，消費財メーカーは必ずしも成都に営業所や代理商を置いているわけではなかった。沿海部の新商品の安定供給を確保するために，地元供給業者に沿海部の商品を取り扱わせる必要があった。そこで，成都イトーヨーカ堂のバイヤーたちは地元供給業者を沿海部に連れていき，自社の顧客ニーズに適応する新商品を具体的にイメージさせると同時に，近い将来における成都の消費者のトレンドを現地供給業者と共同で発掘していた。

沿海部への共同出張は市場知識の企業間普及につながる活動でもある。なぜならば，共同出張の間に互いが持っている顧客ニーズおよび商品などに関する情報が共有されていたからである。そして，市場知識の共同対応において，成都イトーヨーカ堂は「新商品」，「価値感」の方針のもとで，新しい商品の早期導入と，中品質・低価格のような価値感のある商品構成への変更を実行した。これらの変更に対して，現地供給業者は1号店と2号店での実績を踏まえ，ほとんど協調するようになった。

生活が豊かになるにつれて，2008年前後から消費者ニーズは次第に多様化

第6章　現地市場における成都イトーヨーカ堂の発展プロセス（2）　259

した。このような消費者ニーズの変化に答えるために，2007年より成都イトーヨーカ堂は商品のみではなく，販売方法，サービス，設備施設，売り場の雰囲気などの差別化も重視するようになった。

　新しい消費者ニーズと新しい方針のもとで，市場知識の企業間普及と市場知識の共同対応が大きく変更された。市場知識の企業間普及では，フロアーマネージャーや店長による陳列，販売促進，人的販売などの販売方法の説明が活発化した。現地商慣行に適応した結果，成都イトーヨーカ堂の売り場は店中店を中心とした構成となった。店中店は他の百貨店やショッピングセンターにも入居し，一般に標準化した商品と販売を消費者に提供する。消費者ニーズの多様化に対応し，他社と差別化した価値を顧客に提供するために，成都イトーヨーカ堂のバイヤーは店中店の商品構成の調整を中心に，店舗マネージャーは店中店の販売方法の調整を中心に，現地供給業者とコミュニケーションを取り，市場知識の共同対応を図った。これらの調整に対して，現地供給業者のほとんどが協調していた。

　消費者ニーズはさらに変化し，2010年には価格よりも品質を重視する傾向が一層顕著となった。成都イトーヨーカ堂は客層を絞り，標的客層に上質な日常生活を提案するようになった。そこで，市場知識の企業間普及と市場知識の共同対応はまた大きな変化を見せた。

　市場知識の企業間普及においては，成都イトーヨーカ堂は新しい情報共有のルートを増やした他，取引説明会などの既存の情報共有ルートをより頻繁に活用するようになった。一方の現地供給業者による情報共有のあり方も大きく変化した。これまでは，現地供給業者は成都イトーヨーカ堂のバイヤーが明示した商品に関する情報を提供していたが，自らの提案は少なかった。しかし，成都イトーヨーカ堂との緊密でオープンなコミュニケーションを繰り返してきた結果，現地供給業者の専門性が次第に向上した。専門性の向上につれて，現地供給業者は自身の情報源を活用し，成都イトーヨーカ堂の顧客ニーズに適応した商品情報および販売方法を積極的に提案するようになった。場合によって，成都イトーヨーカ堂の想定を越えた優れた提案もできるようになった。

260

すなわち,これまでの市場知識の企業間普及は成都イトーヨーカ堂が指示し,現地供給業者がそれに従って,商品情報を提供するような形であった。しかし,2010年頃から成都イトーヨーカ堂が発信した情報に対して,現地供給業者は自らの意見を述べ,より積極的に情報を発信するようになった。成都イトーヨーカ堂と現地供給業者とのコミュニケーションは一方向から双方向に変化した。

市場知識の企業間普及のあり方が大きく変化したことに連動し,市場知識の共同対応では,成都イトーヨーカ堂は審査を踏まえ,現地供給業者の提案を採用し,現地供給業者は自らの提案を実行するようになった。また,高品質の商品構成と販売方法の変更に対して,現地供給業者は協調していた。

2014年に入ると,消費者ニーズの質的な変化が起きた。生活水準のさらなる向上にともなって,成都の消費者は日本のようにモノの豊かさより心の豊かさを追求しはじめた。また,モノの場合,インターネットで買うのが当たり前になった。消費者ニーズの質的変化に対応するために,成都イトーヨーカ堂は「楽しい体験」という新しい方針を提起し,現地供給業者との企業間市場志向の度合いも一層高めた。

市場知識の共同生成においては,沿海部への共同出張をスピードアップさせた他,現地供給業者を海外視察に連れていくようになった。日本などの先進国は中国の消費者より早く心の豊かさを追求していたため,海外の先端的な小売企業はいち早く買い物体験を重視する店舗作りに注力してきた。そのため,海外への共同出張によって,成都イトーヨーカ堂が考えている消費者ニーズの変化,自社の方針および方向性を具体的に現地供給業者に理解させることができた。それと同時に成都の消費者のトレンドを現地供給業者と共同で発掘することも可能であった。

目まぐるしい消費者ニーズに迅速に対応するために,市場知識の企業間普及も迅速に行わなければならなかった。沿海部への共同出張のスピードアップと海外への共同出張の開始の他,重点取引先との間に,1対1の交流会や四半期反省会を開催するようになった。成都イトーヨーカ堂の経営トップは成都市供給業者商会の設立を促進し,そこでも現地供給業者との交流を深めた。これら

の情報共有ルートを通じて，成都イトーヨーカ堂は自社が持っている消費者ニーズに関する情報や，それに対応するための自社の方針を現地供給業者といち早く共有した。それと同時に，現地供給業者は取り扱う商品カテゴリーに関する消費者の傾向や，成都イトーヨーカ堂の方針に適合した商品情報をいち早く成都イトーヨーカ堂と共有した。

　このようなスピード感を持った市場知識の企業間普及は市場知識の共同対応に迅速に活用される。顧客に楽しい買い物体験を提供するために，成都イトーヨーカ堂は商品カテゴリー別の売り場からテーマに合わせた編集売場への変更に取り組んでいる。衣食住部門を横断した形でイベントを開催し，あるいは，衣食住の商品を組み合わせた形で顧客に提案している。新しい方針のもとで販売方法の大きな変更に対して，現地供給業者はそれに合わせた提案を行い，積極的に協調している。

　以上のように，成都イトーヨーカ堂は，顧客ニーズの変化に対応するために，現地供給業者との企業間市場志向の度合いを高めてきた。最初は市場知識の共同生成，市場知識の企業間普及および市場知識への共同対応はなかった。次第に市場知識の企業間普及と市場知識の共同対応が行われるようになった。そして，市場知識の企業間普及は一方向から双方向へと発展し，それと連動して市場知識の共同対応も現地供給業者が単に協調することから自らの提案を実行するように展開した。

　また，市場知識の共同生成はない状態から行われるようになったが，成都イトーヨーカ堂と現地供給業者との企業間市場志向の中心ではなかった。沿海部および海外への共同出張は，成都の消費者のトレンドを共同で発掘する効果もあるとはいえ，成都イトーヨーカ堂の最大の狙いは自社の顧客ニーズと方針を現地供給業者に具体的に理解させることであった。それによって，成都イトーヨーカ堂は現地供給業者に自社の顧客ニーズと方針に適応した商品情報を共有させるのを促進したかったのである。すなわち，市場知識の生成に関して，共同生成よりも明確な分業が行われてきたといえよう。成都イトーヨーカ堂は標的顧客のニーズに関する情報を収集し，現地供給業者は成都イトーヨーカ堂の

262

図表6-5　企業間市場志向における成都イトーヨーカ堂と他の小売企業の比較表

	成都イトーヨーカ堂	他の小売企業
市場知識の共同生成	少ない	より少ない
市場知識の企業間普及	緊密かつオープンなコミュニケーション	不十分かつ不透明なコミュニケーション
市場知識への共同対応	緊密な調整	放任主義

出典：筆者作成。

標的顧客のニーズに適合した商品情報を収集する。各自収集した情報を共有し，共同で売場を作る。

　このように現地供給業者との企業間市場志向の度合いを継続的に高めてきたことは，自社の市場志向とともに，成都イトーヨーカ堂が顧客ニーズの変化に継続的に対応し，現地市場で発展し続けてきたもう1つの要因である。そして，現地供給業者との企業間市場志向を促進するために，成都イトーヨーカ堂の市場志向，企業間市場志向が現地供給業者の専門性および業績の向上に確実に貢献することが必要である。また，企業間市場志向が現地供給業者の専門性および業績の向上に貢献することは現地供給業者の市場志向を促進する。現地供給業者の市場志向の向上はまた成都イトーヨーカ堂と現地供給業者との企業間市場志向を高めるということも読み取れる。これらについては第7章で改めて検討する。

　また，これまで提示してきた現地供給業者の話から明らかになったように成都イトーヨーカ堂と現地供給業者との企業間市場志向は他の小売企業では一般的なことではない（図表6-5）。成都イトーヨーカ堂は現地供給業者と共同で沿海部や海外に出張するとはいえ，消費者ニーズに関する情報を共同で収集することは少ない。それに対して，他の小売企業は供給業者との共同出張がほとんどなく，市場知識の共同生成はより一層少ない。成都イトーヨーカ堂は現地供給業者との市場知識の共同生成が少ないが，各自で収集した市場知識の共有と，市場知識への共同対応に注力している。つまり，成都イトーヨーカ堂は各種の説明会や日常の頻繁なコミュニケーションを通じて，現地供給業者と情報を共有するとともに，商品構成や販売方法などにおいて緊密に調整している。それ

第6章　現地市場における成都イトーヨーカ堂の発展プロセス（2）　263

に対して，他の小売企業は供給業者とのコミュニケーションが少ないだけではなく，商品構成や販売方法においては供給業者に一任するのも一般的である。

　小売企業，特に総合小売企業は数多くの供給業者から商品を仕入れ，売り場を作る。顧客ニーズを充足させるために，小売企業は供給業者からの協調を獲得しなければならない。成都イトーヨーカ堂は他の小売企業でほとんど見られていない現地供給業者との企業間市場志向を構築したことで，より優れて顧客ニーズの変化に対応することができたといえる。

265

第7章　現地市場における国際総合小売企業の発展プロセスについての考察

　小売国際化は 1 つのプロセスである。小売企業は環境と組織の両方に規定されながら，一定の動機をもって，一定の方法で海外市場に参入し，そこで，多様な国際化戦略を実行する。現地市場で上げた成果はフィードバックされ，次なる国際化の意思決定に影響を与える[1]。このプロセスにおいては，海外出店，国際知識移転および国際調達が全て関連しているが，小売国際化研究のほとんどはテーマ別に研究されてきた。

　一方，海外に出店した小売企業にとって，最も重要なテーマは，現地市場でどのようにして発展し，事業を拡大していくかということである。しかし，参入した後の研究はもっぱら標準化−適応化問題に注目し，現地市場における現地子会社の発展プロセスをほとんど解明していない[2]。現地市場で発展するために，適切な標準化−適応化戦略を採用するのは重要であるが，それだけでは十分ではない。現地の顧客ニーズそのもの，競合相手の動向や政府政策など顧客ニーズに影響を与える情報の収集・分析・対応，これらの行動を実行するための現地社員の人材育成，顧客に必要な商品を必要な時間に必要な量で提供するための現地供給業者との関係構築など，様々な課題に取り組まなければならない。

　小売国際化の特徴と既存の小売国際化研究のギャップを埋めるため，本研究は成都イトーヨーカ堂を事例に，市場志向と企業間市場志向の視点を用いて，現地市場における国際総合小売企業の発展プロセスを検討してきた。

　本章は本研究の新規性，あるいは既存研究への理論的貢献について考察する。第 1 節は，第 5 章と第 6 章の成都イトーヨーカ堂の探索的事例研究をもとに，

---

1)　詳細は第 1 章第 5 節を参照されたい。
2)　詳細は第 4 章第 1 節を参照されたい。

市場志向と企業間市場志向に基づいた現地市場における国際総合小売企業の発展プロセスに関する仮説を構築し，既存の小売国際化プロセス研究に対する貢献を検討する。第2節は，海外出店，国際知識移転および国際調達という個別テーマに対する本研究の貢献を明示する。第3節は，これまでほとんど個別にしか研究されてこなかった海外出店，国際知識移転および国際調達の関係性についての示唆を考察する。

第1節　市場志向と企業間市場志向に基づいた発展プロセスの仮説構築

　成都イトーヨーカ堂の発展プロセスは成都イトーヨーカ堂の市場志向構築プロセスと，現地供給業者との企業間市場志向構築プロセスそのものである。第5章と第6章の事例記述をもとに，現地市場における国際総合小売企業の市場志向構築プロセスと現地供給業者との企業間市場志向構築プロセスは，図表7-1と図表7-2で提示した仮説でその特徴を表すことができる。また，図表7-1と図表7-2を踏まえ，現地子会社の市場志向と，現地供給業者との企業間市場志向を促進する前提条件や，現地子会社の発展との関係を図表7-3と図表7-4で表すことができる。以降，図表7-1，図表7-2と図表7-3，図表7-4について説明する。

1　国際総合小売企業の現地子会社の市場志向構築プロセスに関する仮説

　図表7-1は成都イトーヨーカ堂の事例をもとに，国際総合小売企業の現地子会社の市場志向構築プロセスに関する仮説である。

　成都イトーヨーカ堂が顧客ニーズ，とくにその潜在的ニーズを発見するために情報収集ルートを当初の商圏調査から沿海部出張，さらに，海外研修のように拡大してきたのは第5章で示したとおりである。

　小売企業は多様なルートで顧客ニーズに関する情報を収集する。直接顧客に聞くこともあれば，販売データの分析や，顧客の行動を観察することで，その

第7章　現地市場における国際総合小売企業の発展プロセスについての考察　267

図表7-1　国際総合小売企業の現地子会社の市場志向構築プロセスに関する仮説

H0a	現地子会社は，顧客ニーズに応じて市場知識の生成ルートを拡大する。
H0b	現地子会社は，顧客ニーズに応じて店舗と本部の市場知識の普及を衣食住の部門内から部門横断型へと転換する。
H0c	現地子会社は，顧客ニーズに応じて店舗と本部の市場知識への対応を衣食住の部門内から部門横断型へと変更する。

出典：筆者作成。

ニーズを予測することもある。また，競合相手の品揃えや販売方法を観察することで，顧客ニーズを読み取ることも可能である。さらには，政府の政策を分析することで，顧客のニーズや購買行動の変化を把握する場合もある。

小売企業の品揃えは需要適応型商品と需要誘導型商品によって構成される。需要適応型商品は，顧客の顕在的ニーズを充足する商品である。需要誘導型商品は，顧客の潜在的ニーズを満たす商品である。顕在的ニーズは，売場で顧客との会話やアンケート調査，販売データの分析を通じて，把握しやすいのに対して，潜在的ニーズの発見は難しい。なぜならば，顧客自身はまだそのニーズに気づいてないからである。

小売企業が顧客の潜在的ニーズを発見するための有効な手法は，自社の顧客にとってトレンドのバロメーターともいえるところに出張し，情報を収集することである。顧客ニーズが変化するため，トレンドのバロメーターは固定したものではない。成都イトーヨーカ堂の顧客は，生活が豊かになるにつれて，トレンドのバロメーターが沿海部から，より洗練された海外市場へと変わりつつある。それにともなって，成都イトーヨーカ堂が顧客ニーズ，とくにその潜在的ニーズを発見するための情報収集ルートは，当初の商圏調査に沿海部出張を追加し，さらには，海外研修の重要性も強調するようになった。以上を踏まえ，国際総合小売企業の現地子会社の市場志向構築プロセスにおいて，下記の仮説を立てる。

　　H0a　現地子会社は，顧客ニーズに応じて市場知識の生成ルートを拡大する。

チェーンストア経営を行う小売企業は顧客ニーズを充足するために，店舗と本部が互いに持っている情報をスムーズに共有しなければならない。店舗が吸い上げた顧客の声を迅速に本部に共有し，商品の仕入れ等に反映させる。本部が作成した商品情報を店舗に的確に伝達し，販売に活用する。店舗と本部の情報共有は製造業に置き換えて考える場合，研究開発部門，製造部門，または営業部門のような部門間の情報共有といえる。

店舗と本部の情報共有の他に，総合小売企業はもう1つの部門間の情報共有を考えなければならない。それは，衣料品部門，食品部門，住居品部門という部門間の情報共有である。製造業に置き換えて考える場合は，事業部間の情報共有といえる。店舗と本部の情報共有がなければ，顧客ニーズに対応することはできないが，衣食住部門間の情報共有がなくても，必ずしも顧客ニーズに対応できないとは限らない。

成都イトーヨーカ堂は顧客がモノの豊かさを求めていた時代では，衣食住部門間の情報共有は極めて少なかった。そのかわりに，衣料品，食品，住居品の部門別で本部と店舗との情報共有を徹底的に行い，顧客ニーズに対応し続けてきた。しかし，顧客がモノの豊かさよりも心の豊かさを追求するようになり，モノの場合，インターネットで購入するようになるにつれて，衣料品，食品，住居品の部門別で本部と店舗との情報共有だけでは顧客ニーズに対応することはできなくなった。臨場感の溢れる売場を作り，顧客の買い物体験を楽しくするために，衣食住品を組み合わせ，テーマ別で売場を編集する必要性が高まった。そのため，成都イトーヨーカ堂は衣食住部門別の縦割り的な店舗と本部の情報共有から，衣食住部門間を横断する横割り的な店舗と本部の情報共有に注力するようになった。以上を踏まえ，国際総合小売企業の現地子会社の市場志向構築プロセスにおいて，下記の仮説を立てる。

H0b　現地子会社は，顧客ニーズに応じて店舗と本部の市場知識の普及を衣食住の部門内から部門横断型へと転換する。

第7章 現地市場における国際総合小売企業の発展プロセスについての考察　269

顧客ニーズの変化に応じた市場知識の普及のあり方の変更と連動して，小売企業は市場知識への対応のあり方も変更する。成都イトーヨーカ堂は衣食住部門間を横断した店舗と本部の情報共有を強化するとともに，売場でも衣食住品の組み合わせや衣食住部門間を横断したイベントの開催を増やすようになった。以上を踏まえ，国際総合小売企業の現地子会社の市場志向構築プロセスにおいて，下記の仮説を立てる。

H0c　現地子会社は，顧客ニーズに応じて店舗と本部の市場知識への対応を衣食住の部門内から部門横断型へと変更する。

国際総合小売企業の現地子会社の市場志向構築プロセスに関するこれらの仮説は，国際総合小売企業の現地子会社だけではなく，チェーンストア経営を行っている総合小売企業一般にもいえる。国際総合小売企業の現地子会社は現地子会社であるまえに，小売企業であることを考えれば，当然のことである。ただし，国際総合小売企業の現地子会社ならではの特徴は本国との関わりを持っている。本社で蓄積した知識が市場知識の生成などに使われている。これらについては第2節で検討する。

2　現地供給業者との企業間市場志向構築プロセスに関する仮説

図表7-2は成都イトーヨーカ堂の事例をもとに，国際総合小売企業の現地子会社と現地供給業者との企業間市場志向構築プロセスに関する仮説である。

企業間市場志向に，市場知識の共同生成，市場知識の企業間普及および市場知識への共同対応という3つの側面があるが，成都イトーヨーカ堂と現地供給業者との企業間市場志向が市場知識の企業間普及と市場知識への共同対応を中心に展開されてきたのは第6章で示したとおりである。

一般に小売企業は自社の標的顧客を持っている。標的顧客のニーズを充足させるために，小売企業は数多くの供給業者から商品を取り揃える。一方，供給業者は数多くの小売企業と取引する。これらの小売企業の標的顧客のニーズは

図表 7-2 現地供給業者との企業間市場志向構築プロセスに関する仮説

H0d	企業間市場志向は，市場知識の企業間普及と市場知識への共同対応を中心に実行される。
H0e	市場知識の企業間普及は，現地供給業者の専門性の向上とともに，一方向から双方向へと転換される。
H0f1	市場知識への共同対応において，現地供給業者の業績の向上とともに，現地供給業者が現地子会社の調整に協調するようになる。
H0f2	市場知識への共同対応において，現地供給業者の専門性の向上とともに，現地供給業者が現地子会社の調整に協調するようになる。
H0f3	市場知識への共同対応において，現地供給業者の専門性の向上とともに，現地供給業者が自らの提案を実行するようになる。

出典：筆者作成。

完全には一致していない。供給業者はそれぞれの小売企業が持つ標的顧客のニーズに合わせて異なる商品を提供する。

　小売企業は毎日の販売データや売場における顧客との会話などから自社の顧客に関する膨大な情報を持っている。これらの情報を通じて顧客ニーズを分析し，理解する。一方，供給業者は自分が取り扱う限定された商品ラインにおいて，消費者のニーズを把握しているとはいえ，小売企業と比較して，消費者に関する情報が少なく，かつ全面的ではない。ただし，供給業者はサプライ・チェーンの更なる川上にある供給業者と，それが保持している商品情報について，小売企業より広くかつ深い情報を持っている。

　すなわち，小売企業と供給業者がターゲットとしている消費者の範囲と，それぞれ所有する情報の特徴が異なるのである。小売企業は自社の戦略のもとで，客層を決め，その標的顧客に関する情報を収集し，分析する。供給業者にとって，特定の小売企業の標的顧客は自社のターゲットとしている消費者のなかの一部に過ぎない。また，供給業者は消費者情報よりも川上の供給情報を豊富に所有している。このような相違によって，小売企業と供給業者が共同で市場知識の生成を行わないことについて理解することができる。

　小売企業と供給業者は市場知識の共同生成よりも，市場知識の企業間普及と市場知識への共同対応を行う。小売企業は供給業者とともに，自社の標的

第7章　現地市場における国際総合小売企業の発展プロセスについての考察　271

顧客[3] のニーズをよりよく満足させるために，まず供給業者に自社の標的顧客のニーズを伝えなければならない。それに応じて，供給業者は小売企業の標的顧客のニーズを満たすための商品情報などを提供する。そして，これらの情報共有をもとに，商品構成や販売方法の調整を共同で行う。

　成都イトーヨーカ堂の現地供給業者が他の小売企業より，成都イトーヨーカ堂のほうに協調する理由の1つは，他の小売企業が自社の方針，商品計画，顧客の特徴についてほとんど説明しないため，どのように協調すればいいのかわからないためである。それに対して，成都イトーヨーカ堂は取引説明会，共同出張[4]，日常業務上の会話などを通じて，自社の方針や顧客ニーズの変化，供給業者に協調してほしいことを伝えている。このような情報共有をもとに，共同で売場が作られる。以上を踏まえ，国際総合小売企業の現地子会社と現地供給業者との企業間市場志向構築プロセスにおいて，下記の仮説を立てる。

　　H0d　企業間市場志向は，市場知識の企業間普及と市場知識への共同対応
　　　　　を中心に実行される。

　成都イトーヨーカ堂と現地供給業者との市場知識の企業間普及は一方向から双方向へと転換した。最初は現地供給業者が成都イトーヨーカ堂のバイヤーが明示した商品に関する情報を提供していたが，自らの提案は少なかった。しかし，後に自身の情報源を活用し，成都イトーヨーカ堂の顧客ニーズに適応した商品情報および販売方法を積極的に提案するようになった。

　一般に，国際小売企業の出身国と進出市場をもとに，進出のパターンを4つに分類することができる。先進国の小売企業が先進国に，または発展途上国に進出した場合があり，発展途上国の小売企業が先進国に，または発展途上国

---

3)　小売企業の標的顧客は同時に供給業者の最終の顧客でもある。つまり，小売企業の標的顧客は小売企業と供給業者の共通した顧客である。

4)　沿海部および海外への共同出張は，成都の消費者のトレンドを共同で発掘する効果もあるとはいえ，成都イトーヨーカ堂の最大の狙いは自社の顧客ニーズと方針を現地供給業者に具体的に理解させることであった。それによって，成都イトーヨーカ堂は現地供給業者に自社の顧客ニーズと方針に適応した商品情報を共有するのを促進したかったのである。詳細は第6章第4節を参照されたい。

に進出した場合である。そのうち，先進国の小売企業が発展途上国に進出した場合，本国で蓄積した小売知識を直ちに現地に移転することができない理由の1つは，発展途上国の供給業者は規模が小さく，国際小売企業の小売知識を実行するために必要とされる補助的技術を持っていないからである[5]。

先進国の小売企業が発展途上国に進出した際に，発展途上国の供給業者が本国の供給業者のように優れた流通機能を果さない場合が多い。成都イトーヨーカ堂は成都に進出した1997年に，現地供給業者は市場志向を持たないうえに，川上の取引先の開拓能力や，商品情報の収集，伝達能力が低かった。すなわち，最初は現地供給業者が成都イトーヨーカ堂に提案できるほどの専門性を持たず，成都イトーヨーカ堂に指示されたとおりに実行するだけであった。

企業間市場志向は企業間の知識移転と学習のプロセスと見なすことができる[6]。情報共有や活動の調整によって企業は互いが持っている知識を共有し，学習することができる。現地供給業者は，成都イトーヨーカ堂との情報共有と活動の調整を繰り返すうちに，顧客第一主義の経営理念をはじめ，消費者の需要予測方法，商品の選択・管理，販売促進の方法，従業員の育成，生産技術の向上まで幅広い分野において，成都イトーヨーカ堂から学習した。学習によって，現地供給業者の専門性が次第に向上し，成都イトーヨーカ堂に提案することができるようになった。以上を踏まえ，国際総合小売企業の現地子会社と現地供給業者との企業間市場志向構築プロセスにおいて，下記の仮説を立てる。

H0e　市場知識の企業間普及は，現地供給業者の専門性の向上とともに，一方向から双方向へと転換される。

成都イトーヨーカ堂が成都に進出した当初，現地供給業者は成都イトーヨーカ堂を信用せず，商品さえも提供しなかった。しかし，成都イトーヨーカ堂の売上が順調に上昇し，自社の業績も増大していくにつれて，現地供給業者は商

---

5)　Goldman (1981), pp.13-18.

6)　Cambra-Fierro et al. (2011).

第7章　現地市場における国際総合小売企業の発展プロセスについての考察　273

品構成や販売方法における成都イトーヨーカ堂の調整に協調するようになった。また，現地供給業者は成都イトーヨーカ堂から学習し，自社の専門性の向上とともに，単なる成都イトーヨーカ堂の調整に協調するだけではなく，自ら積極的に提案し，採用された提案を実行するようになった。

　市場不確実性の増大や競争の激化などにともなって，企業間競争は個別企業間の競争よりも，チャネル間やネットワーク間の競争に転換したと主張されている。企業は長期的な競争優位を獲得するために，競争相手と比較してより効果的かつ効率的に消費者に価値を提供しなければならない。そのため，チャネルあるいはネットワークにある他の企業と良好な関係を構築し，互いの活動を調整することが重要である[7]。

　他の企業の協調を獲得するための手法の1つは信頼関係を構築することである[8]。信頼の内容は信頼の対象がもつ意図と能力という2つの側面を含む[9]。信頼の対象が望ましい結果をもたらす意図をもっていても，それを遂行する能力がなければ，望ましい結果を期待することはできない。一方，信頼の対象に望ましい結果をもたらす能力があっても，それを遂行する意図がなければ，同じく期待することはできない[10]。

　相手を信頼する際に，合理的な根拠に基づいた場合もあれば，合理的な根拠を越えた感情に基づいた場合もある[11]。例えば，相手企業との過去の取引経験から信頼の根拠を得た場合や，相手企業に対する社会的な評判や名声を根拠に信頼が形成された場合，または相手が裏切ったら，法律や契約，業界ルール

---

7)　Anderson et al. (1994)；Morgan and Hunt (1994)；Håkansson and Snehota (1995)；Weitz and Jap (1995)；Hunt (1997).
8)　信頼の他に，パワーによる協調の獲得や，機会主義的行動の制御メカニズムの設置による協調の獲得もある（Emerson1962；French and Raven 1968；風呂1968；Stern 1971；Gaski 1986；Heide and John 1988, 1990, 1992）。信頼のほうは成都イトーヨーカ堂と現地供給業者との企業間市場志向を説明するのはより適切なため，本研究では信頼による協調を中心に説明する。他の2つのアプローチによる協調の獲得について，拙稿，秦（2016a）を参照されたい。
9)　Andaleeb (1992), pp.10-11.
10)　Andaleeb (1992) は，信頼の対象が意図と能力を持っているかどうかによって，信頼を4つの種類に分類している。
11)　McAllister (1995) は，合理的な根拠に基づいた信頼を認知的信頼（cognition-based trust）と呼び，合理的な根拠を越えた感情に基づいた信頼を感情的信頼（affect-based trust）と呼んでいる。

274

などによって直接な罰則・制裁があることで信頼する場合は合理的な根拠に基づいた信頼となる。愛情や増悪などの個人的な感情で相手企業を信頼したい，あるいは信頼したくない場合は合理的な根拠を越えた感情に基づいた信頼となる [12]。

　成都イトーヨーカ堂が成都に進出した当初，現地供給業者は成都イトーヨーカ堂に対して全く信頼を置いていなかった。日本におけるイトーヨーカ堂の名声を全く信じず，「成都イトーヨーカ堂では売れない，他の外資系企業のように事業がうまくいかなければ，直ちに撤退するのではないか」という疑いの目を向けていた。しかし，成都イトーヨーカ堂が何度もお願いした結果，現地供給業者は試しに取引を始めた。すると，他の企業と違い，成都イトーヨーカ堂は支払日を厳守した。現地供給業者はこれをまず評価した。とはいえ，商品が売れなければ，現地供給業者は成都イトーヨーカ堂の調整に応じない。進出した直後の3年間は，業績が低迷し続けたため，現地供給業者の多くは成都イトーヨーカ堂との取引を望まなかった。

　2000年以降，成都イトーヨーカ堂の業績が改善され，急速な成長を見せ始めると，現地供給業者は積極的に成都イトーヨーカ堂の調整に協調するようになった。なぜならば，成都イトーヨーカ堂ならよい業績を出してくれるという期待が生まれたからである。現地供給業者にとって，成都イトーヨーカ堂の調整に協調することは業績の向上だけではなく，そのプロセスを通じて，商品の選択・管理や販売方法などについて学習し，自社の専門性の向上ももたらすことができる。

　このような実績をもとに，現地供給業者は成都イトーヨーカ堂の調整に協調することが自社の業績の向上および専門性の向上に貢献できると期待するようになる。すなわち，成都イトーヨーカ堂の調整に協調することによる自社の業績および専門性の向上は，現地供給業者に成都イトーヨーカ堂が自社に望ましい結果をもたらす意図と能力に対する期待（信頼）に合理的な根拠を提供したため，現地供給業者は成都イトーヨーカ堂の調整に協調するようになったので

12) 真鍋・延岡（2003），56–57頁。

ある。

　また，現地供給業者の専門性の向上は，成都イトーヨーカ堂と現地供給業者
との市場知識の企業間普及のあり方を一方向から双方向へと変更した。それと
連動し，市場知識への共同対応においても，現地供給業者は成都イトーヨーカ
堂に採用された自らの提案を実行するようになった。以上を踏まえ，国際総合
小売企業の現地子会社と現地供給業者との企業間市場志向構築プロセスにおい
て，下記の仮説を立てる。

　　H0f1　市場知識への共同対応において，現地供給業者の業績の向上ととも
　　　　　に，現地供給業者が現地子会社の調整に協調するようになる。
　　H0f2　市場知識への共同対応において，現地供給業者の専門性の向上とと
　　　　　もに，現地供給業者が現地子会社の調整に協調するようになる。
　　H0f3　市場知識への共同対応において，現地供給業者の専門性の向上とと
　　　　　もに，現地供給業者が自らの提案を実行するようになる。

3　市場志向および企業間市場志向の前提条件と現地市場での発展

　図表7-3と図表7-4は，図表7-1と図表7-2で提示した仮説を踏まえ，
現地子会社の市場志向と，現地供給業者との企業間市場志向を促進する前提条
件に関する仮説と，現地子会社の発展との関係を表したものである。成都イト
ーヨーカ堂の事例をもとに導いた，市場志向と企業間市場志向の構築を促進する
前提条件は，先行研究と合致しているところもあれば，総合小売企業の現地子
会社ならではの新しい発見も含まれる。以降は，各仮説を詳細に検討する。

　成都イトーヨーカ堂は成都に進出した当初，日本型GMS作りにこだわり，
店舗に海鮮魚やゆったりとしたデザインの服など日本の消費者の好みに合わせ
た商品を置いていた。これらは成都市民に全く好まれず，業績は低迷していた。
このような初年度の失敗から学習し，成都イトーヨーカ堂は徹底した商圏調査
に注力し，市場志向の第一歩を踏み出した。成都市民の嗜好を理解したうえで，
そのニーズに適応した，あるいは一歩進んだ商品やサービスを提案したことで，

現地消費者に評価され，業績も改善された。この成功によって，彼らは小売業が地域密着型産業であることを改めて思い知らされたという。成功体験から学習し，成都イトーヨーカ堂は地域のリーディング企業を目指しながらも，地域密着型のリーディング，すなわち，成都市民の潜在的ニーズを早期に発見し，満足させるというリーディングを志向する。

　失敗からの学習と成功からの学習は，単純に過去のやり方にしたがうという意味ではない。なぜ成功したのか，なぜ失敗したのかについての学習を意味する。例えば，顧客ニーズに対応したことが成功の原因であれば，顧客ニーズが変化すれば，過去のやり方にこだわらず，その変化に対応するための新しいやり方を積極的に導入する。学習する組織は市場の変化によりよく対応する。先行研究でも学習志向は市場知識の生成を直接促進し，市場知識の普及を直接的にも間接的にも促進することを実証している[13]。以上を踏まえ，下記の仮説を立てる。

　　H1a　失敗からの学習は，現地子会社の市場志向を促進する。
　　H1b　成功からの学習は，現地子会社の市場志向を促進する。

　成都イトーヨーカ堂が20年間一貫して力を入れてきたのは現地社員の人材育成である。進出した1997年当時は，親切に顧客に接する販売員もいなければ，顧客情報を収集・分析し，その情報に基づいて商品の仕入れを遂行できるバイヤーもいなかった。20年の間，成都イトーヨーカ堂は，日々のOJTをはじめ，新しい人材育成の仕組みを相次ぎ導入してきた。それらは次のようなものであった。入社教育，成果発表会，業務改善提案，技能コンテストの導入，CIY職業教育学院の設立，コーチング教育，自己推薦制度，優秀売場づくり表彰制度の導入，インターネット教育プラットフォームの構築，沿海部や海外への研修，賃金体制の改革，運動会の開催，従業員相談室の設立，店長，部長，副社長，社長など上位管理職への現地社員からの任命などであった。人材育成

---

13) Sinkula et al. (1997), p.314.

第7章　現地市場における国際総合小売企業の発展プロセスについての考察　277

図表 7-3　国際総合小売企業の現地子会社の市場志向と現地供給業者との企業間市場志向に関する仮説

H1a	失敗からの学習は，現地子会社の市場志向を促進する。
H1b	成功からの学習は，現地子会社の市場志向を促進する。
H2	現地社員の人材育成は，現地子会社の市場志向を促進する。
H3	継続的な組織変革は，現地子会社の市場志向を促進する。
H4	経営者の市場志向重視は，現地子会社の市場志向を促進する。
H5a	経営者の市場志向重視は，失敗からの学習を促進することで，現地子会社の市場志向を高める。
H5b	経営者の市場志向重視は，成功からの学習を促進することで，現地子会社の市場志向を高める。
H5c	経営者の市場志向重視は，現地社員の人材育成を促進することで，現地子会社の市場志向を高める。
H5d	経営者の市場志向重視は，継続的な組織変革を促進することで，現地子会社の市場志向を高める。
H6	現地子会社の約束厳守は，現地供給業者との企業間市場志向を促進する。
H7	現地供給業者との企業間市場志向が現地供給業者の専門性の向上に貢献した場合，現地供給業者との企業間市場志向がさらに促進される。
H8	現地供給業者との企業間市場志向が現地供給業者の業績の向上に貢献した場合，現地供給業者との企業間市場志向がさらに促進される。
H9	現地子会社の市場志向は，現地供給業者との企業間市場志向を促進する。
H10	現地供給業者の市場志向は，現地供給業者との企業間市場志向を促進する。
H11	現地供給業者との企業間市場志向が現地供給業者の業績の向上に貢献した場合，現地供給業者の市場志向を促進する。
H12	現地供給業者との企業間市場志向が現地供給業者の専門性の向上に貢献した場合，現地供給業者の市場志向を促進する。
H13	現地子会社の市場志向は，現地子会社の小売システムの市場志向を促進する。
H14	現地供給業者との企業間市場志向は，現地子会社の小売システムの市場志向を促進する。

出典：筆者作成。

によって，成都イトーヨーカ堂は市場知識に関する情報を収集し，それらを共有し，共同で市場知識に対応するために必要とされる能力と動機づけを現地社員に提供した。

　企業は顧客ニーズの変化や市場の変化に対応しつづけることが業績の向上や競争力の向上に極めて重要であることを知っている。しかし，多くの企業はどのようにすべきかを理解していても，知識を行動に移すことはできない。多く

図表 7-4 現地市場における国際総合小売企業の発展

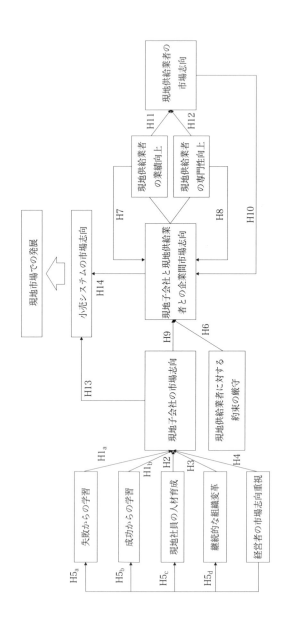

出典：筆者作成。

の企業は知識と行動のギャップという問題に悩まされている[14]。いくら素晴らしい経営理念を掲げ，戦略を立てても実行に移すことができなければ，価値がない。

　現地供給業者は成都イトーヨーカ堂の最大の強みは実行力であると指摘している。成都イトーヨーカ堂自身も，「政策が二流でも，実行力が一流なら一流」のように実行力を強調している。そのため，成都イトーヨーカ堂は顧客の変化，市場の変化に対応するための能力を現地社員に身につけさせるだけではない。身につけた能力を顧客ニーズに対応する行動に活かすための動機づけも行う。例えば，「お客さまから給料をもらっているから，感謝の気持ちで接しなければならない」という，なぜ顧客ニーズに対応する必要があるのかを現地社員に理解させたうえで，努力した分が給料や職位に反映する物質的インセンティブを与える。また，運動会の開催で社内コミュニケーションとチームの団結力を促進し，従業員相談室で従業員の心理的ケアを行うことによって会社への帰属感を高め，現地社員に人的インセンティブを提供する[15]。

　小売業は人間産業である。特に店頭の販売員は常に顧客と接している。販売員が提供したサービスの善し悪しは，顧客の満足度を決定し，顧客の購買あるいは継続購買の意思決定に影響を与える。販売員に顧客志向をもち，一貫した高品質なサービスを生産・提供してもらうために，販売員の動機づけや教育訓練を体系的に実施することが重要である[16]。以上を踏まえ，下記の仮説を立てる。

　　H2　　現地社員の人材育成は，現地子会社の市場志向を促進する。

---

14) Pfeffer and Sutton (1999)（長谷川監訳，菅田訳 2014）は，企業がなぜ理解していても，知識を行動に変えることができないかという理由をマネジメントシステムの問題であると指摘している。

15) 伊丹・加護野（2003）はマズローの欲求段階説をもとに，組織が従業員に与えるインセンティブを物質的インセンティブ，評価的インセンティブ，人的インセンティブ，理念的インセンティブ，自己実現的インセンティブに分類している（伊丹・加護野 2003, 301–305 頁）。

16) Berry (1981)；George (1990)；Rafiq and Ahmed (2000)；高橋 (2014)。

成都イトーヨーカ堂は顧客ニーズの変化に応じて，組織変革を絶えず進めてきた。市場知識の生成を促進するために，顧客懇談会，顧客相談室，品質監督員制度などを導入してきた。市場知識の共有を促進するために，SV 部門や顧客満足度向上委員会，販売企画室，商品企画室，衣料部門と住居部門を統合した衣料住居事業部門などを設立してきた。市場知識への対応を促進するために，数多くの人材育成の仕組みをはじめ，業態開発部の設置と本部への昇格，人事教育部の本部への昇格，越境 EC 会社の設置などを進めてきた。

市場志向に関する先行研究では組織内の制度や組織設計といった組織のあり方を示す組織構造は，市場志向に影響を与えると指摘されている。例えば，Jaworski and Kohli (1993) によれば，組織制度要因のうち，意思決定の集権化が市場志向を阻害するのに対して，顧客満足，顧客リレーションシップ構築のような市場志向に基づいた報酬制度が市場志向を促進する。Ruekert (1992) では，市場志向を高めるようなリクルーティングや選抜，訓練，報酬および補償の制度の導入によって，組織の市場志向が高まることが確認されている。

成都イトーヨーカ堂の事例は先行研究と同じように市場志向を高めるような制度の導入によって，組織の市場志向が高まることを証明している。しかし，それだけではなく，継続的に市場志向を高める制度の導入の重要性も示唆している。顧客ニーズや顧客ニーズに影響を与える競争状況などによって，顧客ニーズを満足させるために必要とされる市場志向の度合いが異なる。市場の変化に応じて，必要とされる水準の市場志向を構築しなければならない。それを実現するために，継続的に市場志向を高めるような組織変革が必要となる。以上を踏まえ，下記の仮説を立てる。

H3　継続的な組織変革は，現地子会社の市場志向を促進する。

成都イトーヨーカ堂が顧客ニーズの変化に継続的に対応できたことには，経営者が大きな役割を果たした。例えば，成都イトーヨーカ堂を長く統率してきた三枝富博は，現地社員に対して繰り返して「顧客の声に耳を傾ける」，「顧客

第7章 現地市場における国際総合小売企業の発展プロセスについての考察 281

の変化に対応する」と強調してきた。顧客第一主義の経営理念を語るだけでは
なく，経営者は自らそれを実践し，現地社員に見せる。三枝の一日を見ると，
朝6時45分に出勤し，まず成都の地元新聞をチェックする。そこから，消費
者の動向や売り場作りに関する有効な記事を切り貼りし，コメントをする。新
聞からの情報をもとに，朝の店舗巡回を行う。売り場で顧客の最新動向に十分
に対応していなければ，厳しく指摘する。閉店後に，一日のまとめを行い，深
夜12時近くに退社する。成都イトーヨーカ堂の経営者は市場志向そのものの
象徴といえる。先行研究でもトップマネジメントにおける市場志向の重視は組
織の市場志向を促進すると指摘されてきた[17]。以上を踏まえ，下記の仮説を
立てる。

H4　経営者の市場志向重視は，現地子会社の市場志向を促進する。

経営者は市場志向の重要性を語り，自ら市場志向を実践することで，企業の
市場志向を直接促進するだけではない。成都イトーヨーカ堂の事例をもとに，
経営者の市場志向重視は，社員の学習や人材育成，そして継続的組織変革を促
進し，間接的に市場志向を促進することも考えられる。

顧客ニーズの変化に対応するために常に新しいことに挑戦しなければならな
い。新しいことに挑戦することにはチャンスが潜んでいると同時に，リクスも
ともなう。場合によっては失敗もする。三枝は現地社員に対して，「自分から
こうしたいと言ってくれれば，どんどんさせます」という姿勢で，新しいこと
に挑戦しつづけることを奨励してきた。そして，失敗は恐れることではなく，
重要なのは，失敗の理由を分析し，そこから学習し，次の挑戦に活かすことで
あると強調してきた。

また，成功からの学習はただ過去のやり方の繰り返しにならないように，三
枝は過去の成功体験を捨て，顧客の声，顧客の変化に注目するように現地社員

___

17) Jaworski and Kohli (1993)；Roger et al. (2005).

282

に語ってきた。なぜならば，成功できたのはやり方ではなく，そのやり方の背後にある顧客ニーズにうまく対応することができたためである。顧客の声，顧客の変化を強調することで，成功の背後にある理由を現地社員に考えさせる。

そして，新しい人材育成の仕組みの導入や組織変革においても，三枝はイニシアティブを取ってきた。他人と同じモノ，安いモノを追求していた顧客はそのニーズが次第に多様化し，さらに，モノの豊かさよりも心の豊かさを追求するようになった。顧客ニーズの変化に対応するために，これからは主体性を持つ自律型人材が必要であると三枝はいち早く意識した。その結果，三枝は2008年以降の一連の自律型人材育成の仕組みの導入を促進した。また，店舗と本部との横のコミュニケーションを促進するために，商品企画室や販売企画室の設立，衣料部門と住居部門の統合などにおいても，三枝は積極的な役割を発揮した。以上を踏まえ，下記の仮説を立てる。

H5a　経営者の市場志向重視は，失敗からの学習を促進することで，現地子会社の市場志向を高める。

H5b　経営者の市場志向重視は，成功からの学習を促進することで，現地子会社の市場志向を高める。

H5c　経営者の市場志向重視は，現地社員の人材育成を促進することで，現地子会社の市場志向を高める。

H5d　経営者の市場志向重視は，継続的な組織変革を促進することで，現地子会社の市場志向を高める。

小売企業は製造業者と比較して，数多くの供給業者を持っている[18]。小売企業とその供給業者は1つのシステムとして見なすことができる。システムの特徴としては，システムの構成メンバーは共通の目標をもち，その共通の目標を達成するために機能的に相互依存することである[19]。つまり，小売企業

---

18) Dawson (2007), pp.385-386.
19) Alderson (1957)；Stern and Brown (1969).

第7章 現地市場における国際総合小売企業の発展プロセスについての考察 283

とその供給業者は消費者という共通した顧客のニーズを満たすために，機能上で互いに依存している。したがって，小売企業は市場志向を構築すると同時に，供給業者との企業間市場志向も構築しなければならない。

国際総合小売企業が海外に進出した場合，特に調達問題に悩まされてきたことは第3章と第4章で検討したとおりである。国際総合小売企業の現地子会社にとって，現地で成長するために，現地供給業者との企業間市場志向の構築は極めて重要である。

成都イトーヨーカ堂が成都に進出した当初，現地供給業者に全く信用してもらえなかった。しかし，現地供給業者は試しに成都イトーヨーカ堂と取引したところ，成都イトーヨーカ堂の支払日の厳守を高く評価した。この支払日の厳守は現地供給業者に成都イトーヨーカ堂に商品を提供し，協調してもよいと考えさせる，いわゆる，現地供給業者との企業間市場志向の第一歩のきっかけとなった。支払日の厳守だけではなく，成都イトーヨーカ堂が約束したことを翻さないところも現地供給業者に評価された。そして，成都イトーヨーカ堂との情報共有や，商品構成と販売方法における成都イトーヨーカ堂との調整によって，自社の業績と専門性が高まってきたことを受け，現地供給業者はより一層成都イトーヨーカ堂との企業間市場志向にコミットメントするようになった。

すなわち，成都イトーヨーカ堂の現地供給業者に対する約束の厳守，現地供給業者との企業間市場志向が現地供給業者の業績と専門性の向上に貢献したことは，成都イトーヨーカ堂を信頼してもよいという合理的な根拠を現地供給業者に提供したのである。信頼は，企業間のコミュニケーションや協調，長期的関係維持に対する企業のコミットメントを促進し，企業間市場志向に正の影響を与える[20]。成都イトーヨーカ堂は，実績という合理的な根拠をもって，現地供給業者の信頼を勝ち取り，現地供給業者との企業間市場志向を促進してきた。以上を踏まえ，下記の仮説を立てる。

---

20) Anderson and Weitz (1989) ; Morgan and Hunt (1994) ; Elg (2002, 2003).

H6 　現地子会社の約束厳守は，現地供給業者との企業間市場志向を促進する。

H7 　現地供給業者との企業間市場志向が現地供給業者の専門性の向上に貢献した場合，現地供給業者との企業間市場志向がさらに促進される。

H8 　現地供給業者との企業間市場志向が現地供給業者の業績の向上に貢献した場合，現地供給業者との企業間市場志向がさらに促進される。

個別企業の市場志向は他の企業との企業間市場志向を促進する[21]。成都イトーヨーカ堂の市場志向は，自社の標的顧客ニーズを現地供給業者との共有，情報共有に基づいた共同での売場作りを促進する。一方，現地供給業者の市場志向は，成都イトーヨーカ堂にその標的顧客ニーズに合わせた商品情報などの共有や，商品構成と販売方法における成都イトーヨーカ堂との調整を促進する。それらによって，成都イトーヨーカ堂と現地供給業者はより効果的・効率的に共通した顧客のニーズを満たすことができる。以上を踏まえ，下記の仮説を立てる。

H9 　現地子会社の市場志向は，現地供給業者との企業間市場志向を促進する。

H10 　現地供給業者の市場志向は，現地供給業者との企業間市場志向を促進する。

現地供給業者は最初から市場志向を持っていたわけではない。現地子会社との相互作用のなかで生まれたのである。この点は小売国際化という文脈のもとでの特徴といえる。既存研究では供給業者の市場志向が流通業者の市場志向に影響を与えると指摘している[22]。それに対して，本研究は国際総合小売企業の現地子会社が企業間市場志向を通じて，現地供給業者の市場志向に影響する

---

21) Elg (2003, 2007a).
22) Siguaw et al. (1998).

第7章 現地市場における国際総合小売企業の発展プロセスについての考察 285

ことを発見した。

　前述したように，国際小売企業の出身国と進出市場をもとに，進出のパターンを4つに分類することができる。そのうち，先進国の小売企業が発展途上国に進出した場合，現地子会社は発展途上国の供給業者の小規模問題や低い専門性問題に悩まされる。特に総合小売企業は数多くの現地供給業者から商品を仕入れなければならないため，その課題はより一層深刻である。

　先進国の小売企業が発展途上国に進出する要因の1つは，本国の市場が停滞し，競争が激化したのに対して，進出先の市場が成長し，競争が緩やかなことである。本国で消費者の成熟化や競争の激化を経験した先進国の小売企業は，市場志向の必要性と重要性を理解している。しかし，先進国の小売企業の多くは，発展途上国がまだ売り手市場であった時代，あるいは売り手市場から買い手市場に転換したばかりの時代に進出していた。そのため，発展途上国の供給業者は市場志向を持たないのが一般的である。成都イトーヨーカ堂が設立された当初では，現地供給業者は消費者のニーズをあまり考えなかったことに加え，消費者のニーズに関する情報を収集し，それらを分析し，さらには商品の仕入れと販売に活用する専門性も低かった。

　それに対して，日本のイトーヨーカ堂は1980年代に日本の売り手市場から買い手市場への転換や競争の激化をすでに経験していた。日本のイトーヨーカ堂で勤務し，成都イトーヨーカ堂に赴任した日本人幹部たちは，商品構成から販売方法まで消費者のニーズを起点にすることの重要性を理解していた。そして，消費者のニーズに基づいた商品構成や販売方法を実現するために，現地供給業者からの協調がなければ不可能なことも明らかであった。現地供給業者が協調するかどうかは別として，成都イトーヨーカ堂は進出した当初から，一貫して現地供給業者に自社の顧客ニーズを共有し，それに合わせた商品構成と販売をするように現地供給業者と調整してきた。つまり，現地供給業者との企業間市場志向の構築に取り組んできた。

　そして，企業間市場志向は現地供給業者の業績と専門性の向上に貢献したことで，現地供給業者に市場志向の遂行に必要とされる動機づけと能力を提供し

た。成都イトーヨーカ堂との情報共有と活動の調整を繰り返すうち，現地供給業者は顧客第一主義の経営理念をはじめ，消費者の需要予測方法，商品の選択・管理，販売促進の方法，従業員の育成，生産技術の向上まで幅広い分野において，成都イトーヨーカ堂から学習し，専門性と業績の両方を高めてきた。業績の向上によって，成都イトーヨーカ堂のように消費者ニーズを起点に，商品の選択や販売などをすること，つまり市場志向の遂行が動機づけられた。そして，専門性の向上によって，市場志向を遂行する能力も身につけた。以上を踏まえ，下記の仮説を立てる。

H11　現地供給業者との企業間市場志向が現地供給業者の業績の向上に貢献した場合，現地供給業者の市場志向を促進する。

H12　現地供給業者との企業間市場志向が現地供給業者の専門性の向上に貢献した場合，現地供給業者の市場志向を促進する。

　チャネル全体の市場志向は，チャネル・メンバー各自の市場志向の総計である[23]。成都イトーヨーカ堂は市場志向と，現地供給業者との企業間市場志向を構築することで，自社の小売システムの市場志向を高めてきた。以上を踏まえ，下記の仮説を立てる。

H13　現地子会社の市場志向は，現地子会社の小売システムの市場志向を促進する。

H14　現地供給業者との企業間市場志向は，現地子会社の小売システムの市場志向を促進する。

　第4章の図表4-1で示されたように，小売国際化の既存研究は，小売国際化プロセスのうち，とくに現地市場における発展プロセスをほとんど解明して

---

23) Elg (2003), p.109.

第7章　現地市場における国際総合小売企業の発展プロセスについての考察　287

いない。本研究は市場志向と企業間市場志向の視点を用いて，成都イトーヨーカ堂の発展プロセスに注目した結果，現地市場での発展プロセスに関する 26 の仮説を導いた。それによって，現地市場における発展プロセスの解明に貢献した。

第2節　海外出店，国際知識移転，国際調達の個別テーマへの示唆

1　海外出店研究への示唆

　第1章で概観したように，海外に出店した後に関する小売国際化研究は，標準化-適応化問題に注目してきた。各論者は標準化-適応化の対象や戦略類型に対する共通の認識を形成していないが，標準化と適応化の二者択一ではなく，両者を同時に実現すべきという認識が共通している。また，専門小売企業と総合小売企業に関係なく，現地子会社は，本国で確立した業態特徴が現地市場における有効性を持つ場合，それを標準化して活用している。そうでない場合，現地市場に適応し，業態特徴を修正しているという実態に対しても各論者が共通の認識を持っている。

　本研究の特徴は，既存研究と比較し，1次データと2次データをもとに，1つの企業に対する詳細な歴史分析を行ったことにある。歴史分析は時系列で出来事を見るため，ダイナミックなプロセスや，出来事と出来事との因果関係を分析することができる。成都イトーヨーカ堂の歴史分析は，海外出店研究で最も注目を浴びてきた標準化-適応化問題にどのような示唆を与えるのかについて考察する。

　先に結論を述べると，現地顧客に提供するオファリングが適応化し，オファリングを支える知識の一部が本国と共通する[24]。ただし，オファリングを支える知識は直ちに現地で標準化して活用することはできない。次第に現地に移

---

24) Treadgold (1990/91) は，同じくオファリングの適応化と，オファリングを支えるノウハウ（知識）の標準化を指摘している (Treadgold 1990/91, p.23)。

転されるものである。また，知識が移転されるプロセスにおいて，同じ考え方であっても，現地に適応した結果，中身が異なってくる場合もある。そして，適応するプロセスによって新しい知識が生まれ，現地での競争優位の新たな源泉となる。

専門小売企業の現地子会社は本国と類似した特徴を持つ標的市場を選択することができる。それに対して，総合小売企業の現地子会社は商圏内の現地顧客のニーズに対応しなければならない。そのため，オファリングとして，現地顧客に提供する立地，商品構成，価格，プロモーションなどは現地に適応する。進出した当初の成都イトーヨーカ堂が品揃えまで日本型 GMS 作りにこだわった結果，大失敗したことは，オファリングを現地に適応することの重要性を物語っている。また，顧客のニーズは変化するものである。ニーズの変化に応じて，小売企業が提供するオファリングの特徴も変化しなければならない。20 年の間に，成都イトーヨーカ堂が現地顧客に提供した価値は，「新商品」，「価値感」，「差別化」，「高品質」，「楽しい体験」のように変わってきた。顧客に提供した価値の変化に応じて，成都イトーヨーカ堂の商品構成や販売方法なども変化しつづけてきた。ニーズが変化するという現実を考慮すれば，オファリングが現地に適応しなければならないことは明らかである。

総合小売企業の現地子会社が提供したオファリングは現地に適応しなければならないが，オファリングを生み出す知識は，完全であれ，不完全であれ，本国から移転する場合が多い。ただし，オファリングを支える知識が直ちに現地で標準化して活用することはできない。標準化できる前提条件が揃えられるにつれて，次第に現地に移転されるものである。

成都イトーヨーカ堂は，日本のイトーヨーカ堂と同じように「お客様に信頼される誠実な企業でありたい」，「取引先，株主，地域社会に信頼される誠実な企業でありたい」，「社員に信頼される誠実な企業でありたい」の経営理念のもとで，お客様第一主義を掲げている。成都イトーヨーカ堂は経営者の自らの言行をはじめ，徹底した OJT や，各種の研修と教育プログラムを通じて，現地社員にイトーヨーカ堂の経営理念を浸透させる。それらによって，次第に現地

第7章 現地市場における国際総合小売企業の発展プロセスについての考察　289

社員に顧客を起点とする思考様式を身につけさせ，顧客ニーズの変化に対応するようなオファリングを提供しつづけることを可能にした。

　顧客ニーズに適応するオファリングを支えるイトーヨーカ堂の知識といえば，単品管理とチームマーチャンダイジングである。単品管理とは，POSシステムを利用した仮説検証型発注である。チームマーチャンダイジングとは，メーカーや卸売業者とチームになって，共同でオリジナル商品の開発などを行うことである。成都イトーヨーカ堂も単品管理とチームマーチャンダイジングの考えを実践している。ただし，精度と内容を見ると，まだ発展途中にある。

　単品管理を実現するには，POSシステムによる情報の管理や，供給業者による高い納品率，自ら仮説検証を行う自律型人材が必要である。しかし，現地の商慣行によって，成都イトーヨーカ堂の売場は日本のような買取仕入ではなく，店中店を中心としている。店中店との情報システムが一元化されていないため，最小在庫管理単位，すなわち，単品までの販売データを入手できない。それに加え，店中店が自らの在庫管理を行っている。また，成都イトーヨーカ堂の店舗数がまだ少ないため，発注しても納品されないケースも存在する。したがって，日本のような精度の高い単品管理はまだ実現していない。

　上記のような制約があるとはいえ，単品管理の考え方が現地社員に浸透され，制約の中で単品管理が実践されている。単品管理の中核は，POSデータなどの情報を参考に，自店の特性に合わせた商品の需要仮説を立て，発注と販売を行い，実際の販売結果で仮説を検証し，その結果を踏まえた新しい仮説を立てるような社員である。第5章で述べたように，成都イトーヨーカ堂は様々な人材育成の仕組みを通じて，自律型人材を育成してきた。この自律型人材は仮説・検証のサイクルを自ら実践できるような人材である。前述した制約のもとで，成都イトーヨーカ堂の現地社員が，全ての商品を単品レベル管理することはできないとはいえ，単品管理の考え方を活用しているのは間違いない。そして，今後は店舗の拡大や，競争激化にともなう現地供給業者の合理化によって，成都イトーヨーカ堂が実践している単品管理の精度は少しずつ日本のイトーヨーカ堂に近づいていくだろう。

同じことはチームマーチャンダイジングにおいてもいえる。日本のイトーヨーカ堂におけるチームマーチャンダイジングはメーカーや卸売業者と共同でオリジナル商品の開発が強調されている。成都イトーヨーカ堂は2010年にPB商品を導入したが，現在において売上高全体の5%にも達していない。供給業者との共同での商品開発が本社のようにチームマーチャンダイジングの中心となっていない。そのかわりに，成都イトーヨーカ堂は商品構成や販売方法などの調整において，現地供給業者との共同活動が多い。なぜならば，店舗当たりの約3,000人の社員のうち，2,500人は現地供給業者の社員であるためである。共同でのオリジナル商品の開発が成都イトーヨーカ堂のチームマーチャンダイジングの中心となっていない理由の1つは店舗数が少ないため，最低発注ロット数を達成するのが難しいからである。ただし，店舗数の増加や同質化の回避などによって，今後は日本のように供給業者との共同での商品開発を強調するようになると考えられる。実際に，成都イトーヨーカ堂はPB戦略を2017年の重要戦略と位置付けている。

経営理念，単品管理，チームマーチャンダイジングの事例から明らかになったようにオファリングを支える知識が直ちに現地で標準化して活用することはできない。標準化できる前提条件が揃えられるにつれて，次第に現地に移転されるものである。

また，チームマーチャンダイジングの事例から読み取れるように知識が移転されるプロセスにおいて，同じ考え方であっても，現地に適応した結果，中身が異なってくる場合もある。そして，適応するプロセスによって新しい知識が生まれ，現地での競争優位の新たな源泉となる。他の小売企業は小売ミックスを店中店に一任しているのに対して，成都イトーヨーカ堂はチームマーチャンダイジングの考えのもとで，店中店と緊密に調整している。店中店との緊密な調整は現地での競争優位の源泉となっている。日本のイトーヨーカ堂がほとんど買取仕入を行っていたことを考えれば，店中店との調整に必要な知識は現地で創造したものである。

2 国際知識移転研究への示唆

海外出店研究で最も関心を集めてきた標準化–適応化問題への示唆は，同時に国際知識移転研究への示唆でもある。なぜならば，海外出店にともなう小売業態の移転は，小売業態に関する知識の移転であると認識することができるからである。本項では標準化–適応化問題と別の視点から国際知識移転研究に対する本研究の示唆を検討する。

(1) 現地社員の人材育成

小売業は労働集約型産業である。仕入れから販売まで人によって実行される。そのため，本社で蓄積された現地子会社にとって役に立つ知識は，現地子会社の社員に移転しなければ，その価値が発揮できない。第2章と第4章で述べたように既存研究は現地社員の人的資源管理をほとんど解明していない。

本研究は現地社員の人的資源管理の解明を研究目的とはしていないが，市場知識への対応では，成都イトーヨーカ堂の人材育成を検討してきた。人材育成は人的資源管理の重要な部分である[25]。成都イトーヨーカ堂の人材育成に注目して，国際知識移転研究への示唆は2つある。1つ目は，現地社員の能力と動機づけを高める人材育成体制の構築は，現地社員への知識移転を促進する。2つ目は，人材育成体制を継続的に改善する必要がある。なぜならば，顧客ニーズや市場の変化にともない，現地社員に新しい能力が求められるためである。

成都イトーヨーカ堂が設立された当時は，笑顔で顧客に挨拶する販売員もいなければ，顧客情報を収集・分析し，その情報に基づいて商品の仕入れを遂行できるバイヤーもいなかった。本社から派遣された応援部隊や，成都イトーヨーカ堂に赴任した日本人幹部たちは小売業の基礎から現地社員を教育していた。そして，日々のOJTをはじめ，新しい人材育成の仕組みが相次ぎ導入されてきた。継続的に導入された人材育成の仕組みを通じて，成都イトーヨーカ堂は業務を遂行するうえで必要とされる能力を現地社員に身に着けさせた。そして，身につけた能力を顧客ニーズに対応する行動に活かすための動機づけ，例えば

---

25) 人的資源管理は人材育成の他，雇用，評価，昇進，賃金，労使関係なども含む（上林 2016）。

物質的インセンティブや人的インセンティブも提供した。

　導入された人材育成制度のうち，入社教育，OJT，成果発表会，業務改善提案，技能コンテスト，沿海部や海外への研修，運動会，従業員相談室など日本でもお馴染みの取り組みが数多くある。これらは成都イトーヨーカ堂でも実践されてきたが，ここで重要なのは，現地社員の欲求に適応した動機づけを与えることである。例えば，現地社員は終身雇用や年功序列のような概念を持たず，努力した分を明確に賃金や職位に反映されることを求める。そのため，成都イトーヨーカ堂は賃金や昇進において成果主義を採用した。

　成都イトーヨーカ堂が目指している人材像は，自ら仮説検証を行う自律型人材である。このような人材像は日本のイトーヨーカ堂から由来している。イトーヨーカ堂は1982年業務改革を開始し，そのなかで，仮説と検証といった考え方や活動が生まれ，定着した[26]。現在の成都イトーヨーカ堂も仮説と検証の経営を徹底しているが，自ら仮説と検証を行う現地社員の育成は長い時間を要した。小売業の基本を知らなかった現地社員にいきなり自分で考え，立てた仮説を実行し，検証してもらうのは難しい。成都イトーヨーカ堂はまず基礎の教育と訓練からはじまり，現地社員の能力が次第に高まったあとで，自律型人材を促進する取り組みを導入してきた。また，顧客ニーズや市場の変化に対応するために，自律型人材の重要性が高まったことも，新しい人材育成の導入を促進した。つまり，現地社員の人材育成体制を継続的に改善する必要がある。

（2）現地供給業者への知識移転

　これまでほとんど明らかにされてこなかった現地子会社の人的資源管理に対して，本研究は成都イトーヨーカ堂の人材育成のプロセスを通じて，上記のような示唆を与えた。国際知識移転研究に対する本研究のもう1つの示唆は，現地供給業者への知識移転の重要性とその前提条件を示したことである。

　国際知識移転研究は本社と現地子会社との間の知識移転に焦点を当ててきたが，現地子会社と現地供給業者との間の知識移転にほとんど注目されてこな

---

26) 邊見（2008），69–71頁。

第 7 章　現地市場における国際総合小売企業の発展プロセスについての考察　293

かった。しかし，本研究は先進国の総合小売企業が発展途上国に進出した場合，現地供給業者への知識移転が極めて重要であることを明らかにした。そして，現地供給業者に知識を移転するために，緊密かつオープンなコミュニケーションと活動の調整が必要であることも示唆した。

　国際総合小売企業が海外に進出した場合，特に調達問題に悩まされる。例えば，日本の総合小売企業は進出先の中間業者の未熟さ，物流の未整備によって，過剰な在庫や煩雑な仕入取引，高い欠品率といった商品調達上の問題に直面させられている[27]。成都イトーヨーカ堂も中国の流通構造の特徴と現地供給業者の未熟さで，日本の卸売業者のような専門性の高い流通機能を現地供給業者に提供してもらえなかった[28]。

　しかし，未熟であった現地供給業者が次第に成都イトーヨーカ堂にその顧客ニーズに適応した商品情報や販売方法などを積極的に提案するようになった。このような変化をもたらした一因は，成都イトーヨーカ堂による現地供給業者への知識移転である。成都イトーヨーカ堂は緊密かつオープンなコミュニケーションを通じて，小売ミックスの全般において現地供給業者と調整してきた。緊密かつオープンなコミュニケーションと活動の調整は，同時に現地供給業者に顧客第一主義の経営理念や，消費者の需要予測，商品の選択・管理，販売促進の企画，従業員の育成，生産技術の向上などに関する知識を移転した。

　成都イトーヨーカ堂は現地供給業者の専門性を高めることで，現地供給業者の自社に対するより適合した提案を促進し，現地供給業者が保持している資源をより効果的・効率的に活用できるようになった。それによって，少しずつ日本型卸売業者の不在がもたらした調達問題を解消したのである。

3　国際調達研究への示唆

　国際知識移転研究への示唆の項で，現地供給業者への知識移転が国際総合小売企業の現地子会社の調達問題を解決するうえで極めて重要であり，今後の国

---

27) 川端 (2000)，198-227 頁。
28) 日中流通構造の相違については，第 6 章第 1 節を参照されたい。

294

際知識移転研究が解明すべきテーマであると述べた。それと関連して，国際調達研究に対する本研究の示唆は，現地供給業者との企業間市場志向の重要性とその前提条件を示したことである。

国際調達研究のほとんどは本社に基軸を置き，海外から本国への商品輸入に注目してきた。専門小売企業は品揃えを高い水準で標準化しているため，本社の商品調達は現地子会社の品揃え形成にも対応している。それに対して，総合小売企業は現地消費者の嗜好に直接影響されるので，常に品揃えを大幅に修正しなければならないため，現地子会社が主導権を持ち，現地の商品調達に取り組む必要がある。本社に基軸を置く既存の国際調達研究は，専門小売企業の国際展開に大きく貢献するとしても，総合小売企業の国際展開にはその貢献は限定的である。

総合小売企業の現地子会社は常に商品調達問題に悩まされている[29]。これらの商品調達問題に対応するために，既存研究は小売企業が商品の企画と開発に携わり，モノ作り能力を身につけることや，現地の商品供給状況に適応し，高度な中間業者機能を必要としない業態で進出すること，または，本国の供給業者を海外に進出させるような対応策を提言している[30]。しかし，これらの対応策は現地供給業者の視点が抜けているのが特徴である。

先行研究で提示された対応策と対照的に，本研究は，現地供給業者との企業間市場志向の構築こそ，総合小売企業の現地子会社が抱えている商品調達問題の解決策であることを明らかにした。そして，現地供給業者との企業間市場志向を構築するために，約束の厳守，緊密かつオープンなコミュニケーション，現地供給業者の専門性および業績の向上への貢献が必要なことも示唆した。

成都イトーヨーカ堂が設立された当初は，現地供給業者に商品さえ提供してもらえなかった。しかし，支払いの厳守，合意したことを翻さないといった約束の厳守や，現地供給業者との緊密かつオープンなコミュニケーションおよび活動の調整を，現地供給業者の専門性と業績の向上に継続的に貢献させたこと

---

29) 向山（1999）；川端（2000）；Aoyama（2007）；Chuang et al.（2011）。
30) 向山（1999）；川端（2000）。

によって，成都イトーヨーカ堂は現地供給業者からの信頼を獲得し，商品構成や販売方法などにおいて現地供給業者に協調させることができるようなった。また，現地供給業者の専門性を高めることで，現地供給業者の自社に対するより適合した提案を促進し，少しずつ日本型卸売業者の不在がもたらした調達問題も解消した。

第3節　海外出店，国際知識移転，国際調達の関係性への示唆

　小売国際化の既存研究の多くは海外出店，国際知識移転，国際調達というテーマごとに研究されてきた。しかし，現地市場で発展するためには，3つのテーマがすべて関連している。海外に出店した後には，現地子会社への知識移転や，マーケティング戦略の展開，または商品調達の実施などが不可欠である。本節は海外出店，国際知識移転，国際調達の関係性に対する本研究の示唆を検討する。

　本章第2節におけるテーマ別に対する本研究の示唆から明らかになったように，「知識」が海外出店，国際知識移転，国際調達という3つのテーマを結びつけるキーワードである。海外出店は小売業態に関する知識の移転と認識することができる。本国で蓄積した供給業者との協調関係構築に関する知識は現地子会社の調達問題を解決する際に活用することができる。

　矢作（2007）は小売国際化を小売業態の移転と見なし，知識ベースでの小売国際化論を提唱した。そして，移転の対象である小売業態を「小売事業モデル」と再定義し，①小売業態とその運営システムからなる小売業務システム，②商品の仕入れ，開発・企画を内容とする商品調達システム，③仕入れた商品を保管，管理し，店頭まで配送する商品供給の3つのサブシステムに大別した。また，小売業務システムを顧客関係に，商品調達システムを組織内関係に，そして，商品供給システムを組織間関係に対応させた[31]。これらのシステムに埋め込まれている小売知識の現地化に注目し，4つの現地化戦略パターンを抽出した。

---

31) 矢作（2007），33–34頁。

296

　知識ベースでの小売国際化研究は，知識によって，海外出店，国際知識移転，国際調達の個別研究を統合している。このような既存研究と関連すると，海外出店，国際知識移転，国際調達の関係性に対する本研究の貢献は，知識ベースでの小売国際化論が現地市場での発展プロセスを考察する際に極めて有効であることを示唆したといえる。

　海外出店，国際知識移転，国際調達の関係性に対する本研究の示唆は目新しいものではないが，今後の知識ベースでの小売国際化論に対して，事例の歴史分析を行ったという本研究ならではの示唆がある。既存の知識ベースでの小売国際化研究は，標準化–適応化の問題に深く関連させて行われている。標準化–適応化問題は重要な論点ではあるが，最初から標準化–適応化問題に注目すると，知識の目的を見落とし，知識の役割に対する評価が不適切になる可能性がある。

　海外に出店した小売企業にとって，最も重要なテーマは，現地市場での発展を遂げ，事業を拡大していくことである。知識の移転，あるいは現地市場に適応した形での知識の活用は現地市場での発展のためにある。標準化–適応化問題から，知識移転をみるよりも，現地市場での発展プロセスを解明し，そのプロセスのなかで，どのような知識が移転され，どのような知識が適応化され，また，それらの知識が現地市場での発展においてどのような役割を果したのかを析出することが，知識の標準化–適応化のプロセスや理由，そして知識の役割をより明確にすることができるということを本研究が示唆した。

　成都イトーヨーカ堂が現地で発展してきた理由は，継続的に現地顧客ニーズの変化に対応してきたためである。現地顧客ニーズの変化に継続的に対応するために，成都イトーヨーカ堂は市場志向と現地供給業者との企業間市場志向を構築してきた。市場志向と現地供給業者との企業間市場志向の度合いを継続的に高める際に，成都イトーヨーカ堂は日本のイトーヨーカ堂の経営理念をはじめ，単品管理やチームマーチャンダイジング，または人材育成に関する知識を活用してきた。

　イトーヨーカ堂の経営理念が，現地社員に顧客を起点とする思考様式を身に

第7章　現地市場における国際総合小売企業の発展プロセスについての考察　297

つけさせるには有効であるため，成都イトーヨーカ堂は経営者の言行や人材育成の仕組みを通じて現地社員に浸透させた。単品管理は自律型人材やPOSシステムによる情報管理，高い納品率を前提条件としているが，進出した当初はこのような前提条件が揃っていなかったため，単品管理が行われていなかった。これらの前提条件が次第に揃えられるにつれて，単品管理が実践されるようになったが，今でも現地の商慣行による店中店との情報が一元化されていないことや，日本のような高い納品率が実現されていないことによって，日本のような精度の高い単品管理に達していない。また，チームマーチャンダイジングに関しては，進出した当初は全く現地供給業者に信用されなかったため，実践されなかった。約束の厳守，緊密かつオープンなコミュニケーション，現地供給業者の業績と専門性の向上に継続的な貢献といった実績をもって，現地供給業者の信頼を獲得し，チームマーチャンダイジングを行うようになった。とはいえ，現地の商慣行や店舗数などにより，日本のようなオリジナル商品の開発を中心としたチームマーチャンダイジングではなく，商品構成や販売方法などにおける調整を中心としたチームマーチャンダイジングである。

　繰り返すことになるが，本研究は今後の知識ベースの小売国際化研究に対して，最初から標準化-適応化問題に注目しないように提唱する。それよりも，まず現地市場での発展プロセスの解明を強調したい。それによって，知識の標準化-適応化のプロセスや理由，そして知識の役割をより明確にすることができ，結果として問題点を浮き彫りにすることができる。

終章　結論と今後の課題

第1節　本研究の結論と意義

　本研究は小売国際化の特徴と小売国際化研究のギャップを埋めたいという問題意識のもとで，現地市場における国際総合小売企業の発展プロセスの解明を研究目的とした。そして，成都イトーヨーカ堂の発展プロセスを事例にこの研究課題に取り組んできた。これまでの論考をもとに，現地市場における国際総合小売企業の発展プロセスは，現地子会社が自社の市場志向と，現地供給業者との企業間市場志向を構築するプロセスであると結論を付ける。市場志向と現地供給業者との企業間市場志向の度合いを高め続けることによって，総合小売企業の現地子会社は現地顧客のニーズに継続的に対応することが可能となり，現地での発展を遂行する。

　本研究の意義は理論的貢献と実務的貢献に分かれている。小売国際化研究に対する理論的貢献は第7章で考察した通りである。簡潔に整理すると，下記のようになる。

　第1に，現地市場における国際総合小売企業の発展プロセスに関する26の仮説を導いた。これらの内容を表すと，下記の3つのサブテーマに大別することができる。①現地子会社の市場志向構築プロセス，②現地子会社と現地供給業者との企業間市場志向構築プロセス，③現地子会社の市場志向および現地供給業者との企業間市場志向を促進する前提条件，ということである。

　第2に，海外出店，国際知識移転，国際調達というテーマ別の研究に対してそれぞれ示唆を与えた。出店した後の海外出店研究における最も注目されてきた標準化–適応化問題に対して，現地顧客に提供するオファリングが適応化

され，オファリングを支える知識の一部が本国と共通することを示した。オファリングを支える知識が直ちに現地で標準化して活用するのではなく，次第に現地に移転されるものである。知識が移転されるプロセスにおいて，同じ考え方であっても，現地に適応した結果，中身が異なってくる場合もある。そして，適応するプロセスによって新しい知識が生まれ，現地での競争優位の新たな源泉となることも明示した。

国際知識移転研究に対して，これまでほとんど解明されてこなかった現地子会社の人的資源管理のうち，現地社員の人材育成の一部を解明した。そして，①現地社員の能力と動機づけを高める人材育成体制の構築は，現地社員への知識移転を促進する，②人材育成体制の構築が１つのプロセスであり，継続的に人材育成体制を改善する必要がある，という２つの示唆が得られた。また，先進国の総合小売企業が発展途上国に進出した場合，現地供給業者への知識移転が極めて重要であることも明らかにした。それに加え，現地供給業者に知識を移転するための前提条件として，緊密かつオープンなコミュニケーションと活動の調整が必要なことも示した。

国際調達研究に対して，現地供給業者との企業間市場志向の構築こそ，総合小売企業の現地子会社が抱えている商品調達問題の解決策であることを明らかにした。そして，現地供給業者との企業間市場志向を構築するために，約束の厳守，緊密かつオープンなコミュニケーション，現地供給業者の専門性および業績の向上への貢献が必要なことも示唆した。

第３に，本研究は「知識」が海外出店，国際知識移転，国際調達という３つのテーマを結びつけるキーワードであり，知識ベースでの小売国際化論が現地市場での発展プロセスを考察する際に極めて有効であることを示した。そして，標準化−適応化問題を意識し，知識移転を検討するよりも，現地市場での発展プロセスを解明し，そのプロセスのなかで，どのような知識が移転され，どのような知識が適応化され，また，それらの知識が現地市場での発展においてどのような役割を果したのかを析出することが，知識の標準化−適応化のプロセスや理由，そして知識の役割をより明確にすることができることも本研究

では示唆した。

　本研究の実務的貢献は主に３つある。第１に，国際小売企業に対して，現地顧客のニーズの変化に注目し，対応することの重要性を示した。企業は市場志向を実行する際に，市場知識を収集する必要がある。市場知識は顧客の現時点および将来のニーズそのものだけではなく，競争，規制，技術などの情報も含む。しかし，ここで重要なのは，競合相手の動向や政府の政策などの情報を現地顧客のニーズ，または彼らの購買行動にどのような影響を与えるのかに翻訳することである。

　例えば，インターネット通販の急成長は，消費者がモノだけであれば，インターネットで購買するようにシフトしていることを意味する。言い換えれば，インターネット通販の急成長という競争状況に関する情報は，実店舗に対して消費者がモノだけではない，他の価値を求めるというニーズの変化を示唆している。また，競合相手によって客数が減少した場合，それは自社が競合相手と比較して顧客ニーズへの対応が劣っていることを意味する場合もある。競合相手の商品構成や販売方法を観察することで，顧客ニーズを分析しなければならない。成都イトーヨーカ堂は政府の政策や競争状況に関する情報も収集し，それらの情報を顧客ニーズの変化に翻訳したうえで，自社の方針や具体的な商品構成と販売方法に反映させている。つまり，現地子会社は多様多種な情報の収集を現地顧客のニーズに対する理解と対応に活用する必要がある。

　第２に，国際小売企業に対して，市場志向を実行するために，現地社員の人材育成の重要性を示し，その手法についての示唆を与えた。小売業は人間産業であり，顧客ニーズに関する情報の収集・共有，そして，仕入れから販売までの対応がすべて人によって実行される。多くの国際小売企業は市場志向の重要性を理解していても，それを実行できる現地社員の人材育成に悩まされている。

　本研究で明らかになったように，現地社員の人材育成を成功させるためには，現地子会社の人材育成の取り組みを現地社員の能力の向上と動機づけに連動させなければならない。成都イトーヨーカ堂は，現地社員の能力を高める人材育成制度を導入し続けてきたと同時に，努力した分を給料の上昇や昇進に連動さ

せ，現地社員のやる気を引き出してきた。また，人材育成制度は一度で完成するものではなく，継続的に改善する必要があることも本研究で明らかになった。成都イトーヨーカ堂は，現地社員の知識吸収能力の変化や，各段階における顧客のニーズに対応するための人材像の相違，または現地での学習をもとに，人材育成制度を継続的に改善してきた。

第3に，国際小売企業に対して，現地供給業者との企業間市場志向の重要性を示し，それを構築するための手法についての示唆を与えた。総合小売企業の現地子会社は常に調達問題に悩まされている。商品構成において現地供給業者に大きく依存しなければならない以上，現地子会社は現地供給業者との企業間市場志向を構築しなければならない。そのため，知識移転による現地供給業者の専門性の向上や，現地供給業者の業績を継続的に高めること，また緊密かつオープンなコミュニケーションを取ることが極めて重要である。

第2節　今後の課題

残された研究課題は数多くあるが，主要な点は以下の通りである。まずは，シングルケースの研究方法による課題である。様々な総合小売企業が海外事業を展開している。それぞれの現地子会社はターゲットとしている顧客層が異なるのに加え，ビジネスモデルそのものが異なる場合も珍しくはない。また，現地市場における課題や保持する競争優位も企業によって異なる。そのため，成都イトーヨーカ堂の発展プロセスをもとに導いた仮説や得られた示唆が個別的であり，一般性を持たないという限界がある。今後は，さらに事例研究を行い，現地市場における国際総合小売企業の発展プロセスに関する仮説の精度を高めたうえで，定量的に検証し，一般化に取り組む必要がある。

次に，市場志向と企業間市場志向の度合いを客観的に測定する必要性による課題である。本研究は成都イトーヨーカ堂の市場志向および現地子会社との企業間市場志向の度合いの変化を，発展プロセスにおける前段階と比較して，新しい取り組みの追加，あるいは既存の取り組みの強化によって表した。このよ

うな手法を採用した理由は2つある。

　第1に，第4章第3節第2項で述べたように，インタビューの際に，市場志向および企業間市場志向の枠組みは使われなかった。枠組みにしたがって質問すると，インフォーマントの回答が枠組みの制限によって偏ってしまい，現地で発展するための重要な要素を見落としてしまう可能性があるからである。そのかわりに，成都イトーヨーカ堂が段階的に発展し続けたことを可能にした取り組みや理由などを中心に質問した。そして，インフォーマントの回答をもとに，成都イトーヨーカ堂の取り組みを時系列で市場志向および企業間市場志向の枠組みに類型化した。

　第2に，事例のタイムスパンと関連している。本研究は成都イトーヨーカ堂が第1号店を開店した1997年から2017年8月現在に至るまでの20年間の発展プロセスに注目している。質問表を用いて，インフォーマントに成都イトーヨーカ堂が進出した当初から今日に至るまでの市場志向と現地子会社との企業間市場志向の度合いを正確的に判断させるのは難しい。それよりも，各段階で直面した課題の克服や発展に貢献した取り組みをインフォーマントに回顧させ，それらの記述をもとに市場志向と現地子会社との企業間市場志向の枠組みに落し込んだほうが，度合いの変化を表しやすい。

　しかし，本研究で示されたように，市場志向と企業間市場志向の視点が国際総合小売企業の現地子会社の発展プロセスを捉えるには極めて有効である以上，今後は市場志向と企業間市場志向の度合いを客観的に測定する必要がある。測定尺度の開発は，既存の市場志向や企業間市場志向研究とともに，本研究で析出した小売企業の特徴を表している取り組みも活用することができる。ただし，その際に，前述した事例のタイムスパンによってもたされた課題の克服や，市場志向と企業間市場志向の度合いを高めるうえでの取り組みの重要性が異なることを考慮する必要がある。

　最後の課題は本社との関係性を詳細に検討する必要性による課題である。本研究は既存研究でほとんど明らかにされてこなかった現地市場における国際総合小売企業の発展プロセスに注目しているため，必然的に成都イトーヨーカ堂

がどのように発展してきたのかに焦点を当てた。その結果，本社と現地子会社との関係については，第7章の第2節と第3節における本社からの知識移転を中心に簡単な検討を行うことしかできなかった。しかし，本社と現地子会社の関係は知識移転のみではなく，例えば，意思決定の集権化や分権化，本社にとっての現地子会社の戦略的位置づけなども含まれる。また，知識移転の場合，本社から現地子会社への知識移転だけではなく，現地子会社から本社への知識移転の流れも存在する。それらについての詳細な検討を今後の課題としたい。

参考文献

英語文献（abc 順）

Adams, R. J. (2002) Retail profitability and sweatshops: a global dilemma, *Journal of Retailing and Consumer Services*, 9, pp.147-153.

Akehurst, G. and Alexander, N. (eds.) (1996) *The Internationalisation of Retailing*, Frank Cass.

Åkesson, J., Jonsson, P. and Edanius-Hällås, R. (2007) An assessment of sourcing strategies in the Swedish apparel industry, *International Journal of Physical Distribution & Logistics Management*, 37(9), pp.740-762.

Alderson, W. (1957) *Marketing Behavior and Executive Action*, Arno Press.

Alexander, N. (1990a) Retailers and international markets: motives for expansion, *International Marketing Review*, 7(4), pp.75-85.

Alexander, N. (1990b) Retailing post-1992, *Service Industries Journal*, 10(1), pp. 172-187.

Alexander, N. (1995) Internationalisation: interpreting the motives, in McGoldrick, P. J. and Davies, G. (eds.), *International Retailing: Trends and Strategies*, *Financial Times*, Pitman Publishing, pp.77-98.

Alexander, N. (1997) *International Retailing*, Blackwell Business.

Alexander, N. and Myers, H. (2000) The retail internationalization process, *International Marketing Review*, 17(4/5), pp.334-353.

Alexander, N. and Quinn, B. (2002) International retail divestment, *International Journal of Retail & Distribution Management*, 30(2), pp.112-125.

Alexander, N., Quinn, B. and Cairns, P. (2005) International retail divestment activity, *International Journal of Retail & Distribution Management*, 33(1), pp.5-22.

Alexander, N., Rhodes, M. and Myers, H. (2007) International market selection: measuring actions instead of intentions, *Journal of Services Marketing*, 21(6), pp.424-434.

Alexander, N., Rhodes, M. and Myers, H. (2011) A gravitational model of international retail market selection, *International Marketing Review*, 28(2), pp.183-200.

Andaleeb, S. S. (1992) The trust concept: research issues for channels of distribution, *Research in Marketing*, 11, pp.1-34.

Anderson, J. C., Håkansson, H. and Johanson, J. (1994) Dyadic business relationships within a business network context, *Journal of Marketing*, 58(4), pp. 1-15.

Anderson, E. and Weitz, B. (1989) Determinants of continuity in conventional industrial channel dyads, *Marketing Science*, 8(4), pp.310-323.

Anderson, E. and Weitz, B. (1992) The use of pledges to build and sustain commitment in distribution channels, *Journal of Marketing Research*, 29(1), pp.18-34.

Aoyama, Y. (2007) Oligopoly and the structural paradox of retail TNCs: an assessment of Carrefour and Wal-Mart in Japan, *Journal of Economic Geography*, 7, pp.471-490.

Appiah-adu, K. (1998) Market orientation and performance: empirical tests in a transition economy, *Journal of Strategic Marketing*, 6, pp.25-45.

Barksdale, H. C. and Darden, B. (1971) Marketers' attitudes toward the marketing concept, *Journal of Marketing*, 35(4), pp.29-36.

Barney, J. (1991) Firm resources and sustained competitive advantage, *Journal of Management*, 17(1), pp.99-120.

Bartels, R. (1968) Are domestic and international marketing dissimilar?, *Journal of Marketing*, 32(3), pp.56-61.

Bartlett, C. A. and Ghoshal, S. (1989) *Managing Across Borders: The Transnational Solution*, Harvard Business School Press.

Bell, M. L. and Emory, C. W. (1971) The faltering marketing concept, *Journal of Marketing*, 35 (4), pp.37-42.

Benito, G. R. G. (1997) Why are foreign subsidiaries divested? a conceptual framework, in Björkman, I. and Forsgen, M. (eds.), *The Nature of the International Firm*, Handelshjskolens Forlag.

Benito, G. R. G. (2005) Divestment and international business strategy, *Journal of Economic Geography*, 5, pp.235-251.

Berg, T. L. (1967) Designing the distribution channel, reprinted in Mallen, B.E. (ed.), *The Marketing Channel: A Conceptual Viewpoint*, John Wiley & Sons, Inc.

Berry, L. L. (1981) The employee as customer, *Journal of Retail Banking*, 3, pp. 25-28.

Buckely, P. J. and Casson, M. C. (1976) *The Future of the Multinational Enterprise*, Macmillan.

Burt, S. (1991) Trends in the internationalization of grocery retailing: the European experience, *The International Review of Retail, Distribution and Consumer Research*, 1(4), pp.487-515.

Burt, S. (1993) Temporal trends in the internationalization of British retailing, *The International Review of Retail, Distribution and Consumer Research*, 3(4), pp.391-410.

Burt, S., Davies, K., Dawson, J. and Sparks, L. (2008) Categorizing patterns and processes in retail grocery internationalization, *Journal of Retailing and Consumer Services*, 15, pp.78-92.

Burt, S., Dawson, J. and Sparks, L. (2003) Failure in international retailing: research propositions, *The International Review of Retail, Distribution and Consumer Research*, 13(4), pp.355-373.

Burt, S., Dawson, J. and Sparks, L. (2004) The international divestment activities of European grocery retailers, *European Management Journal*, 22(5), pp.483-492.

Burt, S., Dawson, J. and Sparks, L. (2009) International retail divestment: reviews, case studies and emerging agenda, in Swoboda, B., Morschett, D., Rudolph, T., Schnedlitz, P. and Schramm-Klein, H. (eds.), *European Retail Research*, Springer Gabler.

Burt, S. L., Mellahi, K., Jackson, T. P. and Sparks, L. (2002) Retail internationalization and retail failure: issues from the case of Marks and Spencer, *The International Review of Retail, Distribution and Consumer Research*, 12(2), pp.191-219.

Cadogan, J. W. and Diamamtopoulos, A. (1995) Narver and Slater, Kohli and Jaworski and the market orientation construct: integration and internationalization, *Journal of Strategic Marketing*, 3, pp.41-60.

Cairns, P., Doherty, A. M., Alexander, N. and Quinn, B. (2008) Understanding the international retail divestment process, *Journal of Strategic Marketing*, 16(2), pp.111-128.

Cairns, P., Quinn, B., Alexander, N. and Doherty, A. M. (2010) The role of leadership in international retail divestment, *European Business Review*, 22(1), pp.25-42.

Cambra-Fierro, J., Florin, J., Perez, L. and Whitelock, J. (2011) Inter-firm market orientation as antecedent of knowledge transfer, innovation and value creation in networks, *Management Decision*, 49(3), pp.444-467.

Cho, J. E. (2009) When does it make sense for US retailers to opt for backward integration for global sourcing, *International Journal of Retail & Distribution Management*, 37(3), pp.271-285.

Cho, J. and Kang, J. (2001) Benefits and challenges of global sourcing: perceptions of US apparel retail firms, *International Marketing Review*, 18(5), pp.542-561.

Chuang, M. L., Donegan, J. J., Ganon, M. W. and Wei, K. (2011) Walmart and Carrefour experiences in China: resolving the structural paradox, *Cross Cultural Management*, 18(4), pp.443-463.

Clark, G. L. and Wrigley, N. (1997) Exit, the firm and sunk costs: reconceptualizing the corporate geography of disinvestment and plant closure, *Progress in Human Geography*, 21(3), pp.338-358.

Coe, N. M. and Hess, M. (2005) The internationalization of retailing: implications for supply network restructuring in East Asia and Eastern Europe, *Journal of Economic Geography*, 5, pp.449-473.

Coe ,N. M. and Lee, Y. S. (2006) The strategic localization of transnational retailers: the case of Samsung-Tesco in South Korea, *Economic Geography*, 82(1), pp.61-88.

Coe, N. M. and Wrigley, N. (2007) Host economy impacts of transnational retail: the research agenda, *Journal of Economic Geography*, 7, pp.341-371.

Cundiff, E. W. (1965) Concepts in comparative retailing, *Journal of Marketing*, 29(January), pp.59-63.

Currah, A. and Wrigley, N. (2004) Networks of organizational learning and adaptation in retail TNCs, *Global Networks*, 4(1), pp.1-23.

Dawson, J. A. (1993) The internationalization of retailing, in Bromley, R. D. F. and Thomas, C. J. (eds.), *Retail Change: Contemporary Issues*, UCL Press.

Dawson, J. A. (1994) Internationalization of retailing operations, *Journal of Marketing Management*, 10(4), pp.267-282.

Dawson, J. A. (2000) Viewpoint: retailer power, manufacturer power, competition and some questions of economic analysis, *International Journal of Retail & Distribution Management*, 28(1), pp.5-8.

Dawson, J. A. (2001) Strategy and opportunism in European retail internationalization, *British Journal of Management*, 12, pp.253-266.

Dawson, J. A. (2007) Scoping and conceptualizing retailer internationalisation, *Journal of Economic Geography*, 7, pp.373-397.

Dawson, J. A. and Mukoyama, M. (2006) Retail internationalization as a process, in Dawson, J. A., Larke, R. and Mukoyama, M. (eds.) *Strategic Issues in International Retailing*, Routledge.

Deng, S.L. and Dart, J. (1994) Measuring market orientation: a multi-factor, multi-item approach, *Journal of Marketing Management*, 10, pp.725-742.

Deshpande, R. and Webster, F. E. (1989) Organizational culture and marketing: defining the research agenda, *Journal of Marketing*, 53(1), pp.3-15.

Douglas, S. P. and Craig, C. S. (1995) *Global Marketing Strategy*, McGraw-Hill.

Doherty, A. M. (2007) The internationalization of retailing: factors influencing the choice of franchising as a market entry strategy, *International Journal of Service Industry Management*, 18(2), pp.184-205.

Douglas, S. P. and Wind, Y. (1987) The myth of globalization, *The Columbia Journal of World Business*, Winter, pp.19-29.

Dunning, J. H. (1988a) The eclectic paradigm of international production: a restatement and some possible extensions, *Journal of International Business Studies*, 19, pp.1-31.

Dunning, J. H. (1988b) *Explaining International Production*, Unwin Hyman.

Eisenhardt, K. M. (1989) Building theories from case study research, *The Academy of Management Review*, 14(4), pp.532-550.

Elg, U. (2002) Inter-firm market orientation: its significance and antecedents in distribution networks, *Journal of Marketing Management*, 18, pp.633-655.

Elg, U. (2003) Retail market orientation: a preliminary framework, *International Journal of Retail & Distribution Management*, 31(2), pp.107-117.

Elg, U. (2007a) Market orientation as inter-firm cooperation: an international study of the grocery sector, *European Management Journal*, 25(4), pp.283-297.

Elg, U. (2007b) Market orientation processes in retailing: a cross-national study, *European Journal of Marketing*, 41(5/6), pp.568-589.

Elg, U., Ghauri, P. N. and Tarnovskaya, V. (2008) The role of networks and matching in market entry to emerging retail markets, *International Marketing Review*, 25(6), pp.674-699.

Emerson, R. M. (1962) Power-dependence relations, *American Sociological Review*, 27(1), pp.31-41.

Frasquet, M., Dawson, J. and Mollá, A. (2013) Post-entry internationalization activity of retailirs, *Management Decision*, 51(7), pp.1510-1527.

French, J. R. P. and Raven, B. (1968) The bases of social power, in Cartwright, D. and Zander, A. (eds.), *Group Dynamics Research and Theory 3rd editon*, Harper & Row, Publishers.

Gaski, J. F. (1986) Interrelations among a channel entity's power sources: impact of the exercise of reward and coercion on expert, referent, and legitimate power sources, *Journal of Marketing Research*, 23(1), pp.62-77.

Gebhardt, G. F., Carpenter, G. S. and Sherry, J. J. F. (2006) Creating a market orientation: a longitudinal, multifirm, grounded analysis of cultural transformation. *Journal of Marketing*, 70(4), pp.37-55.

George, W. R. (1990) Internal marketing and organizational behavior: a partnership in developing customer-conscious employees at every level, *Journal of Business Research*, 20, pp.63-70.

Gereffi, G. (1999) International trade and industrial upgrading in the apparel commodity chain, *Journal of International Economics*, 48, pp.37-70.

Glaser, B. G. and Strauss, A. L. (1967) *The Discovery of Grounded Theory: Strategies for Qualitative Research*, Aldine Publication.

Goldman, A. (1974) Outreach of consumers and the modernization of urban food retailing in developing countries, *Journal of Marketing*, 38(4), pp.8-16.

Goldman, A. (1981) Transfer of a retailing technology into the less developed countries: the supermarket case, *Journal of Retailing*, 57(2), pp.5-29.

Goldman, A. (2000) Supermarkets in China: the case of Shanghai, *The*

International Review of Retail, Distribution and Consumer Research, 10(1), pp. 1-21.

Goldman, A. (2001) The transfer of retail formats into developing economies: the example of China, *Journal of Retailing*, 77, pp.221-242.

Goldman, A. and Qin, Z. (1998) Intermediate supermarkets in China, *Journal of Marketing Channels*, 6(3/4), pp.87-108.

Goldman, A., Ramaswamib, S. and Krider, R. E. (1999) The persistent competitive advantage of traditional food retailers in Asia: wet markets' continued dominance in Hong Kong, *Journal of Marketing*, 19(2), pp.126-139.

Goldman, A., Ramaswamib, S. and Krider, R. E. (2002) Barriers to the advancement of modern food retail formats: theory and measurement, *Journal of Retailing*, 78, pp.281-295.

Griffiths, J. S. and Grover, R. (1998) A framework for understanding market orientation: the behavior and the culture, in Grewal, D. and Pechmann, C. (eds.), *AMA Winter Educators' Conference : Marketing Theory and Application*, 9.

Guerin, J. R. (1964) Limitations of supermarkets in Spain, *Journal of Marketing*, 28(4), pp. 22-26.

Gupta, A. K. and Govindarajan, V. (2000) Knowledge flows within multinational corporations, *Strategic Management Journal*, 21(4), pp.473-496.

Håkansson, H. and Snehota, I. (1995) *Developing Relationships in Business Networks*, Routledge.

Heide, J. B. and John, G. (1988) The role of dependence balancing in safeguarding transaction-specific assets in conventional channels, *Journal of Marketing*, 52(1), pp.20-35.

Heide, J. B. and John, G. (1990) Alliances in industrial purchasing: the determinants of joint action in buyer-supplier relationships, *Journal of Marketing Research*, 27(1), pp.24-36.

Heide, J. B. and John, G. (1992) Do norms matter in marketing relationships?, *Journal of Marketing*, 56(2), pp.32-44.

Helfferich, E., Hinfelaar, M. and Kasper, H. (1997) Towards a clear terminology on international retailing, *The International Review of Retail, Distribution and Consumer Research*, 7(3), pp.287-307.

Ho, S. and Lau, H. (1988) Development of supermarket technology: the incomplete transfer phenomenon, *International Marketing Review*, 5(1), pp.20-30.

Ho, S. and Sin, Y. (1987) International transfer of retail technology: the successful case of convenience stores in Hong Kong, *International Journal of Retailing*, 3(2), pp.36-48.

Hollander, S. C. (1968) The internationalization of retailing: a foreword, *Journal of Retailing*, 44(1), pp.3-12.

Hollander, S. C. (1970) *Multinational Retailing*, Michigan State University Press.

Homburg, C. and Pflesser, C. (2000) A multiple-layer model of market-oriented organizational culture: measurement issues and performance outcomes, *Journal of Marketing Research*, 37(4), pp.449-462.

Hughes, A. (2001) Multi-stakeholder approaches to ethical trade: towards a reorganization of UK retailers' global supply chains?, *Journal of Economic Geography*, 1, pp.421-437.

Hughes, A., Buttle, M. and Wrigley, N. (2007) Organisational geographies of corporate responsibility: a UK-US comparison of retailers' ethical trading initiatives, *Journal of Economic Geography*, 7, pp.491-513.

Hunt, S. D. (1997) Competing through relationships: grounding relationship marketing in resource-advantage theory, *Journal of Marketing Management*, 13(5), pp.431-445.

Hymer, S. H. (1976) *The International Operation of National Firms: A Study of Direct Foreign Investment*, The MIT Press（宮崎義一編訳（1979）『多国籍企業論』岩波書店）.

Jaworski, B. J. and Kohli, A. K. (1993) Market orientation: antecedents and consequences, *Journal of Marketing*, 57(3), pp. 53-70.

Jonsson, A. (2008) A transnational perspective on knowledge sharing: lessons learned from IKEA's entry into Russia, China and Japan, *The International Review of Retail, Distribution and Consumer Research*, 18(1), pp.17-44.

Jonsson, A. and Elg, U. (2006) Knowledge and knowledge sharing in retail internationalization: IKEA's entry into Russia, *The International Review of Retail, Distribution and Consumer Research*, 16(2), pp.239-256.

Jonsson, A. and Foss, N. J. (2011) International expansion through flexible replication: learning from the internationalization experience of IKEA, *Journal of International Business Studies*, 42, pp.1079-1102.

Kacker, M. B. (1985) *Transatlantic Trends in Retailing: Takeovers and Flow of Know-How*, Quorum.

Kacker, M. K. (1988) International flow of retailing knowhow bridging the technology gap in distribution, *Journal of Retailing*, 64(1), pp.41-67.

Kindleberger, C. P. (1969) *American Business Abroad: Six Lectures on Direct Investment*, Yale University Press（小沼敏監訳（1970）『国際化経済の論理』ぺりかん社）.

Kirca, A. H., Jayachandran, S. and Bearden, W. O. (2005) Market orientation: a meta-analytic review and assessment of its antecedents and impact on performance, *Journal of Marketing*, 69(2), pp. 24-41.

Kogut, B. and Zander, U. (1992) Knowledge of the firm, combinative capabilities,

312

and the replication of technology, *Organization Science*, 3(3), pp.383-397.

Kogut, B. and Zander, U. (1993) Knowledge of the firm and the evolutionary theory of the multinational corporation, *Journal of International Business Studies*, 24(4), pp.625-645.

Kohli, A. K. and Jaworski, B. J. (1990) Market orientation: the construct, research propositions, and managerial implications, *Journal of Marketing*, 54(2), pp.1-18.

Kohli, A. K., Jaworski, B. J. and Kumar, A. (1993) A measure of market orientation, *Journal of Marketing Research*, 30(4), pp.467-477.

Kumar, V., Jones, E., Venkatesan, R. and Leone, R. P. (2011) Is market orientation a source of sustainable competitive advantage or simply the cost of competing?, *Journal of Marketing*, 75(1), pp.16-30.

Lau, H. and Lee, K. (1988) Development of supermarket in Hong Kong: current status and future trends, in Kaynak, E. (ed.), *Transnational Retailing*, W. de Gruyter.

Levitt, T. (1983) The globalization of markets, *Harvard Business Review*, 61(3), pp.92-102.

Levy, M. and Weitz, B. A. (2009) *Retailing Management*, 7th edition, McGraw-Hill Irwin.

Liu, H. and McGoldrick, P. J. (1996) International retail sourcing: trend, nature, and process, *Journal of International Marketing*, 4(4), pp.9-33.

Lowson, R. (2001) Analysing the effectiveness of European retail sourcing strategies, *European Management Journal*, 19(5), pp.543-551.

Mallen, B. (1963) A theory of retailer-supplier conflict, control, and cooperation, *Journal of Retailing*, pp.24-23 and 51.

McAllister, D. J. (1995) Affect- and cognition-based trust as foundations for interpersonal cooperation in organizations, *The Academy of Management Journal*, 38(1), pp.24-59.

McGoldrick, P. J. (1995) Introduction to international retailing, in McGoldrick, P. J. and Davies, G. (eds.), *International Retailing: Trends and Strategies*, Financial Times, Pitman Publishing.

Mellahi, K., Jackson, P. and Sparks, L. (2002) An exploratory study into failure in successful organizations: the case of Marks & Spencer, *British Journal of Management*, 13, pp.15-29.

Minbaeva, D., Pedersen, T., Björkman, I., Fey, C. F. and Park, H. J. (2003) MNC knowledge transfer, subsidiary absorptive capacity and HRM, *Journal of International Business Studies*, 34, pp.586-599.

Morgan, R. M. and Hunt, S. D. (1994) The commitment-trust theory of relationship marketing, *Journal of Marketing*, 58(3), pp.20-38.

Narver, J. C. and Slater, S. F. (1990) The effect of a market orientation on business profitability, *Journal of Marketing*, 54 (4), pp.20-35.

Paché, G. (1998) A transactional approach to global sourcing: application to French food retailers, *International Journal of Retail & Distribution Management*, 26(2), pp.88-96.

Palmer, M. (2004) International retail restructuring and divestment: the experience of Tesco, *Journal of Marketing Management*, 20(10), pp.1075-1105.

Palmer, M. and Quinn, B. (2007) The nature of international retail divestment: insights from Ahold, *International Marketing Review*, 24(1), pp.26-45.

Panigyrakis, G. G. and Theodoridis, P. K. (2007) Market orientation and performance: an empirical investigation in the retail industry in Greece, *Journal of Retailing and Consumer Services*, 14, pp.137-149.

Park, Y. S. and Sternquist, B. (2008) The global retailer's strategic proposition and choice of entry mode, *International Journal of Retail & Distribution Management*, 36(4), pp.281-299.

Pfeffer, J. and Sutton, R. (1999) *The Knowing-doing Gap*, Harvard Business School Press（長谷川喜一郎監訳，菅田絢子訳（2014）『なぜ，わかっていても実行できないのか―知識を行動に変えるマネジメント―』日本経済新聞出版社）．

Porter, M. E. (ed.) (1986) *Competition in Global Industries*, Harvard Business School Press (土岐坤・中辻萬治・小野寺武夫訳 (1989)『グローバル企業の競争戦略』ダイヤモンド社)．

Prahalad, C. K. and Hamel, G. (1990) The core competence of the corporation, *Harvard Business Review*, May-June, pp.79-90.

Pretious, M. and Love, M. (2006) Sourcing ethics and the global market : the case of the UK retail clothing sector, *International Journal of Retail & Distribution Management*, 34(12), pp.892-903.

Qin, X. H. and Narita, H. A. (2015) Study on sourcing in retail internationalization: a case study on a Japanese retailer and its local supplier in China,『東 Asia 企業経営研究』第 9 号 , pp.15-30.

Qin, X. H. and Kobayashi, H. (2016) A constructivist approach to the transnationalization process of the retail business model: the case of a Japanese global retailer in China, Conference Proceedings of the 32nd Annual Industrial Marketing and Purchasing (IMP) Conference, pp.1-21.

Rafiq, M. and Ahmed, P. K. (2000) Advances in the internal marketing concept: definition, synthesis and extension, *Journal of Services Marketing*, 14(6), pp.449-462.

Ridgeway, V. F. (1957) Administration of manufacturer-dealer system, *Administrative Science Quarterly*, 1(4), pp.464-483.

Rogers, H., Ghauri, P. N. and George, K. L. (2005) The impact of market orientation on the internationalization of retailing firms: Tesco in eastern

Europe, *International Review of Retail, Distribution and Consumer Research*, 15(1), pp.53-74.

Ruekert, W. R. (1992) Developing a market orientation: an organizational strategy perspective, *International Journal of Research in Marketing*, 9(3), pp.225-245.

Salmon, W. J. and Tordjman, A. (1989) The internationalisation of retailing, *International Journal of Retailing*, 4(2), pp.3-16.

Shapiro, B. P. (1988) What the hell is 'market oriented'?, *Harvard Business Review*, 88(6), pp.119-125.

Shelton, R. K. and Wachter, K. (2005) Effects of global sourcing on textiles and apparel, *Journal of Fashion Marketing and Management*, 9(3), pp.318-329.

Siebers, L. Q. (2016) Hybridization practices as organizational responses to institutional demands: the development of Western retail TNCs in China, *Journal of Economic Geography*, doi:10.1093/jeg/lbv041, pp.1-29.

Siguaw, J. A., Simpson, P. M. and Baker, T. L. (1998) Effects of supplier market orientation on distributor market orientation and the channel relationship: the distributor perspective, *Journal of Marketing*, 62(3), pp.99-111.

Sinkula, J. M., Baker, W. E. and Noordewier, T. (1997) A framework for market-based organizational learning: linking values, knowledge, and behavior, *Journal of the Academy of Marketing Science*, 25(4), pp.305-318.

Slater, S. F. and Narver, J. C. (1994) Does competitive environment moderate the market orientation-performance relationship?, *Journal of Marketing*, 58(1), pp.46-55.

Stern, L. W. (1971) The interorganization management of distribution channels: prerequisites and prescriptions, in Fisk, G. (ed.), *New Essays in Marketing Theory*, Allyn and Bacon, Inc.

Stern, L. W. and Brown, J. W. (1969) Distribution channels: a social systems approach, in Stern, L.W. (ed.), *Distribution Channels: Behavioral Dimensions*, Houghton Mifflin.

Stern, L. W. and El-Ansary, A. I. (1977) *Marketing Channels*, Prentice-Hall, Inc.

Sternquist, B. (1997) International expansion of US retailers, *International Journal of Retail & Distribution Management,* 25(8), pp.262-268.

Szulanski, G. (1996) Exploring internal stickiness: impediments to the transfer of best practice within the firm, *Strategic Management Journal*, 17, pp.27-43.

Teece, D. J., Pisano, G. and Shuen, A. (1997) Dynamic capabilities and strategic management, *Strategic Management Journal*, 18(7), pp.509-533.

Tokatli, N. (2008) Global sourcing: insights from the global clothing industry-the case of Zara, a fast fashion retailer, *Journal of Economic Geography*, 8, pp.21-38.

Tokatli, N., Wrigley, N. and Kızılgün, Ö. (2008) Shifting global supply networks and fast fashion: made in Turkey for Marks & Spencer, *Global Networks*, 8(3), pp.261-280.

Treadgold, A. (1988) Retailing without frontier, *Retail and Distribution Management*, 16(6), pp.8-12.

Treadgold, A. (1990) The developing internationalization of retailing, *International Journal of Retail & Distribution Management*, 18(2), pp.4-11.

Treadgold, A. (1990/1991) The emerging internationalization of retailing: present status and future challenges, *Irish Marketing Review*, 5(2), pp.11-27.

Treadgold, A. and Davies, R. (1988) *The internationalization of retailing*, Oxford Institute of Retail Management, Longman.

Vida, I. and Fairhurst, A. (1998) International expansion of retail firms: a theoretical approach for future investigations, *Journal of Retailing and Consumer Service*, 5(3), pp.143-151.

Weitz, B. A. and Jap, S. D. (1995) Relationship marketing and distribution channels, *Journal of the Academy of Marketing Science*, 23(4), pp.305-320.

Wilkens, W. H. (ed.) (1967) *Modern Retailing: Evolution and Revolution in the West European Distributive Trades*, Business Publications Limited.

Williams, D. E. (1992a) Motives for retailer internationalization: their impact, structure, and implications, *Journal of Marketing Management*, 8(3), pp.269-285.

Williams, D. E. (1992b) Retailer internationalization: an empirical inquiry, *European Journal of Marketing*, 26 (8/9), pp.8-24.

Winter, S. G. (1987) Knowledge and competence as strategic assets, in Teece, D. J. (ed.), *The Competitive Challenge: Strategies for Industrial Innovation and Renewal*, Ballinger (石井淳藏ほか訳 (1988)『競争への挑戦―革新と再生の戦略―』白桃書房).

Wood, S., Coe, N. M. and Wrigley, N. (2016) Multi-scalar localization and capability transference: exploring embeddedness in the Asian retail expansion of Tesco, *Regional Studies*, 50(3), pp.475-495.

Wrigley, N. (1999) Market rules and spatial outcomes: insights from the corporate restructuring of U.S. food retailing, *Geographical Analysis*, 31(3), pp.289-309.

Wrigley, N. (2001) The consolidation wave in U.S. food retailing: a European perspective, *Agribusiness*, 17(4), pp.489-513.

Wrigley, N. and Currah, A. (2003) The stresses of retail internationalization: lessons from Royal Ahold's experience in Latin America, *The International Review of Retail, Distribution and Consumer Research*, 13(3), pp.221-243.

Xie, Y., Chen, Z., Huang, X. and Qiao, S. (2016) Learning from failure: how to succeed in the Chinese retailing market, 3rd International Conference on Management Science and Management Innovation, pp.131-134.

Yavas, U. and Kaynak, E. (1981) Retailing institutions in developing countries: determinants of supermarket patronage in Istanbul, Turkey, *Journal of Business Research*, 9(4), pp.367-379.

Yin, R. K. (2009) *Case Study Research: Design and Methods*, 4th Edition, SAGE Publications.

Zahra, S. A. and George, G. (2002) Absorptive capacity: a review, reconceptualization, and extension, *The Academy of Management Review*, 27(2), pp.185-203.

Zander, U. and Kogut, B. (1995) Knowledge and the speed of the transfer and imitation of organizational capabilities: an empirical test, *Organization Science*, 6(1), pp.76-92.

日本語文献（アイウエオ順）

青木均 (1996)「小売技術の国際移転に関する研究の方法性」『産業経営』22, 197-214頁。

青木均 (2000)「小売業国際化の研究領域」『愛知学院大学論叢　商学研究』43 (1), 59-81頁。

青木均 (2008)『小売業態の国際移転の研究』成文堂。

石崎悦史・岩沢孝雄 (1991)「小売業における製品輸入促進への提言―アンケート調査の結果から―」『関東学院大学経済研究所年報』13, 76-84頁。

伊丹敬之・加護野忠男 (2003)『ゼミナール経営学入門　第3版』日本経済新聞社。

今井利絵 (2003)「グローバルリテーラーの競争優位と海外市場への移転―ウォルマートの日本進出のケース―」『産業経営』34, 53-72頁。

今井利絵 (2004)「グローバルリテーラーの日本進出戦略―ウォルマートとカルフールの比較―」『国際ビジネス研究学会年報』10, 35-53頁。

今井利絵 (2014)『グローバルリテーラー―カルフールの日本撤退に学ぶ小売システムの国際移転―』中央経済社。

岩下仁 (2012)「マーケティングにおける市場志向の二元性の解明 ―Narver and Slater(1990) と Kohli and Jaworski(1990) によって開発された測定概念―」『商学研究科紀要』74, 51-75頁。

岩永忠康 (2009)「小売企業の国際化」, 岩永忠康監修, 西島博樹・宮崎卓朗・片山富弘編著『流通国際化研究の現段階』同友館。

岩永忠康 (2014)『現代の商業論―日本小売商業の理論・問題・国際化―』五絃舎。

大石芳裕 (1993)「国際マーケティング標準化論争の教訓」『佐賀大学経済論集』26 (1), 1-34頁。

大石芳裕・星田剛 (2005)「米国ウォルマート社の日本市場参入に関する一考察」『経営論集』52 (3・4), 153-182頁。

加藤孝治 (1996)「チェーンストアの海外商品調達の現状と今後の方向性」『IBJ経済・産業の動き』1996年3月号, 43-59頁。

角松正雄 (1992)「国際マーケティングにおける標準化論の意義」『熊本学園創立50周年記念論集』, 1-27頁。

参考文献　317

株式会社イトーヨーカ堂（2007）『変化対応―あくなき創造への挑戦1920～2006―』株式会社イトーヨーカ堂。

川端基夫（2000）『小売業の海外進出と戦略―国際立地の理論と実態―』新評論。

川端基夫（2003）「小売経営技術の移転［1］日本から韓国への百貨店技術の移転」，関根孝・オセジョ編著『日韓小売業の新展開』千倉書房。

川端康子（2012）『小売業の国際電子商品調達―ウォルマート，アジェントリク，シジシーの事例を中心に―』同文舘。

上林憲雄編著（2016）『人的資源管理』中央経済社。

北島忠男・小林一（1998）『新訂　流通総論』白桃書房。

木立真直（2003）「第7章 小売業におけるグローバル調達の意義とその実像」，徳重昌志・日高克平編『グローバリゼーションと多国籍企業』中央大学出版部。

金亨洙（1998）「小売業の国際化の概念と小売ノウハウの国際的移動の一考察」『中央大学機業研究所年報』19，171-202頁。

金亨洙（2008）『小売企業のグローバル戦略と移転―小売ノウハウの海外移転の理論と実証―』文真堂。

ゲリー・ハメル ＆ C. K. プラハラード著，一條和夫訳（1995）『コア・コンピタンス経営―大競争時代を勝ち抜く戦略―』日本経済新聞社。

佐々木保幸（2003）「カルフールとウォルマートの小売マーケティング」『流通』16，130-137頁。

白石善章・鳥羽達郎（2001a）「小売技術の海外移転に関する一考察（1）―文献レビューを中心として―」『流通科学大学論集　流通・経営編』14（3），41-51頁。

白石善章・鳥羽達郎（2001b）「小売技術の海外移転に関する一考察（2）―比較流通論の分析視覚より―」『流通科学大学論集　流通・経営編』14（3），53-65頁。

白石善章・鳥羽達郎（2003）「小売企業の総合型業態による海外戦略―ウォルマートの海外展開を通じて―」『流通科学大学論集　流通・経営編』16（1），83-107頁。

清水滋（1974）『仕入管理』NIPPON MANPOWER。

清水滋（1978）『小売業のマーケティング（全改訂版）』ビジネス社。

清水滋（1988）『大型店のマーケティング』同文舘。

秦小紅（2014）「小売業における国際調達の現状と課題―文献研究を通したテーマの分類とその総括―」『明治大学経営学研究論集』41，169-188頁。

秦小紅（2016a）「マーケティング・チャネルにおける取引関係管理研究についての現状と課題」『明治大学経営学研究論集』44，57-73頁。

秦小紅（2016b）「同質化時代における差別化の工夫～成都イトーヨーカ堂のテナント・マネジメントを中心に～」『流通ネットワーキング』7・8月号，49-54頁。

秦小紅（2016c）「成都イトーヨーカ堂の取引先との協調関係構築～高品質GMSを支える流通同盟～」『流通ネットワーキング』11・12月号，58-62頁。

秦小紅（2017）「小売国際化研究における新たな論点―現地市場での発展プロセスの解明―」『明治大学経営学研究論集』47号，21-40頁。

秦小紅・成田景堯・臼井哲也（2016）「リソース・リポジショニングのプロセス分析：

成都イトーヨーカ堂のケース」『国際ビジネス研究』8 (2)，107-121 頁。

秦小紅・成田景堯・菊池一夫 (2017)「孵化器としての成都イトーヨーカ堂」『流通ネットワーキング』2017 年 3・4 月号，64-69 頁。

鈴木安昭 (1968)「小売業の『国際化』」『青山経営論集』3 (2)，115-132 頁。

鈴木安昭 (1976)「外国資本の進出とわが国の大規模小売業」，藤田敬三・藤井茂編『経済の国際化と中小企業』有斐閣。

鈴木安昭 (1980)「小売業の経営技術の移転」『季刊・消費と流通』4 (1)，11-16 頁。

鈴木安昭 (1993)「小売技術の国際的移転」『流通政策』54，2-4 頁。

鈴木安昭 (2010)『新・流通と商業　第 5 版』有斐閣。

鈴木安昭・田村正紀 (1980)『商業論』有斐閣。

関根孝 (2001)「電子小売取引の展開と小売競争」『専修商学論集』72，343-376 頁。

高橋昭夫 (2014)『インターナル・マーケティングの理論と展開―人的資源管理との接点を求めて―』同友館。

田口冬樹 (1989)「日本の小売企業の国際化について」『専修経営学論集』47，45-80 頁。

田口冬樹 (1991)『現代流通論』白桃書房。

陳立平 (2005)「中国小売企業の国際化と競争」，松江宏教授退職記念論文集刊行委員会編『現代中国の流通』同文館。

鳥羽達郎 (2009a)「小売企業の海外進出と参入様式―『フランチャイジング』と『合弁』を中心として―」『大阪商業大学論集』5 (1)，279-295 頁。

鳥羽達郎 (2009b)「国境を越える小売行動の本質的側面」，岩永忠康監修，西島博樹・宮崎卓朗・片山富弘編著『流通国際化研究の現段階』同友館。

鳥羽達郎 (2015)「良品計画　ローカル・プライベート・ブランドのグローバル・リテイラーへの進化」，向山雅夫・Dawson, J. 編著『グローバル・ポートフォリオ戦略』千倉書房。

鳥羽達郎 (2016a)「小売企業の商品調達と社会的責任―イケアの商品調達と共通価値の創造に関する事例研究―」『流通』38，47-56 頁。

鳥羽達郎 (2016b)「流通業の国際化：小売国際化研究の 30 年史」『日本流通学会第 30 回全国大会統一論題シンポジウム報告資料』1-12 頁。

鳥羽達郎 (2016c)「ファストファッションの CSV 戦略」『日本流通学会第 30 回全国大会自由論題セッション報告資料』1-9 頁。

成田景堯 (2016)「成都イトーヨーカ堂のマーチャンダイジング・サイクルとその人材育成」『流通ネットワーキング』9・10 月号，63-67 頁。

成田景堯・秦小紅 (2016)「小売業国際化の第一歩〜中国に染まれ，ただし染まりすぎるな〜」『流通ネットワーキング』3・4 月号，57-61 頁。

成田景堯・山本和孝 (2016)「楽しい売場作りへの模索〜コト消費を中心に〜」『流通ネットワーキング』5・6 月号，47-52 頁。

西島博樹 (2009)「小売国際化における標準化−適応化問題」，岩永忠康監修，西島博樹・宮崎卓朗・片山富弘編著『流通国際化研究の現段階』同友館。

日本リテイリングセンター編 (1971)『資料・1960 年代におけるわが国チェーンスト

アの抬頭』日本リテイリングセンター。

根本重之（2002）「ウォルマートの日本侵攻作戦と卸・メーカーの対抗策」『季刊イズミヤ総研』52，38–45 頁。

野口智雄（2004）「ウォルマート・カルフールの思想と日本流通へのインパクト」『流通問題』40（1），12–18 頁。

野中郁次郎・竹内弘高著，梅本勝博訳（1996）『知識創造企業』東洋経済新報社。

塙昭彦（2012）『中国人のやる気をこうして引き出せ—ゼロから繁盛小売チェーンを築いたマネジメント術—』ダイヤモンド社。

P. F. ドラッカー著，上田惇子訳（2006）『現代の経営 上・下』ダイヤモンド社。

二神康郎（2000）『欧州小売業の世界戦略』商業界。

二神康郎（2002）「海外情報ウォルマートの国際戦略—問題点の多い同社の海外事業展開と日本での今後—」『流通問題』38（2），20–26 頁。

風呂勉（1968）『マーケティング・チャネル行動論』千倉書房。

邊見敏江（2008）『イトーヨーカ堂顧客満足の設計図—仮説・検証にもとづく売り場づくり—』ダイヤモンド社。

白貞壬（2003）「グローバル・リテーラーの現地適応化過程とその段階的解明—トイザらスとカルフールの日本進出を事例として—」『流通研究』6（2），35–51 頁。

保田芳昭（1997）「近年における大手小売業の国際化」『関西大学商学論集』42（2），401–427 頁。

真鍋誠司・延岡健太郎（2003）「信頼の源泉とその類型化」『国民経済雑誌』187（5），53–65 頁。

向山雅夫（1996）『ピュア・グローバルへの着地—もの作りの深化プロセス探求—』千倉書房。

向山雅夫（1997）「国際化する流通」，田島義博・原田英生編著『ゼミナール流通入門』日本経済新聞社。

向山雅夫（2009）「小売国際化の進展と新たな分析視角—業態ベースの小売国際化研究に向けて—」，向山雅夫・崔相鐵編著『小売企業の国際展開』中央経済社。

矢作敏行（2000）「アジアにおける小売業の国際化」『経営志林』37（3），89–101 頁。

矢作敏行（2001）「アジアにおけるグローバル小売競争の展開」，ロス・デービス・矢作敏行編，外川洋子監訳『アジア発グローバル小売競争』日本経済新聞社。

矢作敏行（2002）「小売国際化のプロセスについて」『経営志林』38（4），27–44 頁。

矢作敏行（2004）「チェーンストア経営革新の連続的展開」，石原武政・矢作敏行編著『日本の流通 100 年』有斐閣。

矢作敏行（2006）「ウォルマート—西友の知識移転プロセス—」『経営志林』43（2），49–72 頁。

矢作敏行（2007）『小売国際化プロセス—理論とケースで考える—』有斐閣。

湯谷昇羊（2010）『巨龍に挑む—中国の流通を変えたイトーヨーカ堂のサムライたち—』ダイヤモンド社。

横澤公道・辺成祐・向井悠一朗（2013）「ケース・スタディ方法論：どのアプローチを

選ぶか―経営学輪講 Glaser and Strauss (1967), Yin (1984), Eisenhardt (1989a) の比較分析―」『赤門マネジメント・レビュー』12 (1)，41-68 頁。

柳偉達（2009）「中国のマーケティング」，岩永忠康監修，西島博樹・宮崎卓朗・片山富弘編著『流通国際化研究の現段階』同友館。

流通問題研究協会編（1994）『小売業における開発輸入・直接輸入の現状と展望』流通問題研究協会。

ロス・デービス＆矢作敏行編，外川洋子監訳（2001）『アジア発グローバル小売競争』日本経済新聞社。

和田充夫・日本マーケティング協会編（2005）『マーケティング用語辞典』日本経済新聞社。

中国語文献（abc 順）

曹静（2008）『中国流通産業結構優化研究』東北財経大学出版社。

李飛（2010）「中国百貨店：聯営,還是自営」*Chinese Retail Research*, 2 (1), 1-19 頁。

統計資料と新聞記事
英語 (abc 順)

AEON Review 2015 Financial Information.

Carrefour Annual Report 2000・2005・2010・2015.

Deloitte (2007) *Global Powers of Retailing.*

Deloitte (2012) *Global Powers of Retailing.*

Deloitte (2016) *Global Powers of Retailing.*

GAP Annual Report 2005・2010・2015.

H&M Annual Report 2005・2010・2015.

IKEA Group, Yearly Summary FY 2016.

Inditex Annual Report 2004・2010・2015.

Tesco Annual Report 2001・2006・2011・2016.

Walmart Annual Report 2001・2006・2011・2016.

日本語（アイウエオ順）

AEON News release「12/16(日)『ジャスコ海岸城店』開店のご案内」2007 年 12 月 13 日。

AEON News release 「1/1（土）『ジャスコ東莞第一国際店』グランドオープン」2010 年 12 月 28 日。

AEON News release「イオンのカンボジア 1 号店『イオンモールプノンペン』6 月 30 日（月）グランドオープンセレモニーを開催」2014 年 4 月 26 日。

AEON News release「イオンのインドネシア 1 号店『イオンモール BSD CITY』5 月 30 日（土）10:00 グランドオープン」2015 年 5 月 30 日。

AEON News release「イオンモール武漢経開 12/10（木）10:00 グランドオープン」2015 年 12 月 3 日。

参考文献　321

AEON News release「マレーシア最大級のイオンモール旗艦店！3 月 22 日（火）『イオンモール シャーアラム』オープン」2016 年 3 月 22 日。
AEON News release「ベトナム 4 号店『イオンモール Binh Tan』7 月 1 日（金）10:00 グランドオープン」2016 年 5 月 24 日。
大蔵省『外国貿易概況』1987・1990・1993・1996。
経済産業省『平成 17 年度電子商取引に関する市場調査報告書』2006。
経済産業省『平成 22 年度我が国情報経済社会における基盤整備（電子商取引に関する市場調査）報告書』2011。
経済産業省『平成 27 年度我が国経済社会の情報化・サービス化に係る基盤設備（電子商取引に関する市場調査）報告書』2016。
経済産業省「産業細分類別（産業 4 桁分類）（昭和 47 年～平成 19 年）。
『商業統計』「業態分類表」（平成 26 年）。
セブン＆アイ・ホールディングス『コーポレートアウトライン』2006・2011・2016。
総務省「日本の統計」2017。
内閣府「国民経済計算」2003・2015。
日本チェーンストア協会『チェーンストアにおける製品輸入の実態調査報告書』1995。
日本百貨店協会『全国百貨店の輸入品販売の現状と見通し』1989。
日経流通新聞「米『オールドネイビー』日本撤退，低迷国でリストラ，中国・メキシコに軸足」，2016 年 5 月 23 日。
ファーストリテイリング『アニュアル・レポート』2005・2010・2015。
良品計画『DATA BOOK』2006・2011・2016。

中国語（abc 順）

『成都日報』「成都伊藤挙辦 2016 供応商大会提三大戦略」2016 年 4 月 1 日。
『成都商報』「追求差異化　成都伊藤洋華堂試水小型超市」2011 年 3 月 23 日。
『成都商報』「2015 年『3・15 成都百貨購物中心消費調査報告』出炉」2015 年 3 月 12 日。
『成都統計年鑑』1991・1996・2001・2006・2011・2016。
『成都晩報』「『偸心』的超級採購」2006 年 2 月 21 日。
『成都晩報』「伊藤洋華堂創立『IY 精益化方式』的 8 項原則」2006 年 7 月 14 日。
『成都晩報』「2010 伊藤供応商説明会今日召開」2010 年 3 月 3 日。
『成都晩報』「解読成都伊藤洋華堂最新動態」2010 年 12 月 30 日。
『成都晩報』「成都伊藤　為了譲顧客選択我們，全力以赴」2013 年 4 月 16 日。
『成都晩報』「伊藤掀起売場革命：顧客需要从『物』到『事』」2013 年 12 月 6 日。
『成都晩報』「成都伊藤洋華堂温江店今日盛大開業　新零售業時代到来」2014 年 1 月 18 日。
『第一財経周刊』「成都伊藤洋華堂如何依靠精細化管理提昇売場毎一平方米的価値」2012 年 5 月 24 日。
『飛翔伊藤』92 期・99 期・100 期・103 期・106 期・111 ～ 119 期・123 ～ 124 期。
『広州統計年鑑』2016。

『華西都市報』「成都伊藤新任総経理三枝富博：読報，現場主義」2006 年 3 月 10 日。

『華西都市報』「成都伊藤洋華堂高新店盛大開業」2011 年 11 月 11 日。

『華西都市報』「伊藤本土化迈出最大一歩成都妹子金暁蘇任成都総経理」2014 年 5 月 6 日。

『華西都市報』「傾聴『顧客之声』強健公司体質：伊藤新装出発，不断挑戦実現真正『顧客至上』」2016 年 2 月 23 日。

『華西都市報』「一切以顧客為本」2016 年 3 月 15 日。

『環球企業家』「伊藤洋華堂成都双楠店成中国『単店之王』」2013 年 12 月 26 日。

『聯商網』「伊藤洋華堂目標：成為業界『普羅米修斯』」2007 年 6 月 18 日。

『聯商網』「成都伊藤洋華堂：肩負企業責任毎一天」2012 年 5 月 30 日。

『聯商網』「伊藤洋華堂三枝富博：毎天目標是譲顧客人感動」2013 年 6 月 6 日。

『聯商網』「伊藤電商 10 月上線　大部分生鮮食品採用産地直送」2017 年 8 月 2 日。

『深圳統計年鑑』2016。

『四川日報』「成都伊藤洋華堂総経理訪談：対手太弱了」2001 年 11 月 23 日。

『四川日報』「成都伊藤洋華堂公開選択供応商」2006 年 7 月 26 日。

『四川日報』「成都伊藤着力培養満足顧客需要的『自律型』人才」2015 年 4 月 2 日。

『四川統計年鑑』2001・2006・2010・2011・2016。

『四川在線』「20 年成都伊藤挑戦『区域跨境電商』」2017 年 6 月 15 日。

『天府早報』「成都伊藤洋華堂任命首個中国籍店長」2008 年 2 月 29 日。

『天府早報』「成都伊藤洋華堂人事大調整」2012 年 2 月 21 日。

『天府早報』「成都伊藤洋華堂明年試水新模式『物＋事』譲顧客入景」2013 年 12 月 4 日。

『天府早報』「改変体制　迎接新挑戦　為顧客提供安全安心的商品」2016 年 2 月 23 日。

中国電子商務協会『中国電子商務年鑑』2009・1010・2016。

中国電子商務研究中心『2016（上）中国電子商務市場数値監測報告』2016。

中国連鎖経営協会『中国連鎖百強』2016。

中国連鎖経営協会＆徳勤編著『2014 中国購物中心与連鎖品牌合作発展報告』2015。

『中国商報』「伊藤洋華堂治『回扣』」2006 年 8 月 7 日。

『中国統計年鑑』1986・1996・1999・2000・2008 ～ 2016。

URL（アクセス日順）

principalglobalindicators.org
(http://www.principalglobalindicators.org/regular.aspx?key=60942001)，2017 年 1 月 16 日アクセス。

テスコ日本進出から丸 8 年英最大手が撤退した本当の訳
(http://diamond.jp/articles/-/14477)，2017 年 1 月 19 日アクセス。

Members of the WorldWide Retail Exchange
(http://wwre.globalsources.com/WWRE2.HTM)，2017 年 2 月 23 日アクセス。

2013 年第一財経週刊城市排名名単大全「新一，二，三線」
(http://gz.bendibao.com/news/20131217/content145284.shtml)，2017 年 5 月 17 日にアクセス。

全球購物中心開発空前繁栄　半数在建購物中心位於中国
(http://news.dichan.sina.com.cn/2012/06/21/514460.html)，2017 年 5 月 17 日ア
　クセス。
2013 全球購物中心開発増 15% 中国最活躍
(http://www.linkshop.com.cn/web/archives/2013/250023.shtml)，2017 年 5 月 17
　日アクセス。
観察：成都商業面積全球第二 空置厳重発展前景堪憂
(http://sc.winshang.com/news-492758.html)，2017 年 5 月 17 日アクセス。
全球購物中心開発最活発城市報告：在建購物中心 3900 万㎡
(http://www.redsh.com/research/20150506/132157.shtml)，2017 年 5 月 17 日ア
　クセス。
成都在建購物中心　規模全球第三
(http://cdtb.mofcom.gov.cn/article/shangwxw/201206/20120608187485.shtml)，
　2017 年 5 月 18 日にアクセス。
成都高校大学生爆発反日示威游行
(http://www.l99.com/EditText_view.action?textId=78791)，2017 年 6 月 7 日アク
　セス。
成都爆発反日游行　伊藤洋華堂春熙店被迫暫定営業
(http://news.winshang.com/html/012/3625.html)，2017 年 6 月 7 日アクセス。
中国スーパーストア事業
(https://www.7andi.com/csr/overseas/cn-iy.html)，2017 年 6 月 18 日アクセス。
今日伊藤首家食品生活館亮相天府新区，現場人気火爆
(https://baijiahao.baidu.com/s?id=1617290700833763483&wfr=spider&for=pc)，
　2019 年 3 月 28 日アクセス
伊藤首个購物中心開業 能否延続『伊藤現象』？
(http://news.winshang.com/html/065/2890.html)，2019 年 3 月 28 日アクセス。
伊藤電商正式上線 推出三大重点運営模式
(http://www.ebrun.com/20180904/295623.shtml)，2019 年 3 月 28 日アクセス。

初出一覧

　本書の基盤になっている既発表の論文は次のとおりである。ただし，それらの内容を大幅に組み換え，加筆と修正を行った。

秦小紅（2014）「小売業における国際調達の現状と課題―文献研究を通したテーマの分類とその総括―」『明治大学経営学研究論集』41，169-188頁。

Qin, X. H. and Narita, H. A. (2015) Study on sourcing in retail internationalization: A case study on a Japanese retailer and its local supplier in China,『東Asia企業経営研究』第9号, pp.15-30.

秦小紅（2016）「マーケティング・チャネルにおける取引関係管理研究についての現状と課題」『明治大学経営学研究論集』44，57-73頁。

成田景堯・秦小紅（2016）「小売業国際化の第一歩〜中国に染まれ，ただし染まりすぎるな〜」『流通ネットワーキング』3・4月号，57-61頁。

秦小紅（2016）「同質化時代における差別化の工夫〜成都イトーヨーカ堂のテナント・マネジメントを中心に〜」『流通ネットワーキング』7・8月号，49-54頁。

秦小紅（2016）「成都イトーヨーカ堂の取引先との協調関係構築〜高品質GMSを支える流通同盟〜」『流通ネットワーキング』11・12月号，58-62頁。

Qin, X. H. and Kobayashi, H. (2016) A constructivist approach to the transnationalization process of the retail business model: the case of a Japanese global retailer in China, Conference Proceedings of the 32nd Annual Industrial Marketing and Purchasing (IMP) Conference, pp.1-21.

秦小紅・成田景堯・臼井哲也（2016）「リソース・リポジションニングのプロセス分析：成都イトーヨーカ堂のケース」『国際ビジネス研究』8（2），107-121頁。

秦小紅・成田景堯・菊池一夫（2017）「孵化器としての成都イトーヨーカ堂」『流通ネットワーキング』2017年3・4月号，64-69頁。

秦小紅（2017）「小売国際化研究における新たな論点―現地市場での発展プロセスの解明―」『明治大学経営学研究論集』47号，21-40頁。

索　引

（あ行）

暗黙知　73
EDLC　68
EDLP　38
委託仕入　233
一方向のコミュニケーション　238
一線都市　155
内なる国際化　93
オファリング　32, 287, 288, 289, 290

（か行）

海外出店　8, 15
海外直接投資　77
買取仕入　227, 233
開発輸入　97, 100, 101, 105, 106
外部到達性　61
価格訴求　181, 189, 190, 212
学習効果　49
合併　78
環境決定論　23
環境要因　23, 27, 30, 43
間接輸入　97, 98, 105, 107, 109, 113
企業間市場志向　133, 134, 139, 141,
　142, 143, 144, 145, 146, 147, 150
企業の社会的責任　121, 124
企業文化　67
技術的過程　57
業態　6
協調におけるコンフリクト　244, 245
業務改革　165, 172
グリーン・フィールド投資　78
グローバル化　5

（か行 続き）

グローバル戦略　31
形式知　73
行動次元　7
高品質 GMS　188, 190, 192, 194
合弁　77, 79, 83
小売競争　160, 214
小売国際化　4
小売国際化プロセス　4
小売コンセプト　29
小売事業モデル　36, 49
小売知識　53, 54, 55, 57, 58, 59
小売ミックス　31
顧客満足度　236
国際化　5
国際知識移転　8, 53
国際調達　8, 93
国際調達戦略　93, 110

（さ行）

サプライ・チェーン　270
参入市場　15
参入動機　15, 23
参入様式　15
市場環境　237, 238
市場志向　138, 139 , 140, 141, 142
市場知識の企業間普及　143, 145
市場知識の共同生成　143, 144, 145
市場知識の共有　135, 136, 140, 141
市場知識の生成　135, 136, 140, 141
市場知識への共同対応　143, 144, 145
市場知識への対応　136, 140, 141
社会的過程　57

集合的目標　244
終身雇用　292
需要適応型商品　189, 191
需要誘導型商品　189, 191
消化仕入　233
人材現地化　192
人的資源管理　88
信頼　273, 274, 283, 288, 295 ,297
スーパーマーケット　62
成果主義　292
セルフ・サービス　62
専門小売企業　9
総合小売企業　9
双方向のコミュニケーション　238, 240
組織学習　60
組織次元　7
組織変革　195, 198, 217
組織要因　30, 43
組織ルーティン　70
外への国際化　93

（た行）

W/R 比率　221, 223, 224
単品管理　172, 173, 289, 290, 296, 297
地域・立地産業　4
チームマーチャンダイジング　165, 289, 290, 296, 297
チェーン・オペレーション　69
チェーンストア　100, 101, 102
知識属性　71, 74, 75, 76, 83, 86, 90
直接輸入　97,99,100,102,104,105, 107, 109, 113, 114, 116
撤退　15, 39, 40
電子商取引　107, 108
店中店　167, 168, 179, 193, 208, 212
ドメスティック産業　3
トランスナショナル戦略　31
取引コスト理論　116, 117

取引先説明会　226, 231, 238, 239, 247, 254, 255, 256

（な行）

内部粘着性　70,71
年功序列　292

（は行）

買収　78
標準化-適応化問題　15, 30
標的市場　69
フォーマット　6
フォーミュラ　6
プッシュ要因　23
部門横断型　267, 268, 269
フランチャイジング　77, 81
プル要因　23
ベスト・プラクティス　67, 86
ボランタリー・チェーン　95, 96

（ま行）

マーケティング・コンセプト　133, 134, 135, 136, 138
マーケティング・ミックス　31,32
マーチャンダイジング　184
マス・マーチャンダイジング　62
マネジメント契約　77, 79, 80
マルチナショナル戦略　31

（ら行）

ライフスタイル提案型　197
リテールサポート　222, 225
リベート　69
流通機構　55, 87
流通近代化　166, 173
流通経路　222, 224
流通構造　221, 225
ロジスティクス　69

著者略歴

秦小紅（しん　しょうこう）

　1987 年　　中国浙江省紹興市生まれ
　2018 年　　明治大学大学院経営学研究科博士後期課程修了　博士（経営学）
　2018 年　　東海学園大学経営学部助教　現在に至る

専攻分野：流通，商業経営，小売国際化
主要著書：『流通論入門』（共編著）五絃舎，2019 年

現地市場における国際総合小売企業の発展プロセス研究

—成都イトーヨーカ堂の事例を中心にして—

2019 年 9 月 30 日　　第 1 版第 1 刷発行

著　者：秦小紅
発行者：長谷雅春
発行所：株式会社五絃舎
　　　　〒 173-0025　東京都板橋区熊野町 46-7-402
　　　　Tel & Fax：03-3957-5587
　　　　e-mail：gogensya@db3.so-net.ne.jp
組　版：Office Five Strings
印　刷：モリモト印刷
ISBN978-4-86434-104-2
Printed in Japan　ⓒ 2019
本書からの無断転載を禁じる。